刑 事 侦 查 实 用 百 科 丛 书

XINGSHI ZHENCHA SHIYONG BAIKE CONGSHU

刑事侦查与塑料制品

XINGSHI ZHENCHA YU SULIAO ZHIPIN

总 主 编　杨玉章

本册主编　翟　震

群 众 出 版 社

河南科学技术出版社

图书在版编目（CIP）数据

刑事侦查与塑料制品/翟震主编.—郑州：河南科学技术出版社，2019.6
（刑事侦查实用百科丛书/杨玉章总主编）
ISBN 978-7-5349-8208-8

Ⅰ.①刑…　Ⅱ.①翟…　Ⅲ.①塑料制品-刑事侦查-分析　Ⅳ.①D918②TQ320.7

中国版本图书馆 CIP 数据核字（2016）第 146284 号

出版发行：群众出版社　　地址：北京市丰台区方庄芳星园三区 15 号楼
　　　　邮编：100078　　电话：（010）83903254
　　　　河南科学技术出版社　　地址：郑州市郑东新区祥盛街 27 号
　　　　邮编：450016　　电话：（0371）65737028　65788139
策划编辑：李肖胜　曲　先
责任编辑：张　恒
责任校对：张娇娇
封面设计：张　伟
版式设计：栾亚平
责任印制：张艳芳
印　　刷：河南日报报业集团有限公司彩印厂
经　　销：政法系统内部发行
开　　本：889mm×1194mm　1/16　　印张：13　　字数：520 千字
版　　次：2019 年 6 月第 1 版　　2019 年 6 月第 1 次印刷
定　　价：116.00 元

“刑事侦查实用百科丛书”编委会

《刑事侦查与塑料制品》编写人员

主　　编　翟　震
副 主 编　刘文涛　刘　捷
编　　者　杨　操　黄灵阁　曹国华　李　辉
　　　　　王雅静　牛明军　张晓黎　刘雪莹
　　　　　段瑞侠　曹　惠　王　珊　史宏昆
　　　　　史晓昱　马　坤

总序言

目前，全国政法系统正在深入学习贯彻习近平新时代中国特色社会主义思想，扎实推进新时代平安中国建设、法治中国建设、政法队伍建设，为决胜全面建成小康社会、夺取新时代中国特色社会主义伟大胜利创造安全稳定的社会环境、公正规范的法治环境、优质高效的服务环境。新时代需要新担当、新作为，培养一支“信念过硬、政治过硬、责任过硬、能力过硬和作风过硬”的政法队伍，造就一支“对党忠诚、服务人民、执法公正、纪律严明”的公安队伍成为当务之急。

近些年来，以审判为中心的诉讼制度改革不断深入，错案终身追究制度及与之相关的配套制度逐步确立，特别是《中华人民共和国刑事诉讼法》（2012年修正）确立的一系列诉讼原则和证据制度，进一步强化了对犯罪嫌疑人人权的保障，扩大了律师在侦查阶段的诉讼职能，规范和约束了侦查权的行使，提高了审判证明的标准，尤其是明确规定了证据确实、充分必须符合的具体条件。这一切都体现出我国法治的进步，同时也对侦查办案质量提出了新的、更高的要求，侦查过程中侦查人员必须坚持以证据为中心，全面取证，规范取证，以确实、充分和具有排他性的证据体系有效支持诉讼的顺利推进。

在实际案件侦破工作中，随着信息技术的不断发展及其在侦查工作中的全面运用，一些侦查员过分依赖视频侦查、技术侦查、网安侦查这三种新的侦查手段，此所谓新“三板斧”。这种现象导致侦查员对现场物证的全面发现提取和对犯罪行为人主观行为动机的系统分析趋于弱化，对微量物证的提取和检验的重视程度弱化，对运用多学科、多专业专门知识综合分析、研究、鉴定现场物证的意识弱化，一些行之有效的传统侦查方式方法被日益边缘化。

毋庸置疑，在信息化社会、大数据时代，信息技术日益成为侦查的主导技术，电子证据成为侦查的重要证据类型，但犯罪证据多样化的现实情况以及侦查取证需要各个门类科学技术支撑的总体状况并未发生根本性的改变。侦查取证的过程中，面对各种各样的证据，侦查员必须具备各方面的专业知识或者有查询这些知识的能力，而这些知识内容庞杂，可参考的书籍和资料也相当分散。在一些案件的侦查过程中，侦查员经常会因为对一些微量物证的利用价值分析不到位或检验鉴定不到位而丧失很多破案机会。为了有效打击犯罪、保护人民生命及财产安全，为一线刑侦人员办案提供充分的智力支持，2012年，我国知名刑侦专家、河南省公安厅副巡视员杨玉章先生发起并组织了这套“刑事侦查实用百科丛书”（以下简称“丛书”）的编撰工作。

“丛书”共26卷，首批出版的12卷基本涵盖了刑事侦查工作日常涉及的专业领域，包括《刑事侦查与行为证据》《刑事侦查与痕迹》《刑事侦查与有毒物品》《刑事侦查与植物》《刑事侦查与动物》《刑事侦查与昆虫》《刑事侦查与地理》《刑事侦查与土壤》《刑事侦查与水文》《刑事侦查与塑料制品》《刑事侦查与岩石矿物》《刑事侦查与纺织品》。为了高质量地完成该丛书的编撰工作，本书成立了编委会，杨玉章同志任丛书总主编，各卷设立了主编。自 2012 年编撰伊始至成书，编委会多次召开不同形式的论证会和研讨会，对编撰工作进行了有效的组织领导和质量审核。“丛书”在编撰过程中得到了中国科学院、北京自然博物馆、河南省公安厅、郑州市公安局、河南大学、郑州大学等 20 多家合作单位近 300 名专家和学者的鼎力支持，“丛书”是相关专业领域专家学者集体智慧的结晶，更是我国当代刑事侦查交叉学科研究水平的集中展示。

在“丛书”编撰过程中，各卷作者始终围绕三条主线进行编撰：一是注重侦查导向，即各卷所述知识始终围绕服务刑侦破案这一核心，注重对认定案件性质、划定案件范围、刻画犯罪行为人脸谱等工作提供专业知识支撑；二是注重与人关联，即各卷所写知识内容必须与人相关，经常出现、运用在五行八作、三教九流的正常人类生产活动之中；三是注重时空维度，即各卷内容注重揭示、阐明相关事实、现象与特定时间节点、空间分布（经纬度）之间本质的、必然的、普遍的、稳定的固有联系。这三条主线贯穿各卷始终。“丛书”涉及 20 余门学科，共计 600 余万字、2000 余张图片，图文并茂，理论联系实战，是对与刑事侦查工作关联紧密的多种学科资源的系统整合，学科门类齐全，知识架构完整。“丛书”的编撰是一项具有鲜明侦查专业特色的重大跨学科工程，在一定程度上填补了国内侦查应用研究的空白，具有独特的学术价值和实用价值。“丛书”既可作为广大刑事侦查人员的业务工具书，也可作为公安院校广大师生的教学参考用书。

“丛书”在编写过程中引用了很多经典的实战案例，作为相关学科和专业知识在实战中应用的范例，力图使读者在使用“丛书”时能获得鲜明、生动、直观的阅读体验。

“丛书”内容浩繁，编写队伍庞大，因编者水平有限，其中知识、文字、图片的疏漏和不足之处在所难免，期望读者不吝指正，待再版时予以完善。

郝宏奎

2018 年 8 月

前言

随着塑料制品在工业、农业、交通、建筑等众多行业和领域中越来越广泛地应用，塑料制品在各类案件的侦查方面的重要性也越来越突出。

本书的主要内容包括塑料基础知识、塑料纤维编织制品、塑料薄膜、日用塑料制品、塑料管材类产品、塑料板材类产品以及塑料成型设备，适合刑事侦查及相关专业的技术人员使用。

本书具有以下特点：

(1) 知识新颖实用，结合近年来塑料制品的发展，注重反映先进生产技术。

(2) 在内容安排上力求知识结构完整统一，在每一章中，具体介绍了塑料制品的材料、简单生产过程和主要应用场合等。

(3) 遵守现行的国家标准，力求每个词条、表格、图片都符合现行国家标准的要求。

参加本书编写工作的有翟震、刘文涛、刘捷、杨操、黄灵阁、曹国华、李辉、王雅静、牛明军、张晓黎、刘雪莹、段瑞侠、曹惠、王珊、史宏昆、史晓昱、马坤等。

在本书的编写过程中，参考了有关方面的文献资料，在此向有关人员表示衷心的感谢！

由于编者编写水平和实践经验有限，书中错误或不妥之处在所难免，敬请广大读者批评指正。

编　者

2018年6月

目　录

第一章　塑料基础知识

第一节　塑料的组成

塑料是一种以树脂为主体的高分子材料，由于树脂的相对分子质量很大，故又称为聚合物或高聚物。单纯的聚合物性能往往不能满足加工成型和实际使用的要求，因此根据需要可适当地加入助剂（增塑剂、稳定剂、着色剂、填料等）。由树脂和助剂组成的塑料具有一系列优异特性，在一定的温度和压力下可加工成符合使用要求的各种各样的制品和零件。

通常所用的塑料并不是一种纯物质，它是由许多材料配制而成的。其中，高分子聚合物（或称合成树脂）是塑料的主要成分。此外，为了改进塑料的性能，还要在聚合物中添加各种辅助材料，如填料、增塑剂、稳定剂、着色剂、润滑剂、抗氧化剂、阻燃剂、发泡剂、抗静电剂等，才能成为性能良好的塑料。

一、合成树脂

合成树脂是由人工合成的一类高分子聚合物。其为黏稠液体或加热可软化的固体，受热时通常有熔融或软化的温度范围，在外力作用下可呈塑性流动状态，某些性质与天然树脂相似。生产合成树脂的原材料来源丰富，早期以煤焦油产品和电石碳化钙为主，现多以石油和天然气的产品为主，如乙烯、丙烯、苯、甲醛及尿素等。合成树脂的生产方法有本体聚合、悬浮聚合、乳液聚合、溶液聚合、熔融聚合和界面缩聚等。

二、填料

填料又叫填充剂，可以提高塑料的强度和热稳定性能，并降低成本。填料可分为有机填料和无机填料两类，前者有木粉、碎布、纸张和各种织物纤维等，后者有玻璃纤维、硅藻土、石棉、炭黑等。例如，酚醛树脂中加入木粉后可大大降低成本，使酚醛塑料成为最廉价的塑料之一，还可显著提高机械强度。聚乙烯、聚氯乙烯等树脂中加入钙质填料后，便成为十分价廉的、具有足够刚性和热稳定性的钙塑料。聚酰胺、聚甲醛等树脂中加入二硫化钼、石墨、聚四氟乙烯后，使塑料的耐磨性、抗水性、热稳定性、硬度及机械强度等得到全面的改进。用玻璃纤维作为塑料的填充剂，能使塑料的机械强度大幅度地提高。有的填充剂还可以使塑料具有树脂所没有的性能，如导电性、导磁性、导热性等。

三、增塑剂

有些树脂（如硝酸纤维、醋酸纤维、聚氯乙烯等）的可塑性很低，柔软性也很差，为了降低树脂的熔融黏度和熔融温度，改善其成型加工性能，改进塑料的柔软性及其他各种必要的性能，通常加入能与树脂相溶的、不易挥发的高沸点有机化合物，这类物质称为增塑剂。树脂中加入增塑剂后，加大了其分子间的距离，因而削弱了大分子间的作用力。这样便使树脂分子容易滑移，从而使塑料能在较低的温度下具有良好的可塑性和柔软性。例如，聚氯乙烯树脂中加入邻苯二甲酸二丁酯，可变为类似橡胶一样的软塑料。加入增塑剂固然可以使塑料的工艺性能和使用性能均得到改善，但也降低了树脂的某些性能，如硬度、抗拉强度等，因此添加增塑剂要适量。对增塑剂的要求是：与树脂有良好的相容性；挥发性小、不易从塑料中析出；无毒、无臭味、无色；对光和热比较稳定；不吸湿。常用的增塑剂是液态或低熔点固体有机化合物。其中主要有甲酸酯类、磷酸酯类和氯化石蜡等。

四、稳定剂

稳定剂主要是指保持合成树脂在加工和使用过程中，防止其受光和热的作用分解和破坏、延长使用寿命的试剂，常用的有硬脂酸盐、环氧树脂等。

五、着色剂

着色剂是指为了使塑料具有各种鲜艳、美观的颜色而添加的试剂。常用有机颜料和无机颜料作为着色剂，要求其具有较高的着色强度和艳度，良好的透明性或者遮盖性、分散性、耐光性、耐气候性、耐迁移性、热稳定性、化学稳定性、电学性能、环保性能等。

（一）着色力

着色力大小直接决定着着色剂的用量，一般来说，着色力随着色剂粒径减小而增加。有机颜料的着色力比无机颜料高出许多，当彩色颜料与白色颜料并用时，着色力可以得到显著提高，如今有机颜料和超细粒子得到广泛应用和发展。

（二）分散性

着色剂在聚合物中只有比较容易地以微小的粒子状态均匀分散，才能获得良好的着色效果。由于颜料含有很多聚集粒子，因此必须经高剪切力的分散以打碎大聚集体，形成小聚集体而达到要求的粒子细度，才能获得理想的光学效果。采用对颜料表面处理等方法可以将颜料加工成一定的实用形态，如色母粒，可以有效地改善颜料的分散性。另外，添加一些助剂也可以改善着色剂的分散性。

（三）耐光和耐气候性

一般地，无机颜料光稳定性比较好，在有机着色剂中，酞菁系、喹吖啶酮系、二噁嗪、异吲哚啉酮等有机颜料的耐光性十分优异，可以与无机颜料相比拟；蒽醌和芘酮等染料也具有良好的耐光性。

（四）耐迁移性

着色剂的迁移主要有三种类型：①溶剂抽出，即在水和有机溶剂中渗色；②接触迁移，即造成相邻的物体的污染；③表面喷霜，即主要是由于着色剂在热加工时在聚合物中的溶解度较大，而常温下溶解度较小，因而逐渐结晶析出造成的。无机颜料在聚合物中分散一般是非均相的，不会产生喷霜现象；而有机颜料在聚合物中和其他有机物都有不同程度的溶解性，比较容易发生迁移。有机颜料迁移的难易与聚合物和其他添加剂（尤其是增塑剂和软化剂）的种类有很大关系。实验表明，一般来说，有机酸的无机盐迁移性比较小；相对分子质量较高的比低的迁移性小。

（五）热稳定性

优良的热稳定性是塑料着色剂的重要指标。大多数无机颜料的热稳定性都比较好，基本能够满足塑料加工要求，而有机着色剂热稳定性较差。由于各种树脂、塑料化学结构的不同，在进行加工成型过程中要求不同的加热温度（软化点以上），温度的高低将直接影响到着色剂的选择，以使其着色在规定温度下不发生明显的颜色变化，可以根据不同的加热温度选用合适的着色剂。

（六）化学稳定性

由于塑料的使用环境不同，因此要充分考虑着色剂的耐化学药品性能。如聚氯乙烯及其他含氯聚合物容易分解产生氯化氢，对着色剂的着色效果和耐色牢度可能产生较大的影响，因此聚氯乙烯及其他含氯聚合物制品必须使用耐酸性着色剂。另外，某些塑料制品中的其他添加剂组分（如抗氧化剂、受阻胺光稳定剂、分散剂）对颜料的影响也不容忽视。

（七）电学性能

聚氯乙烯、聚乙烯等塑料大量用作电线电缆的绝缘层或护套，这些应用领域要求着色剂具有良好的电气绝缘性能。而有些着色剂添加后会导致塑料电气绝缘性能的下降。一般来说，导致电气绝缘性能降低的原因主要是颜料表面残余的电解质，而并非颜料本身。因此，某些含有可溶性盐的颜料不适用于电线电缆等塑料制品的着色。通常炭黑、钛白粉、铬黄、酞菁蓝等颜料的电学性能较好。

（八）环保性能

随着国内外环保法规日趋严格，许多制品对塑料着色剂的毒性提出严格要求，着色剂的毒性问题愈来愈引起人们关注。如今欧美等地已经明确限制使用重金属，主要包括含镉、铅等重金属的着色剂，其中德国等国家相继出台法规限制使用一些芳香胺类染料和有机颜料。目前，我国尚有大量的有毒着色剂在生产与使用，要完全替代仍面临技术和成本方面的挑战。

六、润滑剂

润滑剂是指防止塑料在成型时不黏在金属模具上，同时可使塑料的表面光滑美观而添加的试剂。常用的润滑剂有硬脂酸及其钙镁盐等。

七、抗氧化剂

抗氧化剂是指防止塑料在加热成型或在高温使用过程中受热氧化而使塑料变黄及发裂而添加的试剂。对塑料加工来说，抗氧化剂可以防止某些聚合物热氧化降解，使塑料成型加工能顺利进行。抗氧化剂的添加量一般只有0.1~0.5份。理想抗氧化剂应具备以下条件：①应具有高的抗氧化能力；②与树脂的相容性好，不析出；③加工性能良好，在高聚物的加工温度下不挥发、不分解；④耐抽出性好，不溶于水和油中；⑤本身颜色最好为无色或浅色，以不污染制品；⑥无毒或低毒；⑦价格低廉。

八、阻燃剂

阻燃剂是指赋予易燃聚合物难燃性的功能性助剂，主要是针对高分子材料的阻燃设计的。阻燃剂有多种类型，按使用方法分为添加型阻燃剂和反应型阻燃剂。添加型阻燃剂通过机械混合方法加入聚合物中，使聚合物具有阻燃性。目前添加型阻燃剂主要有有机阻燃剂和无机阻燃剂，卤系阻燃剂（有机氯化物和有机溴化物）和非卤系阻燃剂。有机阻燃剂是以溴系、磷氮系、氮系和红磷及其化合物为代表的一些阻燃剂，无机阻燃剂主要是三氧化二锑、氢氧化镁、氢氧化铝、硅系等阻燃体系。反应型阻燃剂则是作为一种单体参加聚合反应，因此使聚合物本身含有阻燃成分，其优点是对聚合物材料使用性能影响较小，阻燃性持久。

九、发泡剂

发泡剂是指使合成树脂内部成孔的物质，可分为化学发泡剂、物理发泡剂和表面活性剂类发泡剂三大类。

（一）化学发泡剂

化学发泡剂是指那些经加热分解后能释放出二氧化碳和氮气等气体，并在聚合物组成中形成细孔的化合物。它有无机发泡剂和有机发泡剂之分。

1. 有机发泡剂

有机发泡剂主要有偶氮化合物、磺酰肼类化合物、亚硝基化合物。

2. 无机发泡剂

（1）碳酸盐。使用较多的是碳酸钙、碳酸镁、碳酸氢钠。其中，碳酸氢钠是白色粉末，相对密度2.16，分解温度100~140℃，并放出部分CO_2，到270℃时失去全部CO_2，溶于水而不溶于醇。

（2）水玻璃。即硅酸钠，与玻璃粉料混合并加热到850℃左右时，与玻璃反应并放出大量气体，同时能加强材料抗压和抗拉强度，主要作为制备泡沫玻璃的发泡剂使用。

（3）碳化硅。当前泡沫玻璃工业生产中所使用的主要发泡剂，800~900℃烧结时放出大量气体。

（4）炭黑。也是一种非常好用的发泡剂，加热放出 CO_2，发泡效果好。其缺点是价格较高。

（二）物理发泡剂

泡沫细孔是通过某一种物质的物理形态的变化，即通过压缩气体的膨胀、液体的挥发或固体的溶解而形成的。物理发泡剂均具有较高的表面活性，能有效降低液体的表面张力，并在液膜表面双电子层排列而包围空气，形成气泡，再由单个气泡组成泡沫。

（三）表面活性剂类发泡剂

表面活性剂类发泡剂有十二烷基硫酸钠、脂肪醇聚氧乙烯醚硫酸钠、松香皂类发泡剂、动植物蛋白类发泡剂、纸浆废液等。

十、抗静电剂

任何物体都带有本身的静电荷，这种电荷既可以是负电荷也可以是正电荷，静电荷的聚集使生活或者生产受到影响甚至危害。将聚集的有害电荷导引或消除，使其不对生活、生产造成不便或危害的化学品称为抗静电剂。

（一）根据使用方式分类

根据使用方式的不同，抗静电剂可以分为外涂型和内混型两种。

1. 外涂型抗静电剂

外涂型抗静电剂是指涂在高分子材料表面的一类抗静电剂。一般用前先用水或乙醇等将其调配成质量分数为 0.5%~2.0%的溶液，然后通过涂布、喷涂或浸渍等方法使之附着在高分子材料表面，再经过室温或热空气干燥而形成抗静电涂层。此种抗静电剂多为阳离子型抗静电剂，也有一些抗静电剂为两性型和阴离子型抗静电剂。

2. 内混型抗静电剂

内混型抗静电剂是指在制品的加工过程中添加到树脂内的一类抗静电剂。常将树脂和添加其质量的 0.3%~3.0%的抗静电剂，先机械混合后再加工成型。此种抗静电剂以非离子型和高分子永久型抗静电剂为主，阴、阳离子型抗静电剂在某些品种中也可以添加使用。

各种抗静电剂可赋予高分子材料表面一定的润滑性，降低摩擦系数，抑制和减少静电荷产生。不同类型的抗静电剂的化学组成和使用方式不同，其作用机制也不同。

（二）根据用法分类

根据用法的不同，表面活性抗静电剂有两种，即外用的和内用的。外用的或局部的抗静电剂通过喷洒、擦拭或浸渍而施于聚合物的表面。这种外用抗静电剂虽然适用于多种聚合物，但它们的效力只是暂时的，事后与溶剂接触或与其他物体摩擦很容易失掉。内用抗静电剂则是在聚合物加工过程中掺和其中。这样能够补充因搬运处理而被磨蚀的抗静电功能。这种内用抗静电剂的作用有赖于喷霜。这里喷霜的意思是指加入树脂中的内用抗静电剂部分地向聚合物表面迁移的过程。因此，内用抗静电剂具有长期的抗静电保护作用。

第二节　塑料的分类

一、按使用特性分类

根据各种塑料的不同使用特性，通常将塑料分为通用塑料、工程塑料和特种塑料三种类型。

（一）通用塑料

通用塑料一般是指产量大、用途广、成型性好、价格便宜的塑料。通用塑料有五大品种，即聚乙烯（PE）、聚丙烯（PP）、聚氯乙烯（PVC）、聚苯乙烯（PS）及丙烯腈-丁二烯-苯乙烯共聚物（ABS）。它们都是热塑性塑料。

（二）工程塑料

工程塑料一般是指能承受一定外力作用，具有良好的机械性能和耐高、低温性，尺寸稳定性较好，可用作工程结构的塑料，如聚酰胺、聚砜等。工程塑料又分为通用工程塑料和特种工程塑料两类。

1. 通用工程塑料

通用工程塑料包括聚酰胺、聚甲醛、聚碳酸酯、改性聚苯醚、热塑性聚酯、超高相对分子质量聚乙烯、甲基戊烯聚合物、乙烯醇共聚物等。

2. 特种工程塑料

特种工程塑料有交联型和非交联型之分。交联型的有聚氨基双马来酰亚胺、聚三嗪、交联聚酰亚胺、耐热环氧树脂等。非交联型的有聚砜、聚醚砜、聚苯硫醚、聚酰亚胺、聚醚醚酮等。

（三）特种塑料

特种塑料一般是指具有特种功能，可用于航空、航天等特殊应用领域的塑料。如氟塑料和有机硅具有突出的耐高温、自润滑等特殊功用，增强塑料和泡沫塑料具有高强度、高缓冲性等特殊性能，这些塑料都属于特种塑料的范畴。

1. 增强塑料

增强塑料按其原材料外形可分为粒状（如钙塑增强塑料）、纤维状（如玻璃纤维或玻璃布增强塑料）、片状（如云母增强塑料）三种，按材质可分为布基增强塑料（如碎布增强或石棉增强塑料）、无机矿物填充塑料（如石英或云母填充塑料）、纤维增强塑料（如碳纤维增强塑料）三种。

2. 泡沫塑料

泡沫塑料可分为硬质、半硬质和软质泡沫塑料三种。硬质泡沫塑料没有柔韧性，压缩硬度很大，只有达到一定应力值才产生变形，应力解除后不能恢复原状；软质泡沫塑料富有柔韧性，压缩硬度很小，很容易变形，应力解除后能恢复原状，残余变形较小；半硬质泡沫塑料的柔韧性和其他性能介于硬质、软质泡沫塑料之间。

二、按理化特性分类

根据各种塑料不同的理化特性，可以把塑料分为热塑性塑料和热固性塑料两种类型，也有介于两者之间的中间类型塑料。

（一）热塑性塑料

热塑性塑料是指加热后会熔化，可流动至模具冷却后成型，再加热后又会熔化的塑料，可运用加热及冷却使其产生可逆变化（液态⇌固态），是所谓的物理变化。通用的热塑性塑料的连续使用温度在100℃以下，聚乙烯、聚氯乙烯、聚丙烯、聚苯乙烯并称为四大通用塑料。热塑性塑料又分烃类、含极性基因的乙烯基类、工程类、纤维素类等多种类型。热塑性塑料受热时变软，冷却时变硬，能反复软化和硬化并保持一定的形状，可溶于一定的溶剂，具有可熔可溶的性质。热塑性塑料具有优良的电气绝缘性，特别是聚四氟乙烯（PTFE）、聚苯乙烯、聚乙烯、聚丙烯都具有极低的介电常数和介质损耗，宜用作高频和高电压绝缘材料。热塑性塑料易于成型加工，但热稳定性较低，易于蠕变，其蠕变程度随承受负荷、环境温度、溶剂、湿度而变化。

为了克服这些弱点，满足在空间技术、新能源开发等领域应用的需要，各国都在开发可熔融成型的热稳定性树脂，如聚醚醚酮（PEEK）、聚醚砜（PES）、聚芳砜（PASU）、聚苯硫醚（PPS）等。以它们作为基体树脂的复合材料具有较高的力学性能和耐化学腐蚀性，能热成型和焊接，层间剪切强度比环氧树脂好。如用聚醚醚酮作为基体树脂与碳纤维制成复合材料，耐疲劳性超过环氧纤维、碳纤维，耐冲击性好，在室温下具有良好的耐蠕变性，加工性好，可在240~270℃连续使用，是一种非常理想的耐高温绝缘材料。如用聚醚砜作为基体树脂与碳纤维制成的复合材料，在200℃具有较高的强度和硬度，在-100℃尚能保持良好的耐冲击性，无毒、不燃，发烟最少，耐辐射性好，预期可用它制作航天飞船的关键部件，还可模塑加工成雷达天线罩等。

1. 热塑性塑料的常见类型

（1）烃类塑料。烃类塑料属非极性塑料，具有结晶性和非结晶性之分，结晶性烃类塑料包括聚乙烯、聚丙烯等，非结晶性烃类塑料包括聚苯乙烯等。

（2）含极性基团的乙烯基类塑料。除氟塑料外，这类塑料大多数是非结晶型的透明体，包括聚氯乙烯、聚四氟乙烯、聚醋酸乙烯酯等。乙烯基类单体大多数可以采用游离基型催化剂进行聚合。

（3）热塑性工程塑料。热塑性工程塑料主要包括聚甲醛、聚酰胺、聚碳酸酯、ABS、聚苯醚、聚对苯二甲酸乙二酯、聚砜、聚醚砜、聚酰亚胺、聚苯硫醚等。聚四氟乙烯、改性聚丙烯等也包括在这个范围内。

（4）热塑性纤维素类塑料。热塑性纤维素类塑料主要包括醋酸纤维素、乙酸丁酸纤维素、赛璐珞、玻璃纸等。

2. 常见热塑性塑料的性能及应用

（1）聚乙烯。聚乙烯塑料是塑料工业中产量最大的品种，按聚合时采用的压力不同可分为高压、中压和低压三种。低压聚乙烯的分子链上支链较少、相对分子质量较大、结晶度和密度较高（故又称高密度聚乙烯），因此比较硬、耐磨、耐蚀、耐热及绝缘性较好。高压聚乙烯分子带有许多支链，因而相对分子质量较小，结晶度和密度较低（故又称低密度聚乙烯），且具有较好的柔软性、耐冲击性及透明性。

聚乙烯无毒、无味、乳白色，密度为 0.91~0.96g/cm^3，有一定的机械强度，但和其他塑料相比机械强度较低，表面硬度差。聚乙烯的绝缘性能优异，常温下聚乙烯不溶于任何一种已知的溶剂，并耐稀硫酸、稀硝酸和任何浓度的其他酸及各种浓度的碱、盐溶液。聚乙烯有高度的耐水性，在长期与水接触的情况下其性能可保持不变。其透水透气性能较差，而透氧气和二氧化碳及许多有机物质蒸气的性能好。在热、光、氧气的作用下会产生老化和变脆。一般高压聚乙烯的使用温度在 80℃左右，低压聚乙烯约为 100℃。聚乙烯能耐寒，在-60℃时仍有较好的力学性能，-70℃时仍有一定的柔软性。

低压聚乙烯可用于制造塑料管、塑料板、塑料绳，及承载不高的零件，如齿轮、轴承等；高压聚乙烯常用于制作塑料薄膜、塑料软管、塑料瓶，及电气工业的绝缘零件和包覆电缆等。

聚乙烯成型时，在流动方向与垂直方向上的收缩差异较大，注射方向的收缩率大于垂直方向的收缩率，易产生变形，并使塑料件浇口周围部位的脆性增加；聚乙烯收缩率的绝对值较大，成型收缩率也较大，易产生缩孔；冷却速度慢，必须充分冷却，且冷却速度要均匀；质软易脱模，塑料件有浅的侧凹时可强行脱模。

（2）聚氯乙烯。聚氯乙烯是世界上产量最大的塑料品种之一。聚氯乙烯树脂为白色或浅黄色粉末，在其中根据不同的用途加入不同的添加剂，可以使聚氯乙烯塑料件呈现不同的物理性能和力学性能。在聚氯乙烯树脂中加入适量的增塑剂，就可制成多种硬质、软质和透明制品。纯聚氯乙烯的密度为 1.4g/cm^3，加入了增塑剂和填料等的聚氯乙烯塑料件的密度一般在 1.15~2.00g/cm^3 范围内。硬聚氯乙烯不含或含有少量的增塑剂，有较好的抗拉、抗弯、抗压和抗冲击性能，可单独用作结构材料。软聚氯乙烯含有较多的增塑剂，它的柔软性、断裂伸长率、耐寒性增加，但脆性、硬度、抗拉强度降低。聚氯乙烯有较好的电气绝缘性能，可以用作低频绝缘材料。其化学稳定性也较好。但聚氯乙烯的热稳定性较差，长时间加热会导致分解，放出氯化氢气体，使聚氯乙烯变色。其使用温度范围较窄，一般为-15~55℃。

由于聚氯乙烯化学稳定性高，所以可用于防腐管道、管件、输油管、离心泵、鼓风机等。聚氯乙烯硬质板广泛用于化学工业上制作各种储槽的衬里、建筑物的瓦楞板、门窗结构、墙壁装饰物等建筑用材。由于电气绝缘性能优良，聚氯乙烯在电气、电子工业中用于制造插座、插头、开关、电缆，在日常生活中用于制造凉鞋、雨衣、玩具、人造革等。

聚氯乙烯在成型温度下容易分解放出氯化氢，因此必须加入稳定剂和润滑剂，并严格控制温度及熔料的滞留时间。不能用一般的注射成型机成型聚氯乙烯，因为聚氯乙烯热稳定性和导热性不好，用一般的注射机需将料筒内的物料加热到166~193℃，会引起物料分解。因此，应采用带预塑化装置的螺杆式注射机；模具浇注系统应粗短，进料口横截面面积宜大，模具应有冷却装置。

（3）聚丙烯。聚丙烯无色、无味、无毒，外观似聚乙烯，但比聚乙烯更透明更轻，密度仅为0.90~0.91g/cm³。它不吸水、光泽好、易着色，屈服强度、抗拉强度、抗压强度和硬度及弹性比聚乙烯好。定向拉伸后聚丙烯可制作铰链，有特别高的抗弯曲疲劳强度。如用聚丙烯注射成型一体铰链（盖和本体合一的各种容器），经过 7×10^7 次开闭弯折未产生损坏和断裂现象。聚丙烯熔点为164~170℃，热稳定性好，能在100℃以上的温度下进行消毒灭菌。其使用温度下限达-15℃，低于-35℃时会脆裂。聚丙烯的高频绝缘性能好，因为不吸水，绝缘性能不受湿度的影响。但它在氧、热、光的作用下极易解聚、老化，因此必须加入防老化剂。

聚丙烯可用作各种机械零件，如法兰、接头、泵叶轮、汽车零件和自行车零件；用作水、蒸汽、各种酸碱等的输送管道，化工容器和其他设备的衬里、表面涂层；用于制造盖和本体合一的箱壳，各种绝缘零件，并用于医药工业中。

聚丙烯成型收缩范围大，易发生缩孔、凹痕及变形；热容量大，注射成型模具必须设计能充分进行冷却的冷却回路；成型的适宜模具温度为80℃左右，不可低于50℃，否则会造成成型塑料件表面光泽差或产生熔接痕等缺陷，温度过高会产生翘曲现象。

（4）聚苯乙烯。聚苯乙烯是仅次于聚氯乙烯和聚乙烯的第三大塑料品种。聚苯乙烯无色透明、无毒无味，落地时发出清脆的金属声，密度为1.054g/cm³。聚苯乙烯的力学性能与聚合方法、相对分子质量、定向度和杂质量有关。其相对分子质量越大，机械强度越高。

聚苯乙烯有优良的电学性能（尤其是高频绝缘性能）和一定的化学稳定性。它能耐碱、硫酸、磷酸、10%~30%的盐酸、稀醋酸及其他有机酸，但不耐硝酸及氧化剂的作用，对水、乙醇、汽油、植物油及各种盐溶液也有足够的抗蚀能力。它能溶于苯、甲苯、四氯化碳、氯仿、酮类和酯类等。聚苯乙烯的着色性能优良，能被染出各种鲜艳的色彩。但热稳定性差，热变形温度一般为70~98℃，只能在不高的温度下使用，质地硬而脆，有较高的热膨胀系数，因此，限制了它在工程上的应用。近几十年来，发展了改性聚苯乙烯和以苯乙烯为基体的共聚物，在一定程度上克服了聚苯乙烯的缺点，又保留了它的优点，从而扩大了它的用途。

聚苯乙烯在工业上可用作仪表外壳、灯罩、化学仪器零件、透明模型等；在电气方面用作良好的绝缘材料，接线盒、电池盒等；在日用品方面广泛用作包装材料，各种容器、玩具等。

聚苯乙烯流动性和成型性优良、成品率高，但易出现裂纹，成型塑料件的脱模斜度不宜过小，但顶出要均匀；由于热膨胀系数高，塑料件中不宜有嵌件，否则会因两者的热膨胀系数相差太大而导致开裂，塑料件壁厚应均匀；宜用高料温、高模具温度、低注射压力成型并延长注射时间，以防止缩孔及变形，降低内应力，但料温过高，容易出现银丝；因流动性好，模具设计中大多采用点浇口形式。

（5）丙烯腈-丁二烯-苯乙烯共聚物。ABS是由丙烯腈、丁二烯、苯乙烯共聚而成的。这三种组分的各自特性，使ABS具有良好的综合力学性能。丙烯腈使ABS有良好的耐化学腐蚀性及表面硬度，丁二烯使ABS坚韧，苯乙烯使ABS有良好的加工性和染色性能。

ABS无毒、无味，呈微黄色，成型的塑料件有较好的光泽，密度为1.02~1.05g/cm³，有极好的抗冲击强度且在低温下也不迅速下降，有良好的机械强度和一定的耐磨性、耐寒性、耐油性、耐水性、化学稳定性和电学性能。水、无机盐、碱、酸类对ABS几乎无影响，在酮、醛、酯、氯代烃中会溶解或形成乳浊液，不溶于大部分醇类及烃类溶剂，但与烃长期接触会软化溶胀。ABS塑料表面受冰醋酸、植物油等化学药品的侵蚀会引起应力开裂。ABS有一定的硬度和尺寸稳定性，易于成型加工。ABS经过调色可配出任何颜色。其缺点是：热稳定性不高，连续工作温度为70℃左右，热变形温度约为93℃；耐气候性差，在紫外线作用下易变硬发脆。

根据ABS中三种组分质量所占的比例不同，其性能略有差异，可分为超高冲击型、高冲击型、中冲击型、低冲击型和耐热型等，从而适应各种不同的应用。

ABS在机械工业上用来制造齿轮、泵叶轮、轴承、把手、管道、电机外壳、仪表壳、仪表盘、水箱外壳、蓄电池槽、冷藏库和冰箱衬里等。在汽车工业上用ABS制造汽车挡泥板、扶手、热空气调节导管、加热器等。还可用ABS夹层板制作小轿车车身、水表壳、纺织器材、电气零件、文教体育用品、玩具、电子琴及收音机壳体、食品包装容器、农药喷雾器及家具等。

ABS在升温时黏度增大，因此成型压力较高，塑料上的脱模斜度宜稍大；易吸水，成型加工前应进行干燥处理；易产生熔接痕，模具设计时应注意尽量减小浇注系统对料流的阻力；在正常的成型条件下，壁厚、熔料温度及收缩率影响极小。要求塑料件精度高时，模具温度可控制为50~60℃；要求塑料件有光泽和耐热时，应控制为60~80℃。

（6）聚甲基丙烯酸甲酯（PMMA）。PMMA俗称有机玻璃，是一种透光性塑料，透光率达92%，优于普通硅玻璃。有机玻璃产品有模塑成型料和型材两种。模塑成型料中性能较好的是改性有机玻璃372#、373#塑料。372#有机玻璃为甲基丙烯酸甲酯与少量苯乙烯的共聚体，其模塑成型性能较好。373#有机玻璃是100份372#粉料加上5份丁腈橡胶的共混料，有较高的耐冲击韧性。

有机玻璃的密度为1.18g/cm^3，约为普通硅玻璃密度的一半，机械强度为普通硅玻璃的10倍以上。它轻而坚韧，容易着色，有较好的电气绝缘性能，化学性能稳定，能耐一般的化学腐蚀，但能溶于芳香烃、氯化烃等有机溶剂，在一般条件下尺寸较稳定。其最大缺点是表面硬度低，容易被硬物擦伤拉毛。

有机玻璃用于制造要求具有一定透明度和强度的防震、防爆和观察等方面的零件，如飞机和汽车的窗玻璃、飞机罩盖、油杯、光学镜片、透明模型、透明管道、车灯灯罩、油标及各种仪器零件，也可用作绝缘材料、广告铭牌等。

为了防止塑料件产生气泡、混浊、银丝和发黄等缺陷，影响塑料件质量，原材料在成型前要很好地干燥。另外为了得到良好的外观质量，防止塑料件表面出现流动痕迹、熔接线痕和气泡等不良现象，一般采用尽可能低的注射速度。模具浇注系统对料流的阻力应尽可能小，并应制出足够的脱模斜度。

（7）聚酰胺（PA）。PA通称尼龙，由二元胺和二元酸通过缩聚反应制取，或者以一种丙酰胺的分子通过自聚而成。尼龙的命名由二元胺与二元酸中的碳原子数来决定，如己二胺和癸二酸反应所得的缩聚物称尼龙610，并规定前一个数指二元胺中的碳原子数，而后一个数为二元酸中的碳原子数。若尼龙由氨基酸的自聚来制取，则其命名由氨基酸中的碳原子数来决定，如己内酰胺中有6个碳原子，故自聚物称尼龙6或聚己内酰胺。常见的尼龙品种有尼龙1010、尼龙610、尼龙66、尼龙6、尼龙9、尼龙11等。

尼龙有优良的力学性能，抗拉、抗压、耐磨。其抗冲击强度比一般塑料有显著提高，其中尼龙6更优。尼龙作为机械零件材料，具有良好的消音效果和自润滑性能。尼龙耐碱、弱酸，但强酸和氧化剂能侵蚀尼龙。尼龙本身无毒、无味、不霉烂。其吸水性强、收缩率大，常常因吸水而引起尺寸变化。其稳定性较差，一般只能在80~100℃的温度范围内使用。

为了进一步改善尼龙的性能，常在尼龙中加入减摩剂、稳定剂、润滑剂、玻璃纤维填料等，克服了尼龙存在的一些缺点，提高了机械强度。

由于尼龙有较好的力学性能，被广泛地使用在工业上制作各种机械零件和电气零件，如轴承、齿轮、辊子、辊轴、滑轮、泵叶轮、风扇叶片、蜗轮、高压密封垫圈、垫片、阀座、输油管、储油容器、绳索、传动带、电池箱、电气线圈等。

尼龙熔融黏度低、流动性良好，容易产生飞边。成型加工前必须进行干燥处理；易吸潮，塑料件尺寸变化较大；壁厚和浇口厚度对成型收缩率影响很大，因此塑料件壁厚要均匀，防止产生缩孔，一模多件时应注意使浇口厚度均匀化；成型时排出的热量多，模具上应设计冷却均匀的冷却回路；熔融状态的尼龙热稳定性较差，易发生降解使塑料件性能下降，因此不允许尼龙在高温料筒内停留时间过长。

（8）聚甲醛（POM）。聚甲醛是继尼龙之后发展起来的一种性能优良的热塑性工程塑料。其性能不亚于尼龙，而价格却比尼龙低廉。其表面硬而滑，呈淡黄色或白色，薄壁部分半透明。它有较高的机械强度及抗拉、抗压性能和突出的耐疲劳强度，特别适合用作长时间反复承受外力的齿轮材料。聚甲醛尺寸稳定、吸水率小，具有优良的减摩、耐磨性能，能耐扭变，有突出的回弹能力，可用于制造塑料弹簧制品。它常温下一般不溶于有机溶剂，能耐醛、酯、醚、烃及弱酸、弱碱，但不耐强酸，耐汽油、润滑油性能也很好，有较好的电气绝缘性能。其缺点是成型收缩率大，在成型温度下的热稳定性较差。

聚甲醛特别适合用作轴承、凸轮、滚轮、辊子、齿轮等耐磨、传动零件，还可用于制造汽车仪表板、汽化器、各种仪器外壳、罩盖、箱体、化工容器、泵叶轮、鼓风机叶片、配电盘、线圈座、各种输油管、塑料弹簧等。

聚甲醛成型收缩率大，熔点明显（153~160℃），熔体黏度低，黏度随温度变化不大，在熔点上下聚甲醛的熔融或凝固十分迅速，因此，注射速度要快，注射压力不宜过高；摩擦系数低、弹性高，浅侧凹槽可采用强制脱出，塑料件表面可带有皱纹花样；聚甲醛热稳定性差、加工温度范围窄，因此要严格控制成型温度，以免引起温度过高或在允许温度下长时间受热而引起分解；冷却凝固时排出的热量多，模具上应设计均匀冷却的冷却回路。

（9）聚碳酸酯（PC）。聚碳酸酯是一种性能优良的热塑性工程塑料，密度为 1.20g/cm^3，本色微黄，而加入淡蓝色着色剂后，得到无色透明塑料件，可见光的透光率接近 90%。它韧而刚，抗冲击性在热塑性塑料中名列前茅。其成型零件可达到很好的尺寸精度并在很宽的温度变化范围内保持尺寸的稳定性。其成型收缩率恒定为 0.5%~0.8%。它抗蠕变、耐磨、耐热、耐寒，脆化温度在 0~100℃以下，长期工作温度高达 120℃。聚碳酸酯吸水率较低，能在较宽的温度范围内保持较好的电学性能，耐室温下的水、稀酸、氧化剂、还原剂、盐、油、脂肪烃，但不耐碱、胺、酮、酯、芳香烃，并有良好的耐气候性。其最大的缺点是塑料件易开裂，耐疲劳强度较差。用玻璃纤维增强聚碳酸酯，克服了上述缺点，使聚碳酸酯具有更好的力学性能、更好的尺寸稳定性、更小的成型收缩率，并提高了热稳定性和耐药性，降低了成本。

它在机械上主要用作各种齿轮、蜗轮、蜗杆、齿条、凸轮、芯轴、轴承、滑轮、铰链、螺母、垫圈、泵叶轮、灯罩、节流阀、润滑油输油管、各种外壳、盖板、容器、冷冻和冷却装置零件等。在电气方面，它用作电机零件、电话交换器零件、信号用继电器、风扇部件、拨号盘、仪表壳、接线板等，还可制作照明灯、高温透镜、视孔镜、防护玻璃等光学零件。

聚碳酸酯虽然吸水性小，但高温时对水分比较敏感，因此加工前原材料必须干燥处理，否则会出现银丝、气泡及强度下降现象。聚碳酸酯熔融温度高，熔融黏度大，流动性差，所以，成型时要求有较高的温度和压力，且其熔融黏度对温度比较敏感，因此一般用提高温度的办法来增加熔融塑料的流动性。

（10）聚砜（PSU）。聚砜是在 20 世纪 60 年代出现的工程塑料，它是在大分子结构中包含有砜基（—SO_2—）的高聚物，此外还含有苯环和醚键（—O—），故又称聚苯醚砜。它呈透明而微带琥珀色，也有的是象牙色的不透明体。它具有突出的耐热、耐氧化性能，可在-100~150℃的范围内长期使用，热变形温度为 174℃，有很高的力学性能，其抗蠕变性能比聚碳酸酯还好。其介电性能优良，即使在水和湿气中或 190℃的高温下，仍保持高的介电性能。聚砜具有较好的化学稳定性，在无机酸、碱的水溶液及醇、脂肪烃中不受影响，但对酮类、氯化烃不稳定，不宜在沸水中长期使用。其尺寸稳定性较好，还能进行一般机械加工和电镀。但其耐气候性较差。

聚砜可用于制造尺寸精度要求高、热稳定性好、刚性高及电气绝缘性良好的电气和电子类零件，如断路元件、恒温容器、开关、绝缘电刷、电视机元件、整流器插座、线圈骨架、仪器仪表零件等；制造需要具备热稳定性好、耐化学性、持久性、刚性高的零件，如转向柱轴环、电动机罩、飞机导管、电池箱、汽车零件、齿轮、凸轮等。

用聚砜制成的塑料件易发生银丝、云母斑、气泡甚至开裂等现象，因此加工前原材料应充分干燥；聚砜熔融料流动性差，对温度变化敏感，冷却速度快，故模具浇口的阻力小，模具需加热；成型性能与聚碳酸酯相似，但热稳定性比聚碳酸酯差，可能发生熔融破裂；聚砜为非结晶型塑料，收缩率较小。

（11）聚苯醚（PPO）。聚苯醚是由 2，6-二甲基苯酚聚合而成的，全称为聚二甲基苯醚。这种塑料造粒后呈透明琥珀色，硬而韧。其硬度较尼龙、聚甲醛、聚碳酸酯高，蠕变小，有较好的耐磨性能。其使用温度范围宽，长期使用温度为-127~121℃，脆化温度低达-170℃，无载荷条件下的间断使用温度达205℃。其电气绝缘性能优良。其耐稀酸、稀碱、盐，耐水及蒸汽性能特别优良。其吸水性小，在沸水中煮沸仍具有尺寸稳定性，且耐污染、无毒。其缺点是塑料件内应力大，易开裂，熔融黏度大，流动性差，疲劳强度较低。

聚苯醚可用于制造在较高温度下工作的齿轮、轴承、运输机械零件、泵叶轮、鼓风机叶片、水泵零件、化工用管道及各种紧固件、连接件等，还可用于线圈架、高频印制电路板、电机转子、机壳，及外科手术用具、食具等需要进行反复蒸煮消毒的器件。

聚苯醚流动性差，模具上应加大浇道直径，尽量缩短浇道长度，充分抛光浇口及浇道；为避免塑料件出现银丝及气泡，成型加工前应对塑料进行充分干燥；宜用高料温、高模具温度、高压、高速注射成型，保压及冷却时间不宜太长；为消除塑料件内应力，防止开裂，应对塑料件进行退火处理。

（12）氯化聚醚（CPT）。氯化聚醚是一种有突出化学稳定性的热塑性工程塑料，对多种酸、碱和溶剂有良好的抗腐蚀性，化学稳定性仅次于聚四氟乙烯，而价格比聚四氟乙烯低廉。其热稳定性能好，能在120℃温度下长期使用，抗氧化性能比尼龙高。其耐磨、减摩性比尼龙、聚甲醛还好，吸水率只有0.01%，是工程塑料中吸水率最小的一种。它的成型收缩率小而稳定，有很好的尺寸稳定性。它具有较好的电气绝缘性能，特别是在潮湿状态下的介电性能优异。但氯化聚醚的刚性较差，抗冲击强度不如聚碳酸酯。

它在机械上可用于制造轴承、轴承保持器、导轨、齿轮、凸轮、轴套等。在化工方面可用作防腐涂层、储槽、容器、化工管道、耐酸泵件、阀、窥镜等。

氯化聚醚的塑料件内应力小，成型收缩率小，尺寸稳定性好，宜成型高精度、形状复杂、多嵌件的中小型塑料件；吸水性小，加工前必须进行干燥处理；模具温度对塑料件影响显著，模具温度高时塑料件抗拉、抗弯、抗压强度均有一定提高，坚硬而不透明，但冲击强度及伸长率下降；成型时有微量氯化氢等腐蚀气体放出。

（13）聚四氟乙烯。PTFE属于氟塑料的一种，其他氟塑料主要包括聚三氟氯乙烯、聚全氟乙丙烯、聚偏氟乙烯等。

聚四氟乙烯树脂为白色粉末，外观蜡状，光滑而不黏，平均密度为2.2g/cm^3，是密度最大的一种塑料。聚四氟乙烯具有卓越的性能，非一般热塑性塑料所能比拟，因此，有“塑料王”之称。论化学稳定性，它是目前已知塑料中最优越的一种，对强酸、强碱及各种氧化剂等腐蚀性很强的介质都完全稳定，甚至沸腾的“王水”、原子工业中用的强腐蚀剂五氟化铀对它都不起作用，其化学稳定性超过金、铂、玻璃、陶瓷及特种钢等。在常温下还没有找到一种溶剂能溶解它。它有优良的耐热耐寒性能，可在-195~250℃范围内长期使用而不发生性能变化。聚四氟乙烯的电气绝缘性能良好，且不受环境湿度、温度和电频率的影响。其摩擦系数是塑料中最低的。其缺点是热膨胀系数大，而耐磨性、机械强度差，刚性不足且成型困难。故一般将其粉料冷压成坯件，然后烧结成型。

聚四氟乙烯在防腐化工机械上用于制造管道、阀门、泵、涂层衬里等；在电气绝缘方面广泛应用在要求有良好高频性能并能高度耐热、耐寒、耐腐蚀的场合，如喷气式飞机、雷达等方面；也可用于制造自润滑减摩轴承、活塞环等零件。由于它具有不黏性，在塑料加工及食品工业中被广泛地作为脱模剂。在医学上它还可用作代用血管、人工心肺装置等。

（二）热固性塑料

热固性塑料是指在受热或其他条件下能固化或具有不溶（熔）特性的塑料，如酚醛塑料、环氧塑料等。热固性塑料又分为甲醛交联型和其他交联型两种类型。甲醛交联型塑料包括酚醛塑料、氨基塑料[如脲-甲醛、三聚氰胺-甲醛（MF）等]。其他交联型塑料包括不饱和聚酯、环氧树脂、邻苯二甲酸二烯丙酯树脂等。热固性塑料热加工成型后形成具有不熔、不溶的固化物，其树脂分子由线性结构交联成网状结构，再加强热则会分解破坏。典型的热固性塑料有酚醛、氨基、环氧、不饱和聚酯、呋喃、聚硅醚等塑料，还有较新的聚苯二甲酸二丙烯酯塑料等。它们具有热稳定性高、受热不易变形等优点，缺点是机械强度一般不高，但可以通过添加填料，制成层压材料或模压材料来提高机械强度。

1. 热固性塑料的常见类型

（1）酚醛热固性塑料。以酚醛树脂为主要原材料制成的热固性塑料，如酚醛模压塑料（俗称电木），具有坚固耐用、尺寸稳定、耐除强碱外的其他化学物质作用等特点。酚醛热固性塑料可根据不同用途和要求，加入各种填料和添加剂。如要求高绝缘性能的品种，可采用云母或玻璃纤维为填料；如要求耐热的品种，可采用石棉或其他耐热填料；如要求抗震的品种，可采用各种适当的纤维或橡胶为填料及一些增韧剂，以制成高韧性材料。此外，还可以采用苯胺、环氧、聚氯乙烯、聚酰胺、聚乙烯醇缩醛等改性的酚醛树脂以满足不同用途的要求。用酚醛树脂还可以制成酚醛层压板，其特点是机械强度高、电学性能良好、耐腐蚀、易于加工，广泛应用于低压电工设备。

（2）氨基热固性塑料。氨基热固性塑料有脲甲醛、三聚氰胺-甲醛、尿素-三聚氰胺-甲醛等。它们具有质地坚硬、耐刮痕、无色、半透明等优点，加入着色剂可制成彩色鲜艳的制品，俗称电玉。由于它耐油，不受弱碱和有机溶剂的影响（但不耐酸），可在70℃温度下长期使用，短期可耐110～120℃，可用于电工制品。三聚氰胺-甲醛塑料比脲甲醛塑料硬度高，有更好的耐水、耐热、耐电弧性，可用作耐电弧绝缘材料。

（3）环氧热固性塑料。以环氧树脂为主要原材料制成的热固性塑料品种很多，其中以双酚A型环氧树脂为基材的约占90%。它具有优良的黏结性、电气绝缘性、热稳定性和化学稳定性，收缩率和吸水率小，机械强度高等特点。

（4）不饱和聚酯热固性塑料。不饱和聚酯和环氧树脂都可以制成玻璃钢，具有优异的机械强度。如由不饱和聚酯制成的玻璃钢，其机械性能良好，密度小（只有钢的1/5～1/4，铝的1/2），易于加工成各种电气零件。

（5）聚苯二甲酸二丙烯酯热固性塑料。以聚苯二甲酸二丙烯酯树脂制成的塑料的电学性能和机械性能均优于酚醛、氨基热固性塑料。它吸湿性小，制品尺寸稳定，成型性能好，耐酸碱及沸水和一些有机溶剂。其模塑适合制造结构复杂的、既耐温又有高绝缘性的零件。它一般可在-60～180℃的温度范围内长期使用，耐热等级可达F级到H级，比酚醛、氨基热固性塑料的热稳定性都高。

（6）聚硅醚热固性塑料。聚硅醚结构形式的有机硅塑料在电子、电工技术中的应用较多。有机硅层压塑料多以玻璃布为补强材料；有机硅模压塑料多以玻璃纤维和石棉为填料，用以制造耐高温、高频或潜水电机、电气电子设备的零部件等。这类塑料的特点是介电常数和$\tan\delta$值较小，受频率影响小，用于电工和电子工业中耐电晕和电弧，即使放电引起分解，产物是二氧化硅而不是能导电的炭黑。这类材料有突出的热稳定性，可以在250℃连续使用。聚硅醚的主要缺点是机械强度低，胶黏性小，耐油性差。现在已开发出许多改性有机硅聚合物，例如聚酯改性有机硅塑料等，在电工技术上得到了应用。

2. 常见热固性塑料的性能及应用

（1）酚醛塑料。酚醛塑料是热固性塑料的一个品种，是以酚醛树脂为基础而制得的。酚醛树脂通常由酚类化合物和醛类化合物缩聚而成。酚醛树脂本身很脆，呈琥珀玻璃态，必须加入各种纤维或粉末状填料后才能获得具有一定性能要求的酚醛塑料。酚醛塑料大致可分为四类：层压塑料、压塑料、纤维状压塑料和碎屑状压塑料。

与一般热塑性塑料相比，酚醛塑料刚性好、变形小、耐热耐磨，能在150～200℃范围内长期使用。在水润滑条件下，它有极低的摩擦系数。其电气绝缘性能优良。其缺点是质脆，冲击强度差。

酚醛层压塑料用浸渍过酚醛树脂溶液的片状填料制成，可制成各种型材和板材。根据所用填料不同，有纸质、布质、木质、石棉和玻璃布等各种层压塑料。布质及玻璃布酚醛层压塑料具有优良的力学性能、耐油性能和一定的介电性能，用于制造齿轮、轴瓦、导向轮、无声齿轮、轴承及电工结构材料和电气绝缘材料。木质层压塑料适用于制作水润滑冷却下的轴承及齿轮等。石棉布层压塑料主要用作高温下工作的零件。

酚醛纤维状压塑料可以加热模压成各种复杂的机械零件和电气零件，具有优良的电气绝缘性能、热稳定性、耐水性、耐磨性，可制作各种线圈架、接线板、电动工具外壳、风扇叶子、耐酸泵叶轮、齿轮、凸轮等。

酚醛塑料特别适用于压缩成型；模具温度对其流动性影响较大，一般当温度超过160℃时流动性迅速下降；硬化时放出大量热，厚壁大型塑料件内部温度易过高，发生硬化不匀及过热现象。

（2）氨基塑料。氨基塑料是由氨基化合物与醛类（主要是甲醛）经缩聚反应而制得的塑料。其传递成型收缩率大；含水分及挥发物多，使用前需预热干燥，且成型时有弱酸性分解及水分析出，模具应镀铬防腐，并注意排气；流动性好，硬化速度快，因此，预热及成型温度要适当，装料、合模及加工速度要快；带嵌件的塑料易产生应力集中，尺寸稳定性差。它主要包括脲甲醛、三聚氰胺-甲醛等。

1）脲甲醛塑料。脲甲醛塑料是由脲甲醛树脂和漂白纸浆等制成的压塑粉。可染成各种鲜艳的色彩，外观光亮，部分透明，表面硬度较高，耐电弧性能好，耐矿物油、耐霉菌，但耐水性较差，在水中长期浸泡后电气绝缘性能下降。大量用于压制日用品及电气照明用设备的零件，电话机、收音机、钟表外壳，开关、插座及电气绝缘零件。

2）三聚氰胺-甲醛塑料。三聚氰胺-甲醛塑料由三聚氰胺-甲醛树脂与石棉、滑石粉等制成。三聚氰胺-甲醛塑料可制成各种色彩、耐光、耐电弧、无毒的塑料件，在-20～100℃的温度范围内性能变化小，能耐沸水而且耐茶、咖啡等污染性强的物质。能像陶瓷一样方便地去掉茶渍一类污染物，且有重量轻、不易碎的特点。主要用作餐具、航空茶杯及电气开关、灭弧罩及防爆电器的配件。

（三）中间类型塑料

有的塑料既是热塑性的又是热固性的。例如，聚氯乙烯一般为热塑性塑料，日本研制出的一种新型液态聚氯乙烯是热固性的，模塑温度为60～140℃；美国一种叫伦德克斯的塑料，既有热塑性加工的特征，又有热固性塑料的物理性能。

三、按加工方法分类

根据各种不同的成型方法，塑料可以分为膜压塑料、层压塑料、注射塑料、挤出塑料、吹塑塑料、浇铸塑料和反应注射塑料等多种类型。

膜压塑料多为物性和加工性能与一般热固性塑料相类似的塑料；层压塑料是指浸有树脂的纤维织物，经叠合、热压而结合成为整体的材料；注射塑料、挤出塑料和吹塑塑料多为物性和加工性能与一般热塑性塑料相类似的塑料；浇铸塑料是指能在无压或稍加压力的情况下，倾注于模具中能硬化成一定形状制品的液态树脂混合料；反应注射塑料是指用液态原材料，加压注入模腔内，使其反应固化成一定形状制品的塑料，如聚氨酯等。

第三节　塑料的主要性能

一、物理性能

（一）透气性

透气性是气体对薄膜、涂层、织物等高分子材料的渗透性，是聚合物重要的物理性能之一，与聚合物的结构、相态及分子运动情况有关。例如，涤纶分子极性强、具有刚性链，因此其透气性小于极性弱、具有柔性链的聚乙烯分子；丁基橡胶每个结构上含两个甲基，链段不能自由运动，故其透气性是天然橡胶的几十分之一，是气密性最好的橡胶。聚合物透气性的研究有重要实用价值，目前已在水果、蔬菜等的保鲜，农作物的保温、催熟，食品、药物的包装、储存，医用材料、分离膜的制备等方面得到广泛应用。

透气性用透气量和透气系数表示。透气量是指一定厚度的塑料薄膜，在0.1MPa气压差下，$1m^2$

的面积中在24h内所透过气体（在标准状况下）的体积（m^3）。透气系数是单位时间内、单位压差下，透过单位面积和单位厚度塑料薄膜的气体量（标准状况下）。

（二）透湿性

透湿性用透湿量和透湿系数表示。透湿量是在薄膜两侧水蒸气压差和薄膜厚度一定的条件下，$1m^2$ 薄膜在24h内所透过的水蒸气的质量（g）。透湿系数是指单位时间内、单位压差下透过单位面积和单位厚度薄膜的水蒸气量。

（三）透光率

透光率是指显示设备等的透过光的效率，是透过透明或半透明体的光通量与其入射光通量的百分率。它直接影响到触摸屏的视觉效果。很多触摸屏是多层的复合薄膜，仅用透光率来概括它的视觉效果是不够的，它至少应该包括透明度、色彩失真度、反光性和清晰度四个特性。

（四）光泽

光泽是指物体表面反射光的能力，以试样在正反射方向相对于标准表面反射光量的百分比（光泽度）表示。塑料制品的表面粗糙度可用光泽计测出并能定量地表示出来，同时这些制品表面若经一定磨损后，还可以用其磨损前后的光泽度变化来表征。

（五）成型收缩率

成型收缩率是指塑料件自模具中取出到冷却至室温后，室温尺寸的缩小值对其原未冷却尺寸的百分率。由于收缩不仅是树脂本身的热胀冷缩，还与各成型因素有关，所以成型后塑料件的收缩率应称为成型收缩率。成型收缩量是指制品尺寸小于模具型腔尺寸的量。

二、力学性能

（一）拉伸性能

1. 拉伸强度

拉伸强度是指在规定的试验温度、湿度与试验速度下，在试样上沿纵轴方向施加拉伸载荷使其破坏，试样断裂时所受的最大拉伸应力。

2. 断裂伸长率

断裂伸长率是指在应力作用下试样断裂时标线间距离的增加量与初始标距之比，用百分率表示。

3. 拉伸弹性模量

拉伸弹性模量是指在比例极限内，材料所受拉伸应力与材料产生的相应应变之比。

4. 泊松比

泊松比是指在材料比例极限内，由均匀分布的纵向应力所引起的横向应变与相应的纵向应变之比的绝对值。

5. 应变

应变是指材料在应力作用下，产生的尺寸变化与原始尺寸之比。

6. 拉伸应力-应变曲线

拉伸应力-应变曲线是指由应力-应变的相应值彼此对应绘成的曲线图，通常以应力值作为纵坐标，应变值作为横坐标。

（二）冲击性能

1. 悬臂梁冲击强度

悬臂梁冲击试验是指使用悬壁梁冲击试验机，在规定的标准试验条件下，对垂直悬臂夹持的试样施以冲击载荷，使试样破裂，以试样单位宽度所消耗的功表征材料韧性的一种方法。

2. 简支梁冲击强度

简支梁冲击试验是指使用简支梁冲击试验机，在规定的标准试验条件下，对水平放置且两端支撑的试样施以冲击力，使试样破裂，以试样单位横截面面积所消耗的功表征材料韧性的一种方法。

(三) 压缩性能

塑料的压缩性能主要包括压缩应力、压缩应变、压缩变形、压缩负荷-变形曲线、压缩屈服应力、压缩偏置屈服应力、压缩强度、细长比和压缩模量。

1. 压缩应变

压缩应变是指试样的压缩变形量与试样原始高度的比值。

2. 压缩负荷-变形曲线

压缩负荷-变形曲线是指以压缩试验全过程中的压缩负荷为纵坐标，以对应的变形为横坐标绘图所获得的曲线。

3. 压缩屈服应力

压缩屈服应力是指在压缩试验的负荷-变形曲线上第一次出现的应变或变形增加而负荷不增加的压应力值。应力无增加而应变增加时的第一点称为屈服点。

(四) 透水性

透水性测定是将被试样品在一定水压和一定时间作用下，用肉眼直接观察被试样品的透水程度。测定方法见《橡胶或塑料涂覆织物　耐水渗透性能的测定》(HG/T 2582—2008)。

第四节　塑料的鉴别

一、塑料的外观鉴别

通过观察塑料的外观，可初步鉴别出塑料制品所属大类，如热塑性塑料、热固性塑料、热塑性弹性体等。硬质塑料包括热塑性塑料和热固性塑料，其中 PP、PS、PMMA、POM、PC、PA、PPS 等坚硬如金属，PE、PTFE 的表面硬度不高，可用手指甲划出痕迹。软质塑料主要有弹性体、热塑性弹性体、软质 PVC 等，其特征为易于弯曲。透明类塑料主要有 PS、PC、PMMA、透明 ABS、透明 PP、PVC 等。

二、塑料的燃烧加热鉴别

不同类塑料的加热特征各不相同，通过加热的方法对其进行鉴别。大多数塑料都能燃烧，由于其结构的不同，燃烧特性也不同，采用燃烧的方法可以简便有效地鉴别塑料的种类。燃烧法主要根据塑料燃烧时的燃烧难易程度、气味、火焰特性及塑料状态变化等现象来鉴别。表 1-1 所示为几种主要塑料品种的燃烧特性。

表 1-1　主要塑料品种的燃烧特性

塑料种类	燃烧难易程度	离开火焰后是否燃烧	火焰特征	表面状态	气味
PS	易燃	继续燃烧	橙黄色，浓黑烟	软化气泡	芳香气味
PE	易燃	继续燃烧	上端黄色，底部蓝色，无烟	熔融滴落	石蜡气味
PP	易燃	继续燃烧	上端黄色，底部蓝色，少量黑烟	熔融滴落	石蜡气味
PVC	难燃	离火即灭	黄色，外边绿色，白烟	软化，能拉出丝	苦辣椒味
ABS	易燃	继续燃烧	黄色，黑烟	软化烧焦	特殊气味
尼龙 6	不燃	生成晶珠	无焰	软化滴落，有泡沫	焦煳味

对于热塑性塑料、热塑性弹性体，加热时软化，易熔融，且熔融时变得透明，常能从熔体拉出丝来，通常易于热合。

三、塑料的溶剂处理鉴别

热塑性塑料和热塑性弹性体在溶剂中会发生溶胀，但一般不溶于冷溶剂，在热溶剂中有些热塑性塑料会发生溶解，如聚乙烯溶于二甲苯。

热固性塑料在溶剂中不溶，一般也不发生溶胀或仅发生轻微溶胀。

热固性弹性体不溶于溶剂，但通常会发生溶胀。常用塑料的溶解性见表 1-2。

表 1-2　常用塑料的溶解性

树脂	溶胀	溶解
PE	与脂肪烃、芳香烃、卤代烃长期接触溶胀	温度为 100℃时溶解于四氢化萘，不耐发烟硫酸、浓硫酸、铬酸。温度超过 60℃时少量溶解于甲苯、乙酸戊酯、三氯乙烯、松节油、矿物油、石蜡、二甲苯、三氯苯等
PVC	在酯、酮、芳香烃、卤代烃中溶解或溶胀	在四氢呋喃、环己酮、甲酮、二甲基甲酰胺中溶解
PP	在低分子脂肪烃、卤代烃、芳香烃中溶胀	高温下溶解于十氢化萘、四氢化萘、乙酸异戊酯和 1，2，4-三氯化苯等
PS	在烃类、酮类、高级脂肪酸等中溶胀	溶解于芳香烃（如苯、甲苯、乙苯、苯乙烯），氯化烃（如四氯化碳、三氯甲烷、二氯甲烷、氯苯），环己酮，乙酸丁酯，二硫化碳等
PA	在酸、碱、盐中溶胀，其中氯化锌危害最大	溶解于甲酸、浓硫酸、二甲基甲酰胺、间甲酚及酚类化合物
PC	不耐氯烃、稀碱、溴水、浓酸、胺类、酮、酯等	常温下易溶于二氯甲烷、四氯乙烷、三氯乙烷、二氯乙烷、三氯乙烯、二氧六环、吡啶、四氢呋喃、三甲酚、噻吩、磷酸三甲酯、甲酚。温热条件下也可溶于氯苯、苯酚、环己酮、二甲基甲酰胺及磷酸三甲苯酯等
POM	不耐强酸和氧化剂	全氟丙酮、醇类在熔融状态可形成溶液

第五节　塑料材料的选用

一、成型方法

在具体选材时，尽可能选用加工设备投资少的成型方法。例如，生产一次性饮水杯，既可注射成型又可吸塑成型，但从设备投资上考虑，要采用吸塑成型方法加工。又如，面包用周转箱可用注塑和压制两种方法加工，但压制方法投资小，建议尽可能选用压制方法加工。

要选用本生产厂家现有的塑料加工设备。利用现有设备，可大大节省设备投资。例如，要生产 PVC 农用大棚膜，可用压延和挤出吹塑两种方法加工。而本生产厂家现有压延设备，则应选用压延法生产 PVC 膜；虽然挤出吹塑法的投资远小于压延法，但毕竟要增加新的投资。

二、加工能耗

尽可能选用加工能耗低的加工方法，具体应注意如下几方面：

（一）尽可能选用不需要干燥而可直接加工的塑料原材料

如 PE、PP、PVC 及 PTFE 等塑料原材料都不需要干燥，而大部分工程塑料和透明性塑料（如 ABS、POM、PA、PC、PMMA、PS 等）都需要干燥，这势必要增加能耗。

（二）尽可能选用不需要加工后处理的塑料原材料

有些刚性分子链聚合物如 POM、PS、PC 等，其制品中容易残留内应力，在使用中易产生应力开裂现象。为此，对这些材料要进行加工后处理，以消除残留内应力，这也会引起能耗的增大。

（三）尽可能选用加工温度低的塑料原材料

塑料的加工温度越低，加工中的能量消耗则越低。在塑料材料中，PC、PPO 等通用工程塑料或特种工程塑料的加工温度高，加工能耗也高，尽可能少选。

（四）尽可能选用对加工设备磨损和腐蚀小的塑料原材料

尽可能选用对加工设备磨损和腐蚀小的塑料原材料，这样可以延长加工设备的使用寿命，降低设备的年折旧成本。

三、加工精度

利用不同的塑料加工方法制成制品的精度不同。注射成型的制品精度最高，而真空吸塑成型的制品精度最低，不同成型方法的成型精度由大到小的顺序为：注射成型→挤出成型→注吹成型→挤吹成型→压制成型→压延成型→真空吸塑成型。

在具体选用材料时，要视制品的尺寸精度要求来确定加工工艺。

四、加工形状

不同加工方法加工的制品形状不同。从制品形状复杂程度上看，注射成型可制成形状复杂的制品。从制品尺寸大小上看，压延成型、真空吸塑成型、压制成型、缠绕成型可制成大面积的曲面，如大型化工储罐及游船等，都可用缠绕成型制成。

第六节　塑料加工的废料

不同的加工方法产生的废料比例大小不同，对于不同的塑料材料，其废料的可利用率不同。在具体选用时，应尽可能选用产生废料少的加工方法和废料可重复利用的塑料原材料，以最大限度地增加原材料利用率。在这方面，具体应注意如下几方面：

（1）对于高透明性塑料制品，其加工废料不能重复使用，因为重复使用会影响制品的透明性。

（2）对于卫生性要求很高的塑料制品，其加工废料不能重复使用，因为重复使用会影响制品的卫生性。

（3）对于性能要求高的制品，其加工废料不能重复使用，因为重复使用会导致制品性能的下降。

（4）对于易分解性树脂，其加工废料不能重复使用，因为废料已产生分解，重复使用会影响制品的性能。

（5）对于其他品种的塑料制品，包括一般性能制品、低透明性制品，其加工废料可多次重复使用。如 POM 塑料，加工废料可加入 30%，并可循环使用 10 次左右；再如 PPO 塑料，废料可加入 20%，可循环使用 5 次以上。

（6）对于不同的加工方法，废料产生率不同，具体大小顺序为：真空吸塑成型>挤出吹塑成型>注射成型>压延成型>压制成型>挤出成型。其中，以真空吸塑成型一次性口杯为例，其废料产生率高达 40%。

第七节 案例分析

2010 年 7 月 17 日凌晨，在温州某地发生一起汽车交通肇事致人死亡逃逸案件，民警对现场周边道路进行了全面细致的勘查。很快，路边的一块黄色的塑料碎片引起了民警的注意，凭着丰富的办案经验，民警认定该碎片应该是车辆上的物件，并有可能是新遗留的，于是马上进行了提取并带回分析。同时将该案件初步定性为重大交通事故逃逸案，确定侦查方向并成立专案组。

经过分析比对，确认该碎片的主要成分为聚丙烯，是汽车保险杠的基础材料，从而警方认定现场遗留的塑料碎片是车辆保险杠碎片，并通过技术手段得出了碎片的产生车型很可能为某型轿车。专案组马上排查全市所有符合该车型的车辆，并逐步缩小范围，嫌疑人所有的一辆同型号轿车进入了警方视线，专案组马上前往其住所进行走访调查并发现了肇事的轿车，车上的破损部位经比对与现场遗留的碎片完全吻合，而嫌疑人迫于压力于 21 日晚上投案自首，随后被依法刑事拘留。

第二章　塑料纤维编织制品

第一节　塑料纤维编织制品成型工艺

塑料纤维编织制品为塑料制品的一个大类，广泛用于土木工程、包装等众多领域。与纸、麻、棉等传统的包装材料相比，这种包装袋具有重量轻、强度大、耐酸、耐碱、耐腐蚀、清洁等特点，在化肥、建材、粮食等包装领域中广泛使用。

它主要以聚乙烯、聚丙烯和尼龙等为原材料，经过熔融拉丝、牵伸、加捻、织布、涂膜、制袋、缝纫等工序制作而成。

第二节　塑料绳

一、塑料绳简介

塑料绳（图2-1）主要采用聚乙烯、聚丙烯、尼龙等塑料单丝绞制而成。由于塑料丝经过单向拉伸后，不仅大大提高了它的拉伸强度，而且具有与天然纤维相似的性能，再加上塑料本身的固有特性，与纱绳、草绳、麻绳、铁丝等农业上常用的捆扎材料相比，具有质量轻的优点。在农村常见的各种捆扎材料中，塑料绳是最轻的一种。因此，使用同样重量的捆扎绳，塑料绳的长度最长。聚乙烯、聚丙烯塑料绳还可漂浮在水面上。

图2-1　塑料绳

纸绳、棉绳及麻绳是过去捆扎商品的主要原材料。由于塑料绳具有以下一系列优点，因而已大量替代了原有的绳索等。塑料绳的主要特点如下：

（1）抗张强度、捆扎强度优，纵向无裂纹，耐摩擦性强。

（2）耐药品性及耐气候性好，耐腐蚀性好，连虫及霉菌也不会蛀蚀，因而具有卫生性能优良等特点，对物品的保存是极有利的。

（3）耐晒，不易变色。吸湿性差，可在水中作业。

（4）使用温度范围较广，可在-60~100℃范围内使用。

（5）着色性能好，可用颜色来区别包装，以防止误差。

（6）价格低廉。

塑料绳采用挤出工艺成型，它有单丝及撕裂薄膜之分。单丝制绳表面光滑，但制成绳索后不易打结；撕裂薄膜由于表面较毛糙，易打结。

塑料单丝可采用聚乙烯、聚丙烯、尼龙等为原材料，它们的强度可达7~9g/旦，接近某些钢丝的强度，并超过了麻绳的强度，塑料绳的性能在很大程度上取决于塑料单丝的性能。

几种塑料单丝的性能见表2-1。

几种农用捆扎绳的相对密度见表 2-2。

表 2-1　几种塑料单丝的性能

性能	单位	聚乙烯	聚丙烯	聚酰胺	聚氯乙烯	聚偏氯乙烯
抗张强度	g/旦（干）	5.0~8.0	4.5~8.0	5.0~8.7	2.7~3.7	1.6~2.5
	g/旦（湿）	5.0~9.0	4.5~8.0	5.9~7.4	2.7~3.7	1.5~2.6
结节强度	g/旦	3.5~3.7	4.0~6.5	5.4~6.5	1.8~2.7	1.0~2.0
伸长率	%（干）	8~35	15~35	16~24	20~25	18~33

表 2-2　几种农用捆扎绳的相对密度

品种	相对密度	品种	相对密度
聚丙烯塑料绳	0.91	棉纱绳	1.54
聚乙烯塑料绳	0.96	麻绳	1.50
尼龙绳	1.04	铁丝	7.80
锦纶绳	1.14		

二、塑料绳的生产过程简介

塑料绳用塑料丝绞制而成，而塑料丝则是用挤出法制成的。它的主要生产设备包括挤出机及冷却、单向拉伸、卷丝装置等。生产时将塑料放入挤出机，经过加热加压，待塑化熔融后，通过装在挤出机头部的喷丝模具，成为丝状挤出。塑料丝经过充分冷却后，再通过加热槽，在低于塑料熔融时的温度下，进行单向（纵向）拉伸，把塑料丝拉得更细，然后经冷却定型，卷绕成团。塑料丝经过并股，再绞制成各种规格的塑料绳。塑料丝也可直接用来编结渔网。

图 2-2 所示为塑料绳的加工流程。

塑料 → 挤出 → 冷却 → 单向拉伸 → 冷却定型 → 卷丝 → 并股 → 绞绳
卷丝 ↓ 编结 ——→ 塑料绳；绞绳 ↓ 塑料绳

图 2-2　塑料绳的加工流程

三、常见塑料绳简介

（一）捆扎绳

塑料撕裂薄膜又称结扎绳或捆扎绳，是目前广泛应用的轻型包装捆扎绳，可替代纸绳、棉绳和麻绳，具有强度高、质轻、易着色、手感柔软、外形美观、价格低廉、便于将宽带撕成细条、使用方便等优点。其缺点是 PP 捆扎绳耐气候性和耐光性差，户外长期使用时配方中应加抗紫外线等抗老化剂。另外，其纤维化倾向性严重，稍受力即会开裂成细带。

目前，常用塑料有 PP 及 HDPE（高密度聚乙烯）两种，以 PP 为主。捆扎绳的厚度一般为 0.045~0.055mm，宽度为 35 ~ 55mm。PP 绳强度高，透明性好，表面光泽，坚硬挺拔，不易起刺。HDPE 绳透明性差但柔软性好。

市场上用的捆扎绳主要以 PE 或 PP 为主要原材料，经吹膜拉伸加工而成。其中 PP 捆扎绳又称撕裂膜，材质为聚丙烯拉丝级树脂，因其可塑性好，断裂拉力强，拉伸冲击性能佳；而 PE 捆扎绳又称结束带，是采用合成纤维研制而成的、具有伸缩性能的新型捆绑带。另外，还有其他不同种类的捆扎绳均已在各领域中广泛使用。

图 2-3 捆扎绳塑料撕裂薄膜

PP 捆扎绳（撕裂膜）是由聚丙烯吹膜拉伸而成的，具有很强的拉力强度，手感质地柔软。产品无毒无味无污染、外形美观大方、颜色鲜艳，主要用于日常生活的各种捆扎及工业、农业的缝包、扎口，工艺品的捆饰等，具有很高的商用价值，应用十分广泛，物美价廉，家家必备。PP 捆扎绳（撕裂膜）也被广泛应用于制造、纺织、编织及蔬菜、食品加工等领域。

图 2-3 所示为捆扎绳塑料撕裂薄膜。

（二）尼龙绳

顾名思义，尼龙绳就是由尼龙材料制成的绳子，又叫释电绳、防静电采样绳，见图 2-4。尼龙的化学名称为聚酰胺。尼龙的用途广泛，可制成性质各异的硬性及柔性产品。尼龙的特性和命名则由合成单体具体的碳原子数而定。用于尼龙绳的是由尼龙切片制成的纤维丝经一系列加工而成的。

图 2-4 尼龙绳

尼龙纤维粗略地分为两种，即尼龙 6 和尼龙 66，俗称单 6 丝和双 6 丝。单 6 丝的国内生产厂家比较多，用途也比较广泛，价格也比较便宜；双 6 丝由于原材料中的一种主要成分在国内较为稀缺，所以成本较高、价格较高。单 6 丝跟双 6 丝的主要区别在于双 6 丝材料具有相对较高的耐热、耐磨特性。在拉力强度方面两者并无太大差别。因此，双 6 丝材料一般用于要求较高的绳子，如启动拉绳（一种供小型通用机械启动用的拉绳）、登山绳、安全绳、牵引绳、工业吊装绳等。

早期的尼龙绳虽然优于天然纤维制成的绳子，但很硬，有很大的摩擦力，由于弹性太好，使用起来极不方便。搓制的尼龙绳逐渐被编制的尼龙绳取代，这是专门为攀登设计的合成纤维绳。现代编制尼龙绳由芯线和绳鞘构成，中间的芯线是平行并列或编制成辫状的尼龙丝，它提供大部分抗拉力和缓冲作用。外层覆以平滑编制的尼龙绳鞘，主要作用是保护绳芯。编制尼龙绳保留了尼龙绳的特性，克服了搓制尼龙绳的缺点。

绳子由绳皮（编织）和绳芯（绞织）组成。绳子重量的分布大约是：绳皮 1/3，绳芯 2/3。绳皮比较粗糙，相对较厚，重量也会增加，也会比较耐磨；绳芯比较光滑，相对较薄，重量轻，不耐磨。

常见尼龙绳的类型有 AL 系列启动绳、BL 系列编织绳、CL 系列船用绳、DL 系列牵引绳、EL 系列吊装绳、FL 系列强力绳、GL 系列登山绳、HL 系列安全绳、IL 系列引纸绳、JL 系列三股绳、KL 系列特种绳等。

登山尼龙绳根据用途的不同分为动力绳（尼龙 6）和静力绳（尼龙 66）。动力绳适用于有冲坠可能性的项目，比如攀岩、登山等，因为需要动力绳的延展性来吸收冲坠的能量，减少伤害。静力绳适用于速降、高空作业、探洞等。静力绳的静态延展为 2%～3%；动力绳的静态延展为 6%～8%，动态延展最高可达 31%。

四、塑料绳的养护

塑料绳虽有较好的耐磨性，也不易被拉断，但如碰上尖锐锋利的硬物，却容易被割断，或者使塑料绳松散。因此，在使用时，应尽量避免用塑料绳捆扎钢铁、石块、刀具等有锐角的硬物。

塑料绳比较光滑，塑料丝容易从绳的断头处松散。为了防止塑料绳的松散，当剪断塑料绳后，应将断头放在火焰上烧熔，然后移离火源，用钢丝钳夹紧断头处，把剪断处熔接好。塑料绳如果断了，仅仅打个结是不能将断头接好的，也只有用上面介绍的方法，才能把两个断头牢固地连接起来。

塑料绳经常受太阳光暴晒，容易老化。因此，塑料绳使用完毕，应用清水冲洗干净，并存放在阴凉通风的仓库内，切勿露天堆放。

第三节　塑料带

一、塑料打包带

目前国内使用的塑料打包带（图 2-5）有聚丙烯、聚乙烯和聚氯乙烯等材质，其中以聚丙烯塑料打包带为主，约占塑料打包带产量的 90%。聚丙烯和聚乙烯塑料打包带的生产过程基本相同，即先将颗粒原材料投入挤出机中，物料受热熔融，经机头挤出成带，再经拉伸和压花等工序即成塑料打包带。

图 2-5　塑料打包带

塑料包扎带又称打包带，是由 PP、PE、PVC 等树脂配方料加工而成的中硬质捆扎带，是目前用途很广的中、重型货物外捆扎带。其中，PP 带用量最大，具有色泽鲜艳、美观、质量轻、比强度大等优点。与传统的金属捆扎带相比，塑料包扎带耐潮湿，不生锈，耐酸碱腐蚀性好，操作安全方便（打包时易弯曲，连接方便，带边及切口不伤人），成本低，制作简便，但热稳定性、拉伸强度、长期捆扎时抗蠕变松动性等不及金属带，所以不宜用作过重型、耐高温及长期捆扎包装。但目前仍可代替纸、布、金属带广泛用于纺织、服装、书籍、日用百货、轻工、电信仪表、邮政等方面的中、重型捆扎包装。

（一）打包带的分类

按塑料的品种可分为普通塑料（PE、PP、PVC 等）及工程塑料（如 PA 等）两类；按打包方法可分为手工打包带和机制打包带两种。手工打包带一般宽为 15~22mm，厚为 1.0~1.2mm，配方料中回收料及填料含量较多，故强度及尺寸精度一般，偏斜度较大，带接头，常用卡子扣合法及预置搭扣扣合法连接。机制打包带是供打包机打包用的，尺寸精度及强度较高，偏斜度小，一般为宽 12~15.5mm、厚 0.5 ~0.8mm 的挺拔、韧硬带，常用热熔合法连接。

（二）打包带的使用性能要求

（1）可承受一定负载的拉伸强度或断裂力。

（2）有一定程度的可延伸性，但不高，卸力后有弹性回复能力。

（3）有一定的抗蠕变松动性，常用拉伸应力衰减值、拉伸应力松弛值或捆扎力保持能力来评定。如捆扎货物经 24h 后的应力值与捆扎起始应力值之比（称为捆扎保持能力）达 100%时为最佳值。

（4）偏斜度（又称平直度）。即取 1m 长的捆扎带将一端固定，一端平拉直，并用透明板（如玻璃板）将其压平，测量两端沿水平方向偏斜距离值即为偏斜度。偏斜度大，则不利于对齐接口和用于机械打包。

PP、PE 打包带对应的标准为《塑料打包带》（QB/T 3811—1999），常用规格如表 2-3 所示。

表 2-3　塑料打包带常用规格尺寸

序号	1	2	3	4	5	6
规格尺寸/mm	12.0	13.5	15.0	15.5	19.0	22.0

打包带按使用方法分为机用（J 型）及手工用（S 型）两类，按材质、宽度、厚度的公称尺寸及类型命名。例如 PP12006J，表示聚丙烯打包带，宽度为 12.0mm，厚度为 0.6mm，机用型打包带。

（三）几种塑料打包带的性能

目前用作打包带的塑料有 PP、PE、PVC、PET（聚对苯二甲酸乙二醇酯）和 PA 等。其中，PP

应用较广；PET 应用前景较好；PE 和 PA 应用范围不广；而 PVC 塑料过去是打包带的主要材料，现已逐渐减少使用。常用塑料打包带的性能或用途见表 2-4 和表 2-5。

表 2-4　PP、HDPE、PVC 三种材料打包带性能的比较

性能	PP	HDPE	PVC
宽度/mm	15.5±0.5	15.5±0.5	12.5±0.5
厚度/mm	0.4±0.1	0.4±0.1	0.7±0.1
断裂拉伸强度/N	>2000	>1700	>1500
断裂伸长率/%	<25	<25	<25

表 2-5　几种塑料打包带的性能及用途

塑料	性能	应用
PP 带	用均聚 PP 及回收料、$CaCO_3$、填料及助剂配制，手工带回收料及填料含量为 80~100（质量份数）。机制带回收料及填料含量为 20（质量份数）。制品强度高（优于 PE、PVC），热稳定性好（100℃），拉伸后耐低温（-60℃），防潮防湿，价格低廉，耐光、耐气候性和抗蠕变性不及 PET、PA，但优于 PE	应用最广，可用于重物包装，普通带不宜用于户外包装，户外带应配入抗光氧化剂
PE 带	主要树脂为 HDPE，拉伸强度、抗蠕变性和热稳定性不及 PP 带，价格稍高，但耐光、耐气候性及耐低温性好于 PP 带，柔软性好	应用不及 PP 带广泛。主要用作户外、耐低温包装，使用温度<60℃
PVC 带	经拉伸处理后强度也不及其他塑料的拉伸带，且环保性不好	目前应用已不多见
PET 带	是综合性能最好的打包带，强度为钢带的 1/2，伸长率低于 2%~3%，弹性回复好，蠕变量小，抗湿，耐热，成本中等，对缺口不敏感，破损后不易撕断	是有发展前景的打包带，可用于超重包装、硬物件包装和软物件集成包装等
PA 带	强度与 PET 带相当，弹性回复与抗蠕变性好，但伸长率高，易吸湿使性能下降，对缺口敏感，易被拉断，成本高	应用不广，宜用于长期紧捆扎，特别适合捆扎集合后趋于下沉的物件

（四）塑料打包带的成型工艺（以 PP 带的成型为例）

1. 配方料

由于 PP 耐老化性和低温冲击性较差，且收缩大，易燃，所以常采用改性 PP 配方料，其中加入了复合抗氧化剂、HDPE 和 $CaCO_3$ 等组分。

2. 生产流程

出平带材→冷却→一次热拉伸→定型热处理→二次热拉伸→定型热处理→压花→收卷。

3. 挤出

在一定温度下挤出成型。

4. 冷却

带料挤出口模立即冷却，水温 30℃以下，口模距水面 15~45mm。

5. 热拉伸

在热拉伸温度为 130~140℃的沸水中拉伸，拉伸比为 8~10。

6. 压花

将拉伸带经花纹压辊压制花纹，以提高打包带在打包时的摩擦力，防止打滑，并增加美感。压制温度为 75℃左右，压制后在 18℃左右的水中冷却。

弓形板热拉伸时，加热温度为 110~130℃，拉伸比为 5~7，拉伸速度为 90~100m/min。弓形板表面涂覆 PTFE 膜，可防止条料粘板，减少拉伸摩擦，保护拉伸板。

二、聚氯乙烯运输带

（一）特点及用途

聚氯乙烯运输带（图 2-6）作为一种新型的塑料制品代替过去的橡胶运输带。过去的橡胶运输带是橡胶加织物，这种运输带由于摩擦生热容易引起火灾，在矿山使用很不安全。聚氯乙烯塑料柔软，摩擦系数小不易产生热，且聚氯乙烯塑料本身具有阻燃性。从价格上看，聚氯乙烯比橡胶便宜，经济性好。

图 2-6　聚氯乙烯运输带

聚氯乙烯运输带使用安全可靠，具有重量轻、寿命长、阻燃、使用中消耗动力少、节约电力、耐磨性好、抗撕裂性好、防腐蚀、防霉烂等特点，很适合矿山和工厂企业使用。

聚氯乙烯运输带主要有多层运输带和整体编织运输带两种类型，带芯均采用高强度的化学纤维（如尼龙、维尼纶等）制成，经过糊料浸渍，表层再覆以塑料保护层而制成。

（二）生产过程及工艺条件

1. 糊料的配制

将糊用 PVC 树脂、增塑剂、稳定剂等原辅材料按配方规定的数量加入捏合机中进行搅拌，搅拌速度 60~80r/min，使用蒸汽压力 0.186MPa，搅拌时间 5~10min，搅拌均匀后，再用三辊研磨机将配制好的糊料研磨成浆料。

2. 烘带

编织好的带子经过 10m 长烘箱烘干，烘箱内温度（45±5）℃，带子在箱内运动速度为 1m/min，以将带子完全烘干。

3. 浸渍

带子从烘箱出来后，随即进入糊料槽中进行浸渍处理，浸渍后带子上多余的料用刮刀刮掉，带子的含糊量控制在 1.5~1.7kg/m。

4. 塑化

浸过糊料的带子进入塑化箱，塑化箱长 14m，带子前进速度 1.1m/min，塑化箱内温度控制在 160~165℃，在这个温度下可使糊料凝胶化，带子经过烘箱塑化后，冷却至室温，卷取选用。

5. 制片

将 PVC 树脂、增塑剂、稳定剂等原材料加入捏合机中搅拌 5~10min，再用密炼机密炼，然后再将料投到三辊压延机压片，压延速度 1.5m/min，辊温 170~180℃，压延片厚约 2mm，宽 80mm。

6. 压制

将浸过糊料的带子和表层片进行热压使它们黏合在一起，成为一个整体，挤压机压力大于 2.25MPa，热压温度在 8min 内从 140℃逐渐升至 180℃，热压时间 20min，然后冷却至室温即得成品。

（三）主要生产设备

运输带的生产设备主要有糊料搅拌机、三辊研磨机、高速捏合机、密炼机、三辊压延机、烘干机（10m 长）、热烘箱（14m 长）、挤压机、卷取机、织带机等。

（四）产品性能

聚氯乙烯运输带的产品性能见表 2-6。

表 2-6　聚氯乙烯运输带的产品性能

指标名称	指标	指标名称	指标
径向强力/（kg/2.5m）	1578	磨耗/（cm^3/1.61km）	≥0.3
纵向伸长率/%	≥2.0	挠曲次数/次	7000~8000

注：运输带宽 5.0~8.7mm、厚 16~24mm。

三、聚氯乙烯绝缘带

（一）特点及用途

聚氯乙烯绝缘带（图 2-7）是由聚氯乙烯树脂、增塑剂、稳定剂等原辅材料经捏合、造粒，再经挤出机的扁机头挤出成带。产品分双色带和单色带，双色带色泽鲜艳美观，质地柔软，一般作为日用品、门帘、发结及其他装饰品；单色带一般作为绝缘带使用，这种绝缘带具有机械强度较高，抗水性较强，电学性能良好，对酸、碱和有机化学药品较稳定，耐电晕，成本低，加工方便等优点，广泛用于各种电缆线接头的保护层。

图 2-7　聚氯乙烯绝缘带

（二）原材料选择及基本配料

生产绝缘带所需聚氯乙烯树脂一般采用悬浮法生产的通用均聚树脂，如 PVC-SG2 或 PVC-SG3。一般配方为树脂 100 份，增塑剂 40~50 份，稳定剂 3~5 份，颜料适量。

（三）生产过程及工艺条件

1. 造粒

按树脂、增塑剂、稳定剂、颜料等的配方称好物料，然后进行捏合，再进行挤出造粒，工作温度为 170~200℃。

2. 挤出成型

主要控制挤出温度、挤出速度和牵引速度，三者很好地配合才能挤压出高质量的产品。单色带采用一台挤出机挤出成型；双色带用两台挤出机，通过一个共用扁机头挤出成型。从机头口模出来的塑料窄带，通过水槽冷却后导入牵引辊，调节牵引辊的牵引速度来调整塑料带的宽窄和厚度。

在生产过程中，如果挤出速度高，而且温度较低时，膨胀比就大，为达到要求的规格尺寸就需要加大牵引速度；反之，挤出速度低，即剪切力小，挤出温度高，物料成为黏流态时，膨胀比就小，牵引速度就小。聚氯乙烯带不是单向拉伸产品，因此牵伸比控制要小些，一般可控制在 2~4 范围内，挤出温度为 160~190℃，主要根据从机头挤出的带的塑化情况及膨胀情况、制品尺寸等条件，适当调整挤出温度和牵引速度，直到符合要求。

（四）主要生产设备

（1）挤出机螺杆。直径为 45mm，长径比为 20∶1，压缩比为 2.8∶1，螺杆形式为等距不等深渐变型螺杆。

（2）机头扁平式机头。该机头体由两件组成，为使物料均匀挤出，在流道内设有分流块和缓冲槽。

（3）水槽采用溢流式水槽。

（4）牵引辅机采用无级调速电动机作为动力源。

（五）产品性能

聚氯乙烯绝缘带产品性能见表2-7。

表2-7　聚氯乙烯绝缘带产品性能

指标名称	指标	指标名称	指标
拉伸强度/MPa	>1.0	体积电阻率/（Ω·cm）	$>1\times10^{10}$
断裂伸长率/%	>150	耐寒性/℃	-40
介电强度/（kV/mm）	>14		

四、水龙带

（一）特点及用途

塑料水龙带（图2-8）具有质轻、韧性强、不生锈、不怕潮湿、耐腐蚀、耐酸碱、吸水性和吸湿性弱、浸水后不降低强度、加工容易、使用操作安全方便等优点，广泛应用于输水如农业灌溉等方面。

（二）原材料选择

塑料水龙带主要有低密度聚乙烯和聚氯乙烯等材质，通常农业灌溉用水龙带以线型低密度聚乙烯为原材料，熔体质量流动速率为1.0～3.0g/10min。生产带有颜色的水龙带时，配混适量的色母料。

图2-8　水龙带

（三）生产过程及工艺条件

1. 挤出

采用单螺杆挤出机，挤出机温度为：加料段130～150℃，压缩段150～170℃，混炼段170～180℃，机头170～180℃。

2. 吹胀及牵引

经过挤出机料筒熔融塑化的塑料经吹膜机头挤出成管状膜坯，膜坯水平引出，进行吹胀、风冷，经人字架再由一对对辊牵引，制成厚度0.2～0.3mm的管状水龙带。一般控制吹胀比为1.5～2.5，牵引比为4～6。

3. 卷取

经过吹胀、冷却定型，牵引的水龙带进入卷取装置，被卷成一定规格的卷捆。

（四）主要生产设备

1. 挤出机

通常采用直径45～60mm的单螺杆挤出机，螺杆长径比$L:D=(20\sim25):1$。机头一般采用螺旋式机头，出料均匀，膜的厚薄比较容易控制。

2. 辅机

（1）冷却风环，通过压缩空气供冷却膜管用。

（2）人字夹板由四块多孔不锈钢板组成，夹角为15°～20°。

（3）牵引辊一对，由一个直径200mm的胶辊和一个钢辊组成，由三相异步电磁调整电动机实现无级变速控制。

（4）卷取辅机上装有力矩电动机，转速可调。这样可保证卷上的水龙带较紧地卷绕。

（五）产品性能

聚乙烯水龙带产品性能见表2-8。

表 2-8 聚乙烯水龙带产品性能

指标名称	指标	指标名称	指标
厚度/mm	0.2~0.3	断裂伸长率/%	≥300
拉伸强度/MPa	≥15	直角撕裂强度/（N/cm）	≥200

第四节 塑料丝

塑料丝是将树脂配方料经挤出机塑化后，用挤丝机头及喷丝板［一般喷丝孔径为 1.0~1.2mm（12~60 目）］喷制粗丝，然后再冷却、加热，多次拉伸取向后制成的细丝。塑料丝按截面形状可分为圆丝（又称单丝，一般线径为 0.2~0.7mm）和扁丝。圆丝应用较广，主要原材料有 PE、PP、PVC、PA、PET 及 PVDC（聚偏二氯乙烯）等，具有无毒、耐水、耐腐蚀、强度高、易染色等优点，可用于编织带、绳索、纱网布、窗纱、渔网、过滤网、地毯、球拍网线及刷子等。扁丝可用作编织带（袋）、捆扎带，广泛用于农业、水产、造船、化工、医疗、包装、建筑、日用品（如尼龙牙刷、衣料等）。图 2-9a、b 所示分别为塑料单丝、塑料扁丝制品。不同用途丝材可选用的塑料见表 2-9。塑料丝用塑料品种的性能及相应丝线的用途见表 2-10。几种塑料的拉丝成型工艺见表 2-11。

a

b

图 2-9 塑料单丝和塑料扁丝制品

表 2-9 不同用途丝材可选用的塑料

品种	选用塑料	品种	选用塑料
绳索丝	PA、PP、PVC	窗纱丝	PVC、HDPE
渔网、养殖用丝	HDPE、PA、PP、PVDC	过滤网丝	PET、PP、HDPA、PA、PVDC
刷子丝	PA、PVC	地毯丝	PP
蚊帐丝	PVC、PA	凉席、靠背、帽子丝	PP、PA

表 2-10 塑料丝用塑料品种的性能及相应丝线的用途

品种	特性	应用
PE	采用相对分子质量为 10 万左右、熔体流动系数为 0.5~1.0g/10min 的拉伸级树脂组成配方料（户外用料需配置抗老化剂），具有质轻、柔软、强度高、耐腐蚀、耐低温、耐水、耐海水、弹性好、耐磨等优点	可编织渔网（如拉网、围网、定置网），与海水同色，隐蔽性好，捕获率高；还可用于缆绳、工业过滤网及窗纱等

续表

品种	特性	应用
PVC	用 SG-5 型，绝对黏度为（1.8～1.9）$\times10^{-3}$ Pa·s 的树脂与各类助剂配制配方料，有软、硬丝之分，硬丝有一定的强度和硬度，软丝韧性好，两者都具有优良的耐腐蚀性	硬丝常用作绳索、毛刷、窗纱、滤布、蚊帐、防蛀网和军用伪装网等；软丝常用作编织品，如茶杯套、工艺品等
PA	用相对分子质量为 1.4 万～1.6 万、伸长率为 4.5%～5.5%的树脂配料，具有强度高、耐磨、耐油、耐水、抗霉菌、坚韧、无毒等优点	用作滤网、过滤器、储油槽、齿轮、电器配件、输液器、外科手术缝线、假发、头盔、靠背、钓鱼线、打火机等
PP	相对分子质量为 8 万～15 万，具有密度较小、结晶度高、耐热、化学稳定性强、电学性能和高频绝缘性好、无毒、无味等特点，耐水、有机溶剂和酸碱等腐蚀	用作挡泥板、通风管、风扇、衬垫、喷水器、打包带、玩具、包装绳、包装袋、家具用皮革、输液瓶等

表 2-11　几种塑料的拉丝成型工艺

塑料品种	原材料配方	成型工艺
PA	用相对分子质量为 1 万左右的树脂配料	挤出料筒的温度为 170～250℃，机头的温度为 240～250℃，喷丝板的温度为 230～240℃，冷却水的温度为 30～40℃；沸水加热拉伸，第一次拉伸比为 3～3.5，第二次拉伸的拉伸比为 1.3～1.5；第一次牵引辊的线速度为 45m/min，第二次牵引辊的线速度为 157m/min，第三次牵引辊的线速度为 200m/min；热处理温度为 80～90℃，第三次牵引辊的线速度降低 1%～3%
PE	用相对分子质量为 10 万左右、熔体流动系数为 0.5～1.0g/10min、相对分子质量分布较窄的拉伸级 PE 树脂配料	工艺流程：挤出→喷粗丝→冷却→一次拉伸→热水中拉伸→二次拉伸→热稳定处理→三次拉伸→收卷。 工艺条件：挤出喷丝料筒温度为 160～300℃；机头温度为 300～310℃，喷丝板温度为 310～330℃，喷出粗丝立即冷却，水温为 25～35℃；HDPE 的拉伸比（粗丝直径与单丝直径之比）为 8～10，LDPE（低密度 PE）的拉伸比为 6。分三次逐级拉伸，第三次拉伸辊线速度比第二次降低 2%～3%，使单丝在热处理槽中可充分松弛
PP	用相对分子质量为 12 万～22 万且分布窄、熔体流动系数为 2～10g/10min 的拉伸级均聚 PP 为原材料配料	工艺流程与 PE 相似。 工艺条件：挤出料筒温度为 200～300℃；机头温度为 300～320℃；喷丝板温度为 300～310℃；冷却水温为 20～40℃；拉伸温度常取 130～150℃，制作编织品时单丝拉伸比为 7～8，制作其他制品时拉伸比为 10；热处理温度为 100℃，第三次拉伸辊的线速度比第二次降 2%～5%
PVC	硬丝用 SG-5 树脂，软丝用 SG-3 树脂，按不同用途丝配置配方料。如通用丝、绳索丝、透明丝、纱窗丝等	工艺流程：混炼→造粒→挤出喷丝→冷却（硬丝空气冷却，软丝常温水冷却）→加热拉伸→热处理→卷取。 工艺条件：造粒温度（硬/软）为（160～170℃）/（100～150℃）；挤出温度（硬/软）为（90～170℃）/（120～170℃）；机头温度及喷丝板温度（硬/软）为（170～180℃）/（140～160℃）；硬丝拉伸温度（水加热）为 90～100℃；拉伸比，窗纱丝为 2.5～3.5，绳索丝为 3.5～4.5；沸水热处理，后辊线速度比前辊降低 3%～5%

第五节　塑料网

包装用塑料网材是以塑料为材质，通过挤出机熔融挤出，经过一个特殊的旋转机头，形成两股朝不同方向流动的熔融物料，两者汇合到一个组合点时（交叉点）形成网格，再经冷却定型、加热拉伸成为各种网格的塑料网（图2-10）。塑料挤出网按生产过程可分成牵伸网与非牵伸网，按制品形式分为圆网（筒网）、平网（片网），按是否发泡可分为普通网和发泡网。其网格的大小可根据变换机头旋转速度与方向来改变，以形成形状多变的各种挤出网。

图2-10　塑料网

塑料挤出网可一次成型，工艺流程短，设备简单，易于操作，生产效率高，成本低，花色品种多。它广泛用于各种玩具、食品、蔬菜、水果、瓶酒、日用品及机械零件的包装、购物提袋，及在工业方面可做金属部件的保护层等。

一、普通网

（一）特点及用途

塑料网具有质轻、耐水耐潮、遇湿不变形、耐酸碱、成本低、制品花色品种多等优点，广泛应用于各种玩具、食品、蔬菜、瓶类、机械零件等的包装，还用于养鱼、养蚕、运输等很多方面。

图2-11　聚丙烯过滤网、滤芯网（菱形孔）

（二）原材料选择

聚丙烯过滤网、滤芯网（菱形孔）如图2-11所示。生产塑料网的原材料通常为高密度聚乙烯或高密度聚乙烯与低密度聚乙烯的混合原材料、聚丙烯。高密度聚乙烯选择熔体流动速率为0.5~1.5g/10min的原材料，聚丙烯选择熔体流动速率为0.5~2.5g/10min的原材料。生产彩色网时，适量加入色母料或颜料。

（三）生产过程及工艺条件

将PE或PP原材料加入挤出机中使之受热熔融后，经螺杆的推挤作用进入一个设有若干小孔的内外模口的特殊旋转机头。熔融的塑料在模口的孔中不断流出形成两股。当机头旋转时，两股料丝不断汇合于一个组合点，从而形成网格，再经冷却定型而成网。上述定型网由牵引机牵引、剖切成网片或不剖切的管状网，由卷取机卷取就得到非牵伸网。非牵伸网经热水浴槽拉伸后进行定型热处理，再由牵引机牵引、剖切成网片或不剖切的管状网，由卷取机卷取就得到单向拉伸网。单向拉伸网经一个导辊进入热水槽中预热，再经一个导辊进入两个针轮，由两个呈八字形排列的带针的圆盘将网横向拉伸一定的倍数，同时由一个剥离牵引辊将网剥离下来送至卷取机，即得到双向拉伸挤出网。

以HDPE为原材料的挤出加工温度一般控制为170~210℃，以PP为原材料的挤出加工温度一般控制为210~250℃。模具旋转速度一般控制为1~25r/min。定型套直径为模口直径的1~3倍，冷却槽水温为30~50℃，牵引速度一般控制为0.4~2.5m/min。拉伸温度为100℃，拉伸倍数一般为4~6倍。

（四）主要生产设备

1. 挤出机

一般采用直径为45~65mm的单螺杆挤出机，螺杆长径比$L:D=(20\sim25):1$。

2. 旋转机头

机头是塑料挤出网生产的关键部件。由于内口模和外口模要做相对旋转运动，要求有严格的密封，内、外口模的相对面上各设有若干个凹槽，各凹槽的尺寸及其间距必须均匀一致，误差不能超过0.1mm，否则挤出的网条粗细不均。在内、外口模之间要有精密的滑动配合，太紧容易咬死，不能使用；太松容易使网目连片，形成“鸭蹼”膜状，影响质量。一般间隙为0.018~0.02mm为宜。机头口模直径分别为81mm、110mm、130mm、153mm，配齿轮减速箱。

3. 冷却水箱

水箱的外形尺寸为0.7m×0.65m×0.8m，切刀为直径100mm的圆刀片，夹辊的尺寸为150mm×500mm。定型套的尺寸为60~325mm。

4. 牵引机

牵引机分二辊龙门压下式和三辊龙门压下式，均采用直流电动机无级变速控制。横向牵引机为直径1500mm的带针圆盘。

二、发泡网

聚乙烯挤出发泡网（图2-12）是在聚乙烯挤出网的基础上发展起来的，在低密度聚乙烯中加入以聚丁二烯系胶乳作为物理交联剂，以活性炭等有机物为发泡剂，或以碳酸氢钠等为主的无机物为发泡剂，经挤出发泡成网。

图2-12　聚乙烯挤出发泡网

（一）特点及用途

聚乙烯发泡网质轻，具有一定的弹性，有防震、减震作用，特别适合包装像苹果、桃、梨、西瓜等水果及陶瓷、玻璃制品和精密仪器等易损易破物品，在包装中有广泛的用途。

（二）原材料选择及典型配方

聚乙烯挤出发泡网采用熔体流动速率为6~9g/10min的LDPE树脂。发泡剂用丁烷的较多，这种发泡剂发泡时工艺简单，成本低；也有用碳酸氢钠作为发泡剂的，其配方常用100份LDPE中加入8份碳酸氢钠和10份聚丁二烯或聚丁二烯苯乙烯胶乳。LDPE的熔体流动速率以0.3g/10min为好，一般控制在1g/10min以内。

使用碳酸氢钠作为发泡剂，是因为它分解温度低（100~140℃），产气量大（247m^3/kg）。把聚丁二烯作为物理交联剂，是因为它与聚烯烃相容性好，有助于发泡剂在较低的温度下分解，从而使挤出发泡温度较低，也容易和发泡剂一起均匀分散在聚乙烯中，从而减少混炼工序，降低加工成本。

（三）生产过程及工艺条件

比如以丁烷为发泡剂的聚乙烯发泡网，其生产过程大致为：PE树脂、发泡剂乳胶挤出机→旋转机头→挤出发泡网→切断→检验→成品。

在挤出机混炼段增加了丁烷注入泵，保证丁烷发泡剂被连续地注入熔融的聚乙烯熔体中，经螺杆混炼可以使发泡剂均匀分散在聚乙烯熔体中。熔融的聚乙烯通过旋转机头挤出后释放压力，丁烷随即汽化使聚乙烯熔体内形成泡孔，冷却定型后即成为发泡网。

挤出机的温度一般在进料段控制为100~120℃，在压缩段控制为130~140℃，在塑化混炼段控制为150~160℃，机头温度为150~160℃。控制适当的混炼挤出温度有利于获得高质量的发泡制品。温度较低，物料熔融塑化差，熔体黏度大，不利于发泡剂均匀分散，此时发泡网可能泡孔不均匀，甚至破泡；温度适当时，物料被混合均匀且熔化良好，使气体在熔融物内溶解度增大而且成核数增多，气泡量增多，因而获得相对密度小、气泡孔径小的制品；温度再升高时，熔融物料的黏弹性降低，泡孔可以相互贯通而成为大气孔，甚至逸出熔体，使整个发泡体质量降低。因此，必须严格控制发泡温度，才能获得理想产品。

挤出压力增大，熔融物料对气体的溶解度增加，成核数增多，所得发泡体的相对密度和平均孔径都较小。

（四）主要生产设备

1. 挤出机

常用直径为45~65mm的单螺杆挤出机，螺杆长径比 $L:D=25:1$，螺杆为渐变式或带混炼头的螺杆，可提高混炼效果。混炼段配有丁烷发泡剂注入泵。

2. 旋转机头

与塑料挤出网的机头相同。

3. 牵引机

牵引机采用二辊龙门压下式，用无级变速电动机控制其转速。

第六节　塑料布

塑料布（图2-13）由塑料层与网状基层热压而成。

一、塑料布的分类

图2-13　塑料布制品

（一）按聚合物分类

塑料布主要分为聚氯乙烯塑料布、聚氨酯（TPU）塑料布、聚丙烯塑料布、聚乙烯塑料布，其中聚乙烯塑料布又分为高密度聚乙烯塑料布、低密度聚乙烯塑料布。

（二）按塑料布的功能分类

塑料布包括各种工程用布、农用薄膜、帆布、建筑用布、地膜、大棚膜、黑膜、蓝膜、包装布等。

1. 工程用布

工程用布广泛使用于现浇混凝土的养护保湿棚内，持久保湿，不用再浇水。混凝土表面总能保持湿润，有良好的保温、保湿的双重性能，能有效地抑制微裂缝的产生。节水也节省人工，养护质量一流，主要用于公路水泥混凝土路面、水稳基层、贫混凝土基层的养护，铁路桥墩、无砟轨道、混凝土桥梁、桥涵、隧道、跑道等现浇混凝土的养护。

2. 农用薄膜

农用薄膜可达到保温及透光作用，提高地温、保水、保土、保肥提高肥效，而且还有灭草、防病虫、防旱抗涝、抑盐保苗、改进近地面光热条件，对于那些刚出土的幼苗来说，具有护根促长等作用。

（1）覆盖地膜。广泛应用于农业种植领域，质量有保证。

（2）普通地膜。用于棉花、大蒜、马铃薯、花生、玉米等农作物，具有拉力好、无断头等特点。

（3）单防地膜。可用于蔬菜大棚内，有助于保湿增温，流滴效果好，有良好的透光性。它的适用范围为：用于现浇混凝土的养护，还用于水稳基层、贫混凝土基层、二级公路及县乡公路混凝土路面、高速铁路无砟轨道、公路水泥混凝土路面、港口码头平面、桥梁、桥墩、箱梁、涵洞、隧道、水坝、斜坡等斜面混凝土的养护。

3. 帆布

帆布是一种较粗厚的棉织物或麻织物，因最初用于船帆而得名。个别帆布多采取平纹组织；大批帆布用斜纹组织，经纬纱均用多股线。帆布通常分粗帆布和细帆布两大类。粗帆布又称篷盖布，织物坚牢耐折，具备良好的防水性能，用于汽车运输和露天仓库的遮蔽及野外搭帐篷。细帆布用于制造休息掩护服装及其用品。经染色后也可用作鞋、游览袋、背包等的面料。此外，还有橡胶帆布，防火、防辐射用的屏蔽帆布，造纸机用的帆布。

帆布的常见种类有防水帆布、防火帆布、军用帆布、“三防”帆布、PVC涂塑布、全棉帆布、工业用帆布、维纶过蜡帆布、有机硅布、彩条布等。

（1）防水帆布。具有耐酸碱、雨后不增重，适合大面积覆盖。

（2）防火帆布（防火阻燃帆布）。带化纤的防火阻燃帆布可耐220～1200℃的高温。但是，防火阻燃帆布并不是完全防火的，只在一定的时间、一定的温度范围内起到防火阻燃的作用，超过这个范围就会失去防火阻燃的作用。

（3）军用帆布。属传统帆布，能防晒、防水、抗磨、抗紫外线等，适合盖木材、钢材、车船等。

（4）“三防”帆布。可防水、防晒、防腐蚀，适用于大面积覆盖，具有重量轻、防水性能强、成本低等特点。

（5）PVC涂塑布。防水、防晒、防腐蚀，适用于大面积覆盖，具有重量轻、防水性能强、成本低等特点。

（6）全棉帆布。可用作防尘袋、工具袋等，具有柔软性好、耐磨性强等特点，适用于各种工业领域需用布料。

（7）工业用帆布。耐磨性强，适用于各种工业领域需用布料。

（8）维纶过蜡帆布。属于传统帆布类，具有防晒、防水、抗磨、抗紫外线等特点，适合盖木材、钢材、车船等。

（9）有机硅布。属于传统帆布类，具有防晒、防水、抗磨、抗紫外线等特点，适合盖木材、钢材和车船等。

（10）彩条布、蓝银编织布、蓝白编织布、丙烯编织彩条布。广泛应用于货场、码头、水泥厂、造纸厂等场合，轻便经济、防水性能好。

二、塑料布的性能特点及应用

塑料布具有防水、保温等优良性能，广泛应用于工业、农业，如用于果树伤口包扎、蜂群饲养及保温大棚等。其优点有柔韧性好、工作强度大、不易破裂，更能满足人们的需要，缺点是塑料布不耐高温、不易降解、易风化、易燃，燃烧产生有毒气体，而且易在温度低时变硬。这主要与加入的增塑剂有关。由于增塑剂的耐寒性不同，在温度较低时，耐寒性较差的增塑剂就失去了润滑作用，使分子不能自由转动，大分子链之间的“关节”难以自由运动，因此塑料布会在温度较低的时候变得僵硬。

第七节　纤维物证检验技术

纤维是构成纺织品最基本的单元，由于外力、磨损、静电等多种原因，纤维很容易从织物上脱落或者在物体之间发生转移。由于人们的日常生活与纺织品密不可分，因此纤维物证是最常见的物证之一。在案件现场勘查中发现、提取纤维并对其进行鉴定和比对，可为案件侦查提供方向、范围或线索，为判断犯罪嫌疑人与现场的联系提供依据。

一、纤维物证的提取方法

容易从织物上脱落或者在物体之间发生转移，是纤维物证最重要的特征，对其脱落和转移规律的研究是准确发现并提取纤维物证的基础。在19世纪70年代，Pounds等人就对纤维的转移进行研究，并率先提出了纤维物证的转移、滞留和保留的特性，为随后解释纤维物证的转移奠定了重要的基础。纤维物证的转移可以是直接的（一次转移）或者间接的（二次转移），有一个重要的因素影响着纤维物证的检验结果，那就是提取时间。Robertson等人通过研究纤维的滞留性后发现，在案发4h后，80%以上的纤维物证将会转移到别的物体上或者丢失。因此，要在案发后尽快地提取现场的衣物和一切可能的纤维，尽量减少和避免纤维物证的转移。1951年，瑞士犯罪学家富雷·苏尔泽第一次提出用胶带提取纤维的方法，该方法至今仍然在使用。这种提取纤维的胶带与普通胶带有所不同，主要差别在于胶带上的黏胶物质不会最终附着在纤维上而成为检验时难以排除的污染。对于案件中比较微小的纤维，尤其是附着在物体上的微量纤维，用胶带粘取法效果非常好。对于比较明显的、能看得见的纤维，可用镊子直接提取。如果微量的纤维附着在衣服上难以用镊子提取，可连同衣服一起送检。

二、纤维物证的检验方法

（一）形态检验

不同种类的天然纤维具有各自独特的外观及横截面形态。化学纤维经过制备纺丝熔体或纺丝液、纺丝和后加工等过程成型后，也表现出一定的形态特征，包括纤维的直径大小、截面形态特征、表面的细节特征等。

形态特征是纤维外在且最基本的特征，在进行化学成分分析或其他复杂检验前，应首先进行形态检验。多年来，关于纤维形态检验主要应用显微镜法。将显微镜应用于研究纤维的微观结构也是富雷・苏尔泽于 1951 年提出来的，其目的是在加工纤维时对其性能进行改良，随后这种方法也开始在物证检验领域应用。现在，外观和表面形态的显微镜检验已经是纤维检验最基本的方法。

近年来，随着纺织业的发展，尤其是合成纤维制造技术的改进，异型纤维的种类不断增加，横截面检验对这些纤维的鉴别具有重要意义。截面检验遇到的一个重要问题就是纤维截面样品的制作，近年来有关纤维截面样品制作的报道很多。Kolar 等人采用软木固定切片和树脂包埋后切片制备纤维截面；东华大学的严晓燕等人研究了树脂包埋技术在纤维切片中的应用，结合图像处理技术，区分效果明显；也有人用衬衣纽扣熔化包埋纤维后用砂纸研磨抛光法获得截面样品。对于截面形状复杂或多孔纤维，以上方法可能会造成截面变形。如何快速、简单地制备这类纤维的截面样品，目前的研究工作仍在继续。

（二）光学性质检验

纤维是非匀质的物质，具有双折射性。不同种类的纤维由于双折射性可产生不同的光泽，在偏振光显微镜下观察时有不同的颜色或明暗相间的干涉条纹，以此来区分不同种类的纤维。这种方法不论从经验还是从实际操作上都很成熟了，已经在司法鉴定中有很多的应用实例。直接检测双折射率可以用油浸双折射法，Johri 等人利用油浸双折射法对不同厂家相同细度和同一厂家不同细度的同种聚酯纤维进行检验，研究结果表明该方法对纤维有很高的鉴别率。

用紫外光灯照射纤维，当纤维的光致发光性质不同时，纤维会呈现不同的荧光颜色。因此，根据荧光颜色也可以鉴别纤维。2004 年，赵鹏程等人研究了荧光光谱法分析白色纤维，鉴别效果显著。

近年来，光谱成像的方法作为检验纤维的新方法被广泛研究。Payne 等人用化学成像法对棉织品、羊毛、丙烯酸纤维和聚酯纤维进行颜色测定和荧光显微分析（400~720nm），实验表明该技术对纤维也有较好的鉴别能力，尤其在荧光和反射分析中效果更好。王桂强等人运用光谱成像技术区分了同色的棉纤维，不但区分率高，而且快速简便，非常适合于在案件现场对微量纤维的发现和提取。

（三）热学性质检验

纤维在不同温度下表现出来的性质称为热学性质。不同种类的纤维结构不同，熔点、熔融热、结晶热等热学参数不相同；同种类的合成纤维，若生产工艺或热处理过程不同，其热学参数也不同。

Singh 用差示扫描量热分析法对 25 种涤纶样品进行分析，通过差示扫描量热分析法曲线进行同种类纤维的鉴别，效果显著。可见，采用热分析的方法，对于一定的纤维聚合物，在一定实验条件下观察到的放热和吸热峰是单一且有重现性的，故差热曲线就构成纤维的“指纹”，可用来鉴别和表征纤维。

（四）分子结构检验

合成纤维是由简单的结构单元以重复的方式链接成的高分子聚合物，不同的合成纤维的重复单元不同。因此，通过检验分子结构中的有机官能团，可以对合成纤维进行鉴别。确定合成纤维分子中有机官能团的方法主要有红外吸收光谱法和裂解气相色谱法。

1. 红外吸收光谱法

在国外，Fox 和 Schuetzman 首先将红外吸收光谱法运用于法庭科学领域的微量合成纤维检验，他们把纤维剪碎并与溴化钾混合后制成压片，然后用红外光谱仪检测。Grieve 和 Kotowski 使用红外吸收光谱法进行同类聚合物区分，他们认为红外吸收光谱法可以进行各种改良型的纤维的区分。Cook 和 Paterson 将溶剂铸模和铅箔技术运用于红外吸收光谱法分析的样品制备中，以 N，N-二甲基甲酰胺为溶剂，只需 3μg 纤维样品，大大减少了所需样品量。Garger 描述了从样品中获得腈纶纤维红外吸收光谱的溶剂制膜技术，该法仅需 1~ 1. 5μg 的样品量，进一步将所需样品量减少至微克级，更加有利于纤维物证检验无损的应用。

在国内，黄树先等人对 9 类 18 种合成纤维和 16 种不同颜色的经编涤纶纤维及 3 个未知样品进行红外吸收光谱法分析，并运用二阶导数红外吸收光谱法对 24 种棉纤维及制品进行分析研究，既能区分种类，又能区分同种制品的不同厂家，还能区分出同种同厂不同牌号或同种同厂不同颜色的棉纤维。对于混纤中的合成纤维可以用红外吸收光谱法鉴定，国内外均有人实验过了，操作简便，效果好。

2. 裂解气相色谱法

裂解气相色谱是热裂解和气相色谱两种技术的结合。无论天然纤维还是化学纤维都是相对分子质量很高的高分子化合物，纤维裂解成小分子后进行气相色谱分析，能得到较好的裂解气相色谱图。不同种类的纺织纤维的化学组成不同，其裂解产物不同，所得裂解气相色谱图中色谱峰的数目、峰形、峰的保留时间必然不同。因此，每种纤维的裂解气相色谱图具有各自的特征，称为指纹裂解气相色谱图，可作为定性定量的依据。裂解气相色谱技术在国外早已经广泛应用到了各种刑事案件和交通肇事案件中的纤维物证的检验。1977 年，Bayer 等人用裂解气相色谱技术对纤维裂解后的产物进行了很好的区分，即使是只差一个碳的尼龙 6/9 和尼龙 6/10 也可在裂解气相色谱图上看出明显的不同。随后，Ohtani 等人用高分辨率的裂解气相色谱法鉴定各种不同组成的尼龙，并用裂解气相色谱-质谱法鉴定了尼龙的裂解产物。裂解气相色谱法可以鉴别组成相似的各类纤维及有微细结构差异的同类纤维，所需样品量少，是纤维物证检验的一个重要方法。

(五) 纤维染料的检验

纤维种类认定后，对同种纤维的进一步鉴别可借助于其他方面的检验来实现，纤维上染料的检验对于区分同种类的染色纤维有重要的意义。

1. 光谱法

Grieve 等人对 88 份已知的黑色棉织品染料和 225 份棉织品样本，用紫外-可见光显微光谱图像测量仪进行了分析，通过对硫黄染料和绝大部分活性染料光谱的比较，实现了对同种同色纤维的区分。

拉曼光谱在纤维鉴别中的应用得很多。1998 年，Keen 等人用显微激光拉曼光谱有效地区分了人造丝、聚丙烯纤维、羊毛、聚酯纤维和尼龙纤维，而且对于结构不同的尼龙，拉曼光谱也能区分；随后，Macdonald 等人用拉曼光谱法鉴别了 250 年前中国丝绸上的染料；2001 年，Jason 等人研究了拉曼光谱对单根纤维的检测；2004 年，侯秀良等人用氦氖激光器作为激发光源，采用显微共焦拉曼光谱技术对山羊绒、羊毛纤维的结构进行了研究；2008 年，Lepot 等人报道了拉曼光谱在纤维检验中的 5 个实际案例，证明将拉曼光谱与红外光谱联用，可以得到更多纤维结构（极性键）和染料结构（非极性键）的信息。拉曼光谱法对于单根纤维的鉴别研究具有重要的意义。

2. 色谱法

薄层色谱法是一种稳定可靠的纤维染料鉴别方法，各类染料均可选择不同的展开剂体系进行展开、分离、定性和定量。Winggins 等人报道了棉纤维、羊毛和各种合成纤维上染料的薄层色谱法分析及染料展开剂的选择。随后，Winggins 将薄层色谱法和显微分光光度法联用，比较不同批次的纤维染料。实验结果表明，不同批次的染料在不同类型的纤维上比在同类型的纤维上容易区分。

高效液相色谱法检验染料提取液是一种有效的分析方法。在国外使用双波长紫外-可见光检测器分析偶氮结构的直接染料基础上，我国化学家赵秋霞用高效液相色谱法对活性染料的分离鉴别进行了研究，史晓凡等人采用反相高效液相色谱法对 192 种分别用直接/分散、活性/分散、还原/分散、不溶性偶氮/分散和硫化/分散染料染色的棉/涤混纺纤维的染料提取液进行了系统分析。实验结果表明，此方法不仅能鉴别由不同染料染成的相同颜色的棉/涤混纺纤维上的染料，对用不同配比的相同染料染成的同种颜色的棉/涤混纺纤维上的染料也可一一区别，并且检材用量很小。

Petrick 等人探讨了液相色谱-质谱法在法庭科学检验中应用于纤维染料检验的可行性，结果表明，使用酸液和丙烯酸结合可以分离和鉴别 15 种基本染料和 13 种分散染料。黄树先等人使用液相色谱-质谱法成功地鉴别了紫外-可见吸收光谱法不能分辨的染料。

在纤维种类认定后，对同种类纤维的进一步鉴别在案件侦破中具有更为重要的意义。在这一方面，实际案件对技术的需求是没有止境的。应用新的仪器方法对染料、填料的检验及形态和工艺特征等方面的研究还有待进一步开展。另外，建立纤维物证数据库也是一个重要的工作方面。

第八节　案例分析

案例一

在现场勘验中，作案人进入现场后触碰透明塑料布类制品是经常遇到的，如农用薄膜、塑料袋、香烟盒包装薄膜及其他物品包装物等。有些塑料布质地薄软、易褶皱，在拍摄时很难将其抚平，用常规方法拍摄制作出来的照片纹线由于褶皱痕迹会有些许变形，给鉴定工作带来一定困难。笔者在工作实践中找到一种较简单的处理方法，详细介绍如下：

（一）案件简介

某年冬天，辽宁北部一偏僻小山村发生了一起恶性入室报复杀人案。技术人员现场勘查后，发现窗外塑料薄膜上有一枚指纹，随即将整块塑料薄膜提取检验，由于当地人习惯用农用塑料薄膜由外面将房屋的窗户密封，以保持室内温度，因此塑料薄膜长期暴露在室外，灰尘很多且布满褶皱。如何将上面的指纹提取下来是一个技术难题，经过大量试验后，决定用 502 胶将指纹熏显固定，熏显结果较令人满意。但随之而来的问题是，塑料布有褶皱且无法展平，针对指纹而言有很大的背景干扰。笔者经反复试验，最后，顺利地拍摄提取了该指纹，为破案起到了决定性作用。检验方法如下：首先准备纯黑色的相纸一张；吹气球一只；纯净水（温度 0℃）一杯；硬纸一条（宽 0. 5cm、长 5cm）。然后，①用吹气球彻底清除相纸表面的灰尘；②将相纸表面用纯净水沾湿；③将褶皱塑料布一端轻轻地粘压在相纸上；④其余的部分一边粘一边用蘸了水的硬纸条将塑料布与相纸之间的气泡带出来，不要将水滴到指纹表面；⑤彻底晾干（图 2-14）。

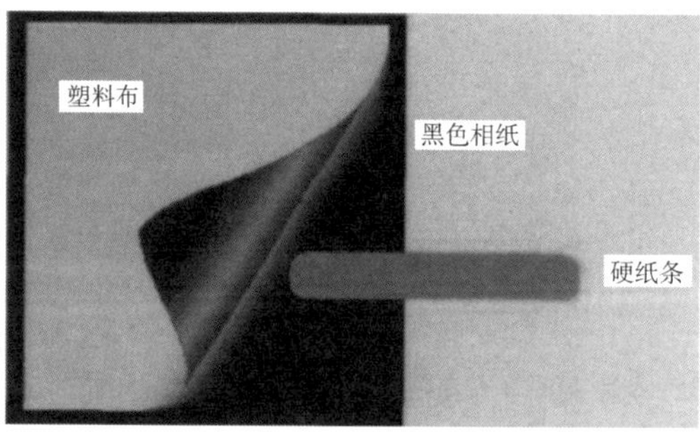

图 2-14　操作示意

（二）讨论

1. 原理

通常相纸表面的涂层遇水后干燥的瞬间会产生很大的黏性，且可以反复水洗。选用黑色相纸会与 502 胶熏显的白色纹线有很大反差。经多次试验证明，502 胶熏显手印遇水或遇热都会产生不同程度的损坏，所以操作时不要将水滴在其表面，且保持水温 0℃ 为宜。塑料布是非渗透性客体，操作前一定要检查确认塑料布上无孔洞方可进行。应用此方法，塑料布会牢固地粘在相纸表面，最大限度地延展褶皱压痕，方便拍照（图 2-15）。

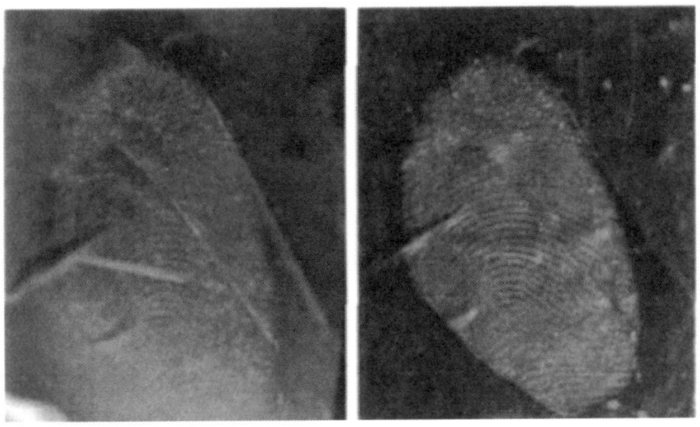

a.普通照明情况下的图像　　b.处理后拍的照片

图 2-15　处理前后拍照对比

2. 注意事项

（1）不要让清水滴在褶皱塑料布表面的纹线上。

（2）操作前一定要检查确认塑料布上无孔洞。

（3）整个过程速度要快，手法要轻。

（4）要保持相纸湿润，但水不要太多，如果水多，塑料布上会有小水包，并且保持水的温度不要升高。

（5）有些塑料布遇到水会立即收缩，不适合使用此方法。在工作中一定要反复用同种塑料布进行试验，熟练后方可对检材进行操作。

（6）制作后要将其阴干，最好将相纸四角夹在平板上，不要为图方便将相纸放在暖气之类的发热源上烘烤，否则相纸会卷曲变形，给操作带来别的麻烦。

案例二

2011 年 1 月 31 日，在郑州市中原区中原路与西三环路交叉口东北角小竹林内，发现一个装有人体尸块的编织袋，经法医鉴定编织袋内所盛的是女性下肢尸块。

经过多次案情分析，专案组将案件定性为一起因矛盾纠纷引起的杀人碎尸案件。该案件地域范围划定为：西三环以东、火车站以西，中原路沿线两侧的都市村庄。犯罪行为人脸谱刻画为：男性，年龄 40~45 岁，可能从事厨师职业，与被害人是同居关系，应有独立封闭的居住空间，不熟悉抛尸地附近的环境，社会层次较低，不排除外来务工人员。

经过技术人员的反复检验，分别在编织袋提手处检验出一名男性 Y-STR（Y 染色体上的短串联重复序列）数据，在被害人内裤上检验出另一名男性 Y-STR 数据。2014 年，入库比对后，提手处的检材比中了许昌市襄城县丁营办事处李村李姓家系，被害人内裤上的检材比中了驻马店市西平县二郎乡赵姓家系。通过对驻马店市西平县赵姓家系排查，梳理出符合年龄段的人员，在情报信息平台滚动查询中，发现该家系中赵某在郑州有活动轨迹，嫌疑重大。之后采集赵某的血样进行 DNA 比对，认定被害人内裤上的检材为赵某所留，结合进一步的研究工作，排除了赵某作案嫌疑，但由此确定了尸源。另一组侦查员通过对襄城县李姓家系的排查，发现该家系来源于漯河市舞阳县马庄陈姓家系。侦查人员结合已查清的尸源情况，确定舞阳县马庄乡陈姓家系人员陈某是死者丈夫。经 DNA 检验，编织袋提手处的检材为陈某所留。陈某到案后，交代了杀妻碎尸的犯罪事实。

第三章　塑料薄膜

第一节　塑料薄膜成型工艺

一、塑料薄膜的成型方法

塑料薄膜的成型方法，应用得较多的是挤出成型和压延成型。根据生产方式的不同，挤出成型薄膜又分为挤出吹塑成型薄膜、挤出流延成型薄膜和挤出牵引成型薄膜三种。其中，以挤出吹塑成型薄膜生产方法应用得最多。

（一）挤出成型

1. 挤出吹塑薄膜成型

吹塑薄膜是将塑料加入挤出机中，通过料筒外部加热及物料内摩擦生热，使进入挤出机中的塑料熔融，在旋转螺杆的挤压推动下由一个环形模头挤出而成一个管状熔体。该管状熔体立即被模头外侧风送出的空气冷却，沿物料挤出的方向将管状物收拢、夹紧，由环形模头的中心向管状熔体膨胀为一个“膜泡”，由于吹胀作用而控制薄膜的厚度，还使薄膜受到横向拉伸的作用，牵引辊对膜泡有一定的纵向拉伸作用，因此，吹塑法使薄膜在横向和纵向都受到了一定程度上的拉伸。

此方法与其他方法相比，具有的优点是设备简单、投资少、收益快，薄膜经拉伸、吹胀力学强度较高，无边料、废料少、成本低，幅度宽、焊缝少，易于制袋。其缺点是薄膜均匀度差，生产线速度低，产量较低。

吹塑薄膜的一般规格是：膜厚为 0. 01~0. 25mm，折径为 100~500mm。

用吹塑法生产的薄膜主要塑料品种有聚氯乙烯、聚乙烯、聚丙烯、聚苯乙烯、聚酰胺、乙烯-醋酸乙烯共聚物等，此外还有多种塑料复合的多层薄膜。

2. 挤出流延薄膜成型

塑料薄膜采用挤出流延法生产成型，主要用聚丙烯和聚乙烯、聚酰胺和聚酯等树脂。树脂挤出流延成型薄膜生产时，原材料进入挤出机的机筒后，在转动螺杆的搅拌、挤压和机筒加热温度等多种条件的作用下，被塑化熔融；然后被螺杆推入成型模具，则熔融料在模具内逐渐被分流，经缓冲槽均匀地从模具口挤出，成型薄片状熔融料流延至平稳转动的辊筒上，刀形喷气口把压缩空气吹向膜面，使膜紧贴在辊面上，被冷却辊筒降温定型；剥离辊面的薄膜经测厚、电晕处理和消除静电后，即收卷，完成薄膜的挤出流延生产成型。

3. 挤出牵引薄膜成型

塑料薄膜挤出牵引成型的生产方法与塑料薄膜挤出流延成型相似。塑料薄膜挤出牵引成型也是采用衣架形成型模具，但挤出模具口的片状熔融料不是流延至冷却辊筒上，而是由冷却定型辊筒把片状熔融料从模具口牵引出。这种辊筒工作时，既能牵引从模具口挤出的膜片平稳运行，又能使膜片在辊筒上冷却定型。这种生产方法可用聚氯乙烯和聚偏氟乙烯树脂成型薄膜或片材。

（二）压延成型

压延成型过程是：首先采用各种混合机械（如高速混合机、密炼机、双辊混炼机或挤出机），将树脂与各种助剂混合均匀，混合好的塑料团或熔体由喂料机输送给压延机。由于压延机相邻辊筒的转速不同，塑料在两辊筒缝隙中受到一种挤压作用，变成薄膜，贴在辊子上进入下一个辊隙，辊隙是逐渐变小的，最后经冷却、卷取，获得一种连续长度的薄膜。辊筒内部可以根据需要而进行加热或冷却。薄膜的厚度由最后一对辊筒的辊隙决定。

对于聚乙烯来说，只需将其熔融后即可由喂料机输送给压延机生产薄膜，而对聚氯乙烯来说，情况就要复杂一些，必须增加稳定剂、增塑剂等与树脂的预混合过程。聚乙烯、聚苯乙烯、聚丙烯、聚酯和聚氯乙烯等均可用压延法制造薄膜。

二、压延成型塑料薄膜与挤出成型塑料薄膜的比较

（一）压延成型塑料薄膜的特点

（1）压延法生产的塑料薄膜工作强度高、质量好，薄膜的厚度误差很小。

（2）生产薄膜的产品质量与压延辊筒的加工精度有直接关系，要求辊筒有足够的工作强度，辊筒的工作面要进行精细加工，表面粗糙度 *Ra* 应不大于 0.025μm。

（3）压延机生产塑料薄膜工作速度比较高，辊筒面的线速度可达 60~100m/min。

（4）压延机生产薄膜规格：目前国内厚度为 0.05~0.70mm，宽度为 2300mm 左右。

（5）压延机生产线占地面积大；设备多而结构较复杂；项目投资大，投产时间较长。

（6）压延机需要由技术水平较高的操作工操作；设备维修较复杂。

（二）挤出成型塑料薄膜的特点

（1）挤出法成型塑料薄膜用设备生产线占地面积较小，设备结构比较简单，项目投资少，投入生产时间短，经济效益较好。

（2）挤出法成型薄膜，采用吹塑成型时制品为圆筒状，其厚度和宽度比较容易控制。

（3）挤出法成型薄膜用设备操作较简单，生产塑料薄膜技术比较好掌握。

（4）薄膜制品呈圆筒状，成品不用切边，很少产生废料。

（5）薄膜制品的幅宽可达 10m 以上。

（6）挤出吹塑法成型的塑料薄膜工作强度要比压延法生产的薄膜强度低些，厚度偏差也比较大，产品质量不够稳定。

第二节　聚乙烯薄膜

一、聚乙烯的分类

聚乙烯的种类很多，也有多种分类方法，如按聚合物的合成方法、聚合物分子链结构、聚合物的密度等方法分类。

此外，在同一类聚乙烯中，又可按合成单体数分为均聚物及共聚物。

（一）按聚合物合成方法分类

这种分类方法，始于聚乙烯工业化生产早期，沿用至今。但是，随着聚乙烯树脂合成技术的发展，已难以涵盖聚乙烯的多品种发展趋势。

1. 高压法

在高温和高压（101.3 ~ 354.6MPa）条件下制得的聚乙烯，称为高压聚乙烯，其主链上具有较多支化的短链，聚合物的密度也较低。

2. 中压法

在 2.1~7.1MPa 的压力条件下制得的聚乙烯，称为中压聚乙烯，其密度一般在高密度聚乙烯和低密度聚乙烯之间。

3. 低压法

在0.1~2.1MPa的低压条件下制得的聚乙烯，称为低压聚乙烯，其密度较高。

随着聚乙烯树脂制造技术的发展，在低压条件下，也可制造线型低密度及全密度聚乙烯。

（二）按聚合物分子链结构分类

聚乙烯的分子链结构可分为两大类：线型分子链结构及支化分子链结构。

1. 线型聚乙烯

线型聚乙烯包括线型低密度聚乙烯、中密度聚乙烯、高密度聚乙烯及超低密度聚乙烯、茂金属聚乙烯等。相对而言，线型低密度聚乙烯比高密度聚乙烯有更长的侧支链。

2. 支化聚乙烯

支化聚乙烯包括低密度聚乙烯及其衍生物。这些聚合物的分子链结构的主链上存在着较长（长短不同）的多支链，形状如树枝。

线型聚乙烯与支化聚乙烯，除在分子链结构上的明显差异外，在聚合反应时，线型聚乙烯在聚合反应器中的压力，远远低于支化聚乙烯所使用的压力；支化聚乙烯密度，可通过聚合反应的压力和热量变化调节，而线型聚乙烯的密度，则通过与乙烯共聚用的单体量调节，共聚单体数量越多，聚合物密度越低；密度往往是支化聚乙烯的决定性参数，但它不是确定线型聚乙烯类型的唯一参数。在同一密度范围内，由于相对分子质量不同，相对分子质量分布范围不同，聚合物的性能有很大差异，如线型低密度聚乙烯与茂金属线型低密度聚乙烯、双峰线型低密度聚乙烯的性能差别。

（三）按聚合物的密度分类

聚乙烯的密度为0.860~0.965g/cm³，在此范围内，按聚乙烯密度大小，分成各种类型的聚乙烯，是目前市场上习惯的分类方法。它们分别为超低密度聚乙烯、低密度聚乙烯、线型低密度聚乙烯、中密度聚乙烯、高密度聚乙烯、高相对分子质量高密度聚乙烯、超高相对分子质量高密度聚乙烯等，其密度范围见表3-1。

表3-1 不同类型聚乙烯的密度范围

聚乙烯的类型	密度范围/（g/cm³）	聚乙烯的类型	密度范围/（g/cm³）
超低密度聚乙烯	0.860 ~ 0.915	高密度聚乙烯	0.941 ~ 0.964
低密度聚乙烯	0.916 ~ 0.925	高相对分子质量高密度聚乙烯	0.944 ~ 0.960
线型低密度聚乙烯	0.916 ~ 0.925	超高相对分子质量高密度聚乙烯	0.944 ~ 0.960
中密度聚乙烯	0.926 ~ 0.940		

二、聚乙烯及其薄膜的外观特征

聚乙烯的密度小于1g/cm³，在水浴中待其表面湿润后，都能浮出水面。聚乙烯薄膜易燃，在收缩状态下，离开火源仍能燃烧，燃烧干净无残余物，燃烧时熔融淌滴，熔体滴落时，发出“呼呼”声响；聚乙烯燃烧时无烟，火焰上端呈黄色，下端呈蓝色；聚乙烯燃烧熄灭时，可闻到燃烧蜡烛相似的气味。

本色聚乙烯薄膜，外观呈乳白色透明或半透明状，表面有蜡状感觉。一般的聚乙烯薄膜都比较柔软，对于同样厚度的薄膜，低密度聚乙烯膜要比高密度聚乙烯膜柔软。

商品聚乙烯树脂，一般为扁圆状粒料，而对于高密度聚乙烯及线型低密度聚乙烯来说，有粉末状（珠粒状）树脂销售。

三、聚乙烯及其薄膜的基本性能

聚乙烯的化学成分比较简单。不过，其化学成分虽然相同，但不同的聚合条件形成不同的分子结构（如线型、支化分子链），从而制造出低密度聚乙烯、线型低密度聚乙烯、高密度聚乙烯等不同类型的聚乙烯。由于聚乙烯的化学结构比较简单，易进入晶格中，导致其结晶度较高（图 3-1）。但是，链的支化又干扰了它的结晶能力，使其相对分子质量降低，从而降低了聚乙烯的密度。

图 3-1 聚乙烯颗粒

聚乙烯在常温下几乎不溶于有机溶剂，但长期与脂肪烃、芳香烃和卤代烃接触，会产生溶胀；与油类（矿物油、植物油、动物脂肪）接触，会产生永久性变形。温度超过 70℃时，能少量溶解于甲苯、乙酸、三氯乙烯、松节油、矿物油、石蜡等溶剂。

聚乙烯在常温下，能耐稀硫酸、稀硝酸及任何浓度的盐酸、磷酸、醋酸、甲酸、过氧化氢、氢氧化钠等化学物质，有比较稳定的化学性能。在 90~100℃时，硫酸和硝酸能迅速破坏聚乙烯。

聚乙烯表面润湿张力低，其非极性的表面使在聚乙烯薄膜（图 3-2）表面进行印刷、胶黏、涂饰作业比较困难，需经电晕（电火花）处理、火焰处理，使聚合物表面氧化，产生极性基团后，方能进行上述作业。

聚乙烯有一定的阻透性，由于渗透只发生在聚合物的无定型区域，故聚乙烯的阻透性随聚合物结晶度的提高而提高，高密度聚乙烯比低密度聚乙烯有更好的阻透性。不过，聚乙烯对氧和二氧化碳不起阻透作用，不能阻挡汽油、二甲苯等非极性和烃基化合物的渗透。

图 3-2 聚乙烯薄膜

聚乙烯树脂无毒、无味，如果所用的添加剂符合接触食品卫生要求，聚合物可广泛地用于接触食品、医药物品场合。聚乙烯受日光中的紫外线，空气中的氧及热等作用，易发生老化。聚乙烯在高频范围内，它的介电性能极其优异，电气绝缘性能较好，可用作电绝缘材料。若在聚乙烯中加入导电物质或抗静电剂，又可用作抗静电导电材料。

聚乙烯有较好的力学性能，并随聚合物相对分子质量的增大而提高。聚合物的晶体部分使材料具有较高的力学性能，而无定型部分使材料具有韧性和弹性。聚乙烯薄膜受热会产生收缩（线收缩或体积收缩）。

聚乙烯有较好的成型加工性能，可使用挤出吹膜、挤出流延、双向拉伸等工艺制取单层或多层薄膜。在成型加工过程中，用熔体流动速率作为成型加工的重要参数，虽比较粗略，但是有效。聚乙烯熔体流动速率小，乙烯聚合物的相对分子质量高，其力学性能也较高。此外，聚乙烯相对分子质量的分布范围，聚乙烯的密度，添加剂的性能及添加量，均对聚乙烯薄膜的成型加工有重要影响。

聚乙烯薄膜的使用形态为片状或圆筒状薄膜，它们可以用热熔焊接方法，制成各种形状的包装袋、购物袋等。经表面处理的聚乙烯薄膜也可用胶黏剂，制成干式复合薄膜或袋等制品。不过，无论是哪种胶黏剂，经胶黏的聚乙烯薄膜，仍能被剥离。

四、聚乙烯薄膜制品

（一）低密度聚乙烯薄膜

低密度聚乙烯薄膜具有良好的延伸性、电气绝缘性，用作重包装膜、收缩膜、土工膜、大棚膜、农地膜、工业用膜、水果网套等。

（二）线型低密度聚乙烯薄膜

线型低密度聚乙烯薄膜具有强度大、韧性好、刚性大、耐热、耐寒等优点，还具有良好的耐冲击

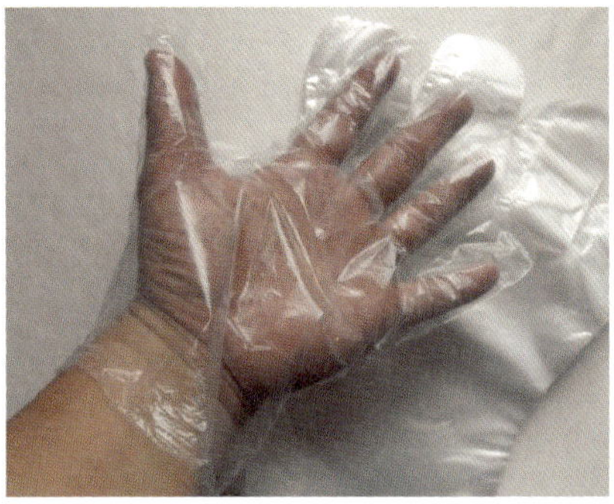

图 3-3　高密度聚乙烯薄膜手套

强度、耐撕裂强度等性能，用作地膜、容器衬里、涂层等。

（三）高密度聚乙烯薄膜

高密度聚乙烯薄膜具有相对分子质量分布宽、韧性和强度优良等特点，具有良好的着色性、印刷性和密封性，可用作高强度薄膜、微膜，如手套（图 3-3）、购物袋、杂货袋、多层衬里膜、耐气候膜等。

（四）氯化聚乙烯薄膜

氯化聚乙烯薄膜厚度均匀，表面光泽度、透明度和热封性良好，但生产成本高，用作复合袋的内层及化妆品、酱菜、糕点的包装材料，还可用来制作年画、商标和手提袋等。

（五）茂金属催化聚烯烃薄膜

茂金属催化聚烯烃薄膜的热封性能、拉伸性能、耐穿刺性能都优于传统的薄膜，用作牛奶、酱油、洗发液等液体包装复合膜的热封层。

第三节　聚氯乙烯薄膜

一、聚氯乙烯树脂的特点

聚氯乙烯由氯乙烯聚合而成，性能优异，可配制成硬制品和软制品。它的产量仅次于聚乙烯，用途广泛。聚氯乙烯近年来主要用于建筑材料，而用于薄膜、片材方面所消费的树脂量则少于聚乙烯和聚丙烯。与其他树脂相比，它具有下列特点：

（1）聚氯乙烯树脂是白色粉末固体。

（2）聚氯乙烯玻璃化温度为 87℃，熔解温度为 210℃，在 100℃下就开始分解，高于 130℃分解迅速，在未到熔解温度时就开始分解。为此，聚氯乙烯树脂加工时一定要使用热稳定剂以提高聚氯乙烯的分解温度，便于成型加工。

（3）聚氯乙烯中添加增塑剂，一方面降低熔融温度，另一方面使制品变软，故其制品有软、硬之分。根据添加增塑剂的品种、质量份数的不同，其产品性能不同，故又发展了不同性能的产品。

（4）聚氯乙烯为典型的热敏性无定型聚合物，添加热稳定剂、增塑剂等助剂对加工很重要，控制加工温度及加热时间也很重要，同时对螺杆、机头及模具要求高，物料流道应光洁且呈流线形状。聚氯乙烯的分解为连锁反应，物料一旦分解应立即停机清理。

（5）聚氯乙烯耐化学性能优良，但冲击强度不高。此外，对一般增塑剂产品的耐低温性能差，应根据使用要求来设计配方。

（6）聚氯乙烯树脂中的氯乙烯单体为致癌物质，因而对食品、医药用品等包装用材料，氯乙烯单体含量是重要指标之一。树脂中的氯乙烯单体含量必须≤5mg/kg，制品中的氯乙烯含量必须≤1mg/kg，才能称为无毒树脂和无毒制品。

聚氯乙烯的添加辅料（助剂）种类繁多，有不少也是有毒的，因而配制时也要严格选用并控制其添加量。

（7）聚氯乙烯树脂一般为粉末固体，加工厂家根据要求设计配方，添加一定的助剂。近年来，国内外都在发展专用的混配料，根据用户的需要添加各种助剂、混配料或造成粒料供用户使用，对小批量用户十分方便。

二、聚氯乙烯及其薄膜的加工性能

PVC 是无定型聚合物，没有明显的熔点，它在 80~85℃范围内开始软化，在 130℃时具有可塑性，在150℃以上开始分解。其成型加工温度范围较窄，即使在软化点和成型温度之间，长期受热也会分解，分解产生的氯化氢，又会加速聚氯乙烯的进一步分解，使PVC从本色变为黄色、棕色，直至黑色。因此，其成型加工性能较差，为使成型加工能顺利地进行，除添加足够而有效的热稳定剂外，还需采用专门设计的成型设备。其挤出机螺杆，一般选用锥形头等距不等深渐变型螺杆；螺杆和模头的设计，应呈流线形状，无死角，尽量减少PVC熔体在模头内的滞留时间；成型设备使用的材料必须耐腐蚀。

PVC在不同的加热温度范围，会形成不同的物理状态。80~85℃可视为PVC的光泽转换温度，低于该温度范围，膜坯吹制的薄膜粗糙无光泽；高于该温度吹制的薄膜具有光泽和较高的力学性能；在85~100℃温度范围内，经一次吹胀的膜管，可以进行二次吹胀，使PVC膜用双向拉伸取向方法生产热收缩膜，变得简单易行。

PVC可采用挤出吹膜法、挤出流延法、压延法生产硬质及软质PVC薄膜。PVC薄膜有较好的二次加工性能，可选用胶黏剂、高频焊接、电热黏合、超声波焊接等方法黏封或焊接成薄膜袋、充气玩具。PVC薄膜只需清洁表面，不需要电晕处理就可进行表面印刷（包括烫金、彩喷）。

三、聚氯乙烯及其薄膜的外观特征

悬浮法疏松型均聚聚氯乙烯树脂，为白色松散的粉末。PVC薄膜呈淡黄色透明状，市售的聚氯乙烯薄膜，一般都添加微量的紫色或蓝色颜料，使薄膜显得更为透明。聚氯乙烯树脂的密度为1.3g/cm^3；聚氯乙烯薄膜的密度范围为1.16~1.46g/cm^3。置于水中，聚氯乙烯薄膜沉入水底，据此，可将聚氯乙烯薄膜与密度小于1g/cm^{3}的聚乙烯、聚丙烯、乙烯-醋酸乙烯酯（EVA）等薄膜区分。

聚氯乙烯难燃，遇火燃烧但离火自灭；燃烧时火焰上端呈黄色，底部为绿色，冒白烟且非常浓；喷溅绿色或黄色火花，软化后能拉丝，燃烧残余物呈焦炭状；火焰熄灭时散发刺鼻的辛辣味（似盐酸的刺激味）。在紫外光照射下，硬聚氯乙烯薄膜呈浅蓝色或紫白色荧光，软聚氯乙烯薄膜（图3-4）呈蓝白色荧光。

图3-4　软聚氯乙烯薄膜

四、聚氯乙烯及其薄膜的基本性能

聚氯乙烯树脂是典型的无定型聚合物，分子排列为无规结构，结晶度为5% ~ 10%（其中有少量结晶度为20%的间规结构）。聚氯乙烯相对分子质量的大小与薄膜的力学性能成正比，与成型过程的熔体流动性成反比。相对分子质量大的树脂，耐寒性好，力学性能高，热稳定性好，成型温度高，但膜坯挤出时，容易产生膜坯熔接线，宜采用压延法生产薄膜；相对分子质量小的树脂，成型加工性好，耐冲击性较差，可采用挤出吹膜法生产薄膜。

聚氯乙烯有较好的电气绝缘性和化学稳定性，不溶于水、酒精（乙醇的俗称）和汽油，可溶于醚、酮、氯代脂肪烃、芳香烃等有机溶剂。聚氯乙烯能与有机溶剂调配成胶水，融合薄膜及制品、修补薄膜。在常温下，聚氯乙烯可耐任何浓度的盐酸、90%浓度的硫酸、60%浓度的硝酸、质量分数低于20%的烧碱（也叫火碱，成分是氢氧化钠），对盐类溶液很稳定。

残留于聚氯乙烯树脂中的氯乙烯单体对人体有害。聚氯乙烯制品用于接触食品、医药品等时，必须选用食品卫生级树脂，该等级的氯乙烯单体残留量在1~5mg/kg以下。此外，还应选用无毒或权威机构许可的稳定剂、增塑剂、改性剂等添加剂。

仅有聚氯乙烯树脂不能生产薄膜及其他塑料制品，只有在聚氯乙烯树脂中添加足够的添加剂，并混合均匀，组成聚氯乙烯塑料，才能成型加工薄膜或其他塑料制品。聚氯乙烯塑料常用的添加剂有增塑剂、稳定剂、润滑剂、填充剂、着色剂等。其他的聚氯乙烯塑料还使用许多功能添加剂，如抗静电剂、阻燃剂、流滴剂、消雾剂、防泻剂、香味剂等。

添加剂及添加剂量，对聚氯乙烯塑料性能有极明显的影响。硬质或半硬质聚氯乙烯塑料的密度为1.35~1.46g/cm^3，其薄膜较刚硬，又有一定韧性，透明度高，有较好的耐脂肪和动植物油抽提性，化学稳定性高于软质的聚氯乙烯薄膜，但长期接触有机溶剂及含氮、硫、磷等的物质，也会产生溶解、溶胀或龟裂。硬质聚氯乙烯的耐寒性、耐冲击性差于软质聚氯乙烯薄膜。软质聚氯乙烯塑料的密度为1.16~1.35g/cm^3，其薄膜柔软，有较好的耐寒性、耐穿刺性，较高的伸长率，但其耐油脂性较差。软质聚氯乙烯塑料的添加剂较多，若这些添加剂与树脂的相容性较差或添加剂量过多，容易析出于薄膜的表面。如增塑剂析出，会使薄膜发黏，或产生增塑剂转移，或在潮湿环境下产生霉变。又如硬脂酸皂类、流滴剂、抗静电剂析出，会使薄膜起“霜”，透明度变差，这些都需在薄膜生产过程中加以特别注意。

聚氯乙烯树脂为极性树脂，聚乙烯树脂为非极性树脂，聚氯乙烯比聚乙烯有较高的临界表面张力和较低的结晶度。而且，聚氯乙烯与表面活性剂、填充剂（无机矿物质）有较好的相容性，可使用较高的添加量。聚氯乙烯塑料的远红外线透过率，也低于聚乙烯塑料。因此，聚氯乙烯薄膜的保温性、流滴性，优于聚乙烯薄膜。在制造抗静电膜时，聚氯乙烯能容纳更多的抗静电剂，使薄膜有更好的静电分散性能。聚氯乙烯薄膜的热稳定温度和长期使用温度低于聚乙烯薄膜。聚氯乙烯热收缩膜有较低的起始热收缩温度和均衡热收缩率。

五、聚氯乙烯薄膜的应用

（一）乳液法硬质聚氯乙烯薄膜的应用

乳液法硬质聚氯乙烯薄膜在未经热处理时由于延伸性较小并具有脆性，没有多大用途。只能在迅速发生破损亦不致造成什么影响的地方使用，如制作自黏式标签。

乳液法聚氯乙烯薄膜经热处理后可以大大改进自身的机械性能，这种薄膜可以在各方面广泛应用。厚度为0.08~0.5mm、宽度为1450mm的薄膜有透明、有色和不透明等种类，目前它的宽度规格还在不断增加。

有些使用者希望透明或着色膜略有一些乳浊。用冲切的方法可将薄膜制成盒子及容器的衬里或内盖，药物包袋的盖板、书夹及公文套的透明视孔、样品牌等。

可将不透明的有色薄膜的切块或冲切片制成衣服衬领、卡片、日历等。无光薄膜可用作绘图板的标记牌。薄的轧纹薄膜宜用作自黏性薄膜、创伤膏药和黏附标签的盖面薄膜。

为了增强用软聚氯乙烯薄膜制成的书皮、夹子和袋子，常焊上硬聚氯乙烯衬片。用焊接或黏合的方法可将硬聚氯乙烯薄膜制成圆管形容器或包装筒。涂有热封型黏合剂的聚氯乙烯薄膜，可对瓶塞起密闭作用，还可和纸复合起来制成带有亮光的薄膜纸。与纸和纸板复合的硬聚氯乙烯薄膜，可用焊接法制成包装容器。与铝箔复合的薄膜，可制成不透水蒸气和不透光的材料。热封薄膜还可用于包扎汽车的热导管。用黏合的方法可以制作壁衬，也可制出与木材和金属相结合的材料。

用热成型法（一般为阳模成型法）可以制成多种形状的包装容器。在食品工业中，有用不含增塑剂的聚氯乙烯薄膜和薄片生产各种食品容器，例如包装酒、鱼、人造奶油、面制食品、水果汁和牛奶制品等。这种零星包装由于包装体自身比较轻、无气味、经久耐用、密闭性好、生产简单和机械强度高等优点而得到广泛采用。生产食品包装袋所用聚氯乙烯树脂中的氯乙烯含量必须不超出规定范围，所加助剂必须无毒。

除此以外，还可用于药物、工具或圆珠笔的包装。大多采用硬质聚氯乙烯薄片热成型小筐盛装水果和蔬菜。为防止水果损坏和腐败，以前常采用木屑、刨花进行保护，但若采用放置水果的热成型筐，效果会更好。

由于硬质聚氯乙烯薄膜可以制成宣传品和装饰部件，将硬质聚氯乙烯薄膜用真空成型法覆盖到木材上，可制成小船。

由于硬质聚氯乙烯薄膜具有光滑的表面，故可用宽幅聚氯乙烯片材成型的板材作为浇灌水泥地的隔离板。

用热轧纹法可以将硬质聚氯乙烯薄片制成唱片。还可将硬质聚氯乙烯薄膜复合到纸板上制成录音片等。

在热作用下，纵向经拉伸过的乳液法聚氯乙烯薄膜可用于对纵向强度要求较高的地方，如录音带的载体薄膜，容器的自黏密封条、绝缘带等。拉伸薄膜的厚度一般为0.02~0.10mm，宽度随拉伸程度的不同可达2700mm。生产较厚的拉伸薄膜比较困难。

（二）悬浮法硬质聚氯乙烯薄膜的应用

用悬浮法可以生产不含增塑剂的硬质聚氯乙烯薄膜，与乳液法聚氯乙烯薄膜相比，它具有和玻璃一样的透明性，这是其优点之一。但它的抗冲击强度比乳液法聚氯乙烯薄膜低，脆性大。悬浮法聚氯乙烯薄膜的厚度为0.08~0.50mm，宽度一般为1500~1900mm，最宽可达2m甚至更宽。要求完全透明时使用悬浮法聚氯乙烯薄膜。若对柔韧性有较高要求而避免有脆性的地方，则以使用乳液法聚氯乙烯薄膜和薄片为宜。

悬浮法聚氯乙烯硬质薄膜和薄片还可以用于生产眼镜、礼品、花和玩具的透明包装，及进行紧贴收缩包装、外形包装和钟罩式包装。

（三）硬质聚氯乙烯共聚薄膜的应用

聚氯乙烯共聚薄膜显得透明而清亮。其厚度为0.09~0.50mm，宽度一般可达1300mm以上。共聚薄膜的缺点在于热稳定性较差，但这种薄膜在加热时的流动性特别好，用热成型法生产难以成型的制品时，有明显的优点。这种薄膜不会带来生理危害并可着色。

与硝化纤维制品相比，用共聚薄膜（主要是透明的共聚薄膜）生产出来的用于标记的制品具有难燃的优点。除了可用它生产包装盒和袋等产品外，这种共聚薄膜还可制作轮廓清晰的制品，如盲人字板和浮雕等。

（四）硬质聚氯乙烯共混薄膜和抗冲击性薄膜的应用

在一些对抗冲击性和抗碰撞性要求较高的地方，乳液法硬质聚氯乙烯薄膜已不能满足要求，这就需要使用共混聚合物薄膜和抗冲击性硬质薄膜。这种薄膜在其他性能上与纯聚氯乙烯硬质薄膜比较起来，并无大的不同，只是更软一些，有些混浊，也可呈透明状并可着色，一般厚度为0.10~0.80mm，宽度可达1400mm甚至更宽。

抗冲击性聚氯乙烯薄膜，在工业和食品包装方面的应用范围和纯聚氯乙烯薄膜基本一样，无论从技术上或经济上来看，其使用价值均很高，特别在低温下，当对抗冲击强度要求很高时，其优点特别明显。这种薄膜在复合镶嵌木材和胶合板及家具部件方面广泛应用。

可用一种特殊方法将抗冲击薄膜制成在低温和高温下强度都很高的空心容器。

（五）含少量增塑剂的硬质聚氯乙烯薄膜的应用

增塑剂含量在5%以下的聚氯乙烯薄膜亦可称为硬质薄膜。加入少量增塑剂可便于压延成型，此时是把增塑剂作为助剂加到聚氯乙烯薄膜中。

和纯聚氯乙烯薄膜相比，此种薄膜的热定型性较低，只需加入少量增塑剂，热定型温度就会降低5~25℃，而且脆性增加、耐寒性降低。这些缺点限制了这种薄膜的应用。

可把这种薄膜用作金属和木材贴合时的复合薄膜。这种薄膜的加工性能优于纯聚氯乙烯薄膜。黏合或复合到硬质制品上后，其脆性不再明显地表现出来。

与用聚氯乙烯糊涂刮到金属薄板上的方法相比，用预制薄膜进行贴合的方法具有下述优点：在贴合前，在无金属薄板载体的情况下，用印花和轧纹的办法可使表面具有一定的外观。用专门的方法将聚氯乙烯薄膜和金属薄板牢牢地接合在一起，所制得的复合物用途很广。制成品的表面已无须进行整饰。由于薄膜是复合在金属平板上，故可采用折合、切割、冲切、钻孔、打孔和卷边等方法。

复合薄膜的金属薄板可用作汽车、容器和冷冻设备的衬里，也可用作计算机、空气调节装置、仪器和家具等的外壳。

（六）半硬质聚氯乙烯薄膜的应用

增塑剂含量介于5%~20%的聚氯乙烯薄膜被称为半硬质聚氯乙烯薄膜，它在室温下是相当稳定的。它在手感上和同等厚度的低压聚乙烯薄膜很相似，厚度为0.06~0.5mm，宽度可在1400mm以上。它的软化温度为40~60℃，易于进行加工。这种薄膜的耐寒性比较差，有一定的抗冲击性和耐碰撞性，但容易在低温时裂成碎片。用悬浮法聚氯乙烯制成的这种薄膜的主要特点是像玻璃一样透明，微带一点颜色。它的使用范围仅仅局限在工业技术方面，这主要是由于含有增塑剂在生理方面常会带来影响。若用这种薄膜包装食品，即使经过生物试验无毒，也只能用以包装固体的或不含水的食品。

用它可大量地生产证件夹和书的封面，可制作透明提包、包装袋及外包袋。若薄膜所含增塑剂不会发生迁移，则可制成自黏性薄膜。若为透明薄膜，则可用于粘贴地图、文件、书籍等；若不透明并有颜色和花纹图案，则可广泛用在工业上，如用于装饰和防护等。

（七）软质聚氯乙烯薄膜的应用

1. 含增塑剂25%~35%的软质聚氯乙烯薄膜

含增塑剂25%~35%的软质聚氯乙烯薄膜已经具有柔韧的手感，但仍具有一定的硬挺性。可将这种透明薄膜加工成计算机的防护套、帐篷的窗子、包装袋等。低温时仍很结实的软质聚氯乙烯薄膜可用来制成冬季的施工掩体。具有这种硬度的耐光聚氯乙烯薄膜可用来制造暖房的窗子和苗圃温室。可将厚度为0.10~0.20mm的软质聚氯乙烯薄膜印上图案或轧上花纹，用作挂幕、床单、窗帘和装饰薄膜，也可将这种薄膜制成难燃薄膜；还可将它制成袋子，用作饲料和化肥的包装袋等。可用焊接或粘贴的办法将这种薄膜和纸板复合。另外，这种薄膜也可用作其他制品外壳的贴面材料。

大量的透明薄膜被用来生产自黏薄膜，用作绝缘带、包扎带。厚度更大一些的薄膜（0.25~0.50mm的薄膜），经印花和轧纹后用作高频焊接薄膜，可制成书皮、笔记本、日历、袋子、提包、夹子、箱子和钱包等。

这种软薄膜可以大量地制作印花桌布。用旋转式真空成型机可以生产带有凸出纺织轧纹的桌布。

2. 含增塑剂35%~45%的软质聚氯乙烯薄膜

它是地地道道的软质薄膜，即使不含耐寒增塑剂，它也有很好的耐寒性。这种薄膜主要是用来生产手提包、椅子坐垫、汽车的内部装饰、照相设备的提包、腰带等。对光稳定的这种软薄膜，可用以制成吹气塑料制品、气垫床，也可用作水池内衬。

常将耐寒和难燃薄膜双面地复合到黏胶短纤维、聚酰胺或聚酯纤维织成的格子布上去，生产帐篷、覆盖物或强度很高的制袋材料。工业上可用它作为屋顶的覆盖物，机器和堆栈的防护罩或棚。

软质聚氯乙烯薄膜大量用在农业生产上。农用薄膜主要用于早稻育秧。寒冷地区无霜期短，使用农用膜可以提前育秧，并能保证丰收。农用薄膜已逐步扩大到甘薯、烤烟、棉花育苗，蔬菜种植、养蚕等多个方面，收到了明显的效果。

第四节　聚丙烯薄膜

一、聚丙烯薄膜简介

聚丙烯是与聚乙烯、聚氯乙烯、聚苯乙烯等并列的几大热塑性塑料之一。聚丙烯薄膜广泛地用来制造纤维、薄膜、成型制品。这种薄膜分为双向拉伸聚丙烯薄膜和未拉伸聚丙烯薄膜（包括T模法和吹塑法）。前者是向纵横方向拉伸，使分子定向，所以机械强度、耐寒性、光泽度都得到大幅度提高；后者透明度、耐擦伤性、防潮性均良好，可用来做点心、面包、纤维制品的包装材料。双向拉伸聚丙烯薄膜有很好的机械适应性，作为透明柔软的包装材料，可与玻璃纸相媲美。最近，具有气密性、易热合性的涂布薄膜及其他很多薄膜、玻璃纸、纸、铝箔等复合材料都已上市。双向拉伸聚丙烯薄膜，由于其纵横强度比不同，分为等拉伸型和不等拉伸型。经过拉伸加工的薄膜能够热收缩。

普通使用的薄膜一般经过热定型后收缩性很小，利用聚丙烯薄膜的这种特性，可制成用于收缩包装的收缩薄膜。各种聚丙烯薄膜都有一个带静电的共同缺点，为解决这个问题，一般在薄膜上涂布防静电剂或者将防静电剂混炼于塑料薄膜之中。但从目前情况来看，解决这种薄膜的耐寒性问题还比较困难，这就需要加进少量的乙烯成分组成的共聚物，运用这种工艺可制成耐寒性好、易捻折、乳白色、挺力强等特殊未拉伸薄膜及铝箔蒸煮袋。它还可以制成灰白色、有光泽、可热合的铝箔蒸煮袋等特殊双向拉伸薄膜。

此外，双向拉伸全涂布薄膜虽然已在1971年上市，但它和聚烯烃薄膜都有一个共同的缺点，即氧气透过率大。为解决这个问题，则需要在薄膜上涂布聚偏二氯乙烯类树脂。为增强它的热合性，则需要在这种薄膜的一面或两面涂布透明的热敏黏合剂，这样就可以在较低的温度下热合。1964年研制成功了在印刷机上仅在需要封口的部位涂热敏黏合剂的部分涂层制品，这种制品多用于制袋、加工自动包装卷筒薄膜（图3-5）等。

这种薄膜的特点如下：

（1）与透明、表面有光泽的玻璃纸相同，相对密度为0.89~0.92，质量很轻。

（2）弹性大、富有硬固弹性、耐折、不易撕裂、摩擦系数小、适宜机械操作、不易擦伤、蠕变性小、不易变形等。

（3）在170℃时热稳定性好，食品可以放在蒸煮袋内杀菌。但双向拉伸薄膜加热至120℃以上时会产生收缩，这是一个缺点。

（4）防潮、防水、耐酸、耐碱、耐油等性能好。

图3-5 聚丙烯透明薄膜

（5）未拉伸薄膜的耐寒、耐冲击性差。双向拉伸薄膜虽可解决这些问题，但仍要解决它的热合性差的问题。

（6）印刷效果好。

（7）防止氧气透过性为中等程度，隔绝异味性、防止紫外线穿透性差。

二、聚丙烯及其薄膜的外观特征

商品PP树脂（等规聚合物）一般为透明状扁球形颗粒或粉状珠粒。PP薄膜根据成型工艺不同，分为挤出吹PP薄膜、挤出CPP（流延PP）薄膜、双向拉伸PP（BOPP）薄膜等单层或多层薄膜。聚丙烯薄膜透明度高，捻折时有响声，无毒、无味，可直接用于接触食品及医药品场合。

PP薄膜易燃，燃烧时火焰顶部呈黄色、底部呈蓝色，薄膜熔化淌滴、膨胀且有少量黑烟，可闻到石油味，熔体能拉丝。PP薄膜置于水浴中，能浮出水面。

三、聚丙烯薄膜的特性及应用

PP薄膜有较高的表面硬度和刚性，具有优良的力学性能；热稳定性好，熔点为164~170℃，使用温度为100~115℃。耐化学性能优良，与PE相比，有更好的耐油（包括油脂）性、耐环境应力开裂性，但与铜或铜金属件接触特别敏感、易老化。

PP薄膜的韧性、耐低温性较差，冲击性低于PE，热传导性低，电气绝缘性好，常在电气元件上使用。添加抗静电剂后，PP薄膜可制成抗静电薄膜。PP薄膜有较好的耐蠕变性。

透明度高、表面光亮是PP薄膜比较明显的特征，采用聚冷方法及双向拉伸方法都可提高PP薄膜的透明度。若薄膜的厚度增加，并在难以迅速冷却的情况下，PP聚合物会生成较大的球晶，使薄膜的雾度提高。

PP薄膜的透气性高于HDPE薄膜而低于LDPE薄膜。BOPP薄膜可改进其对潮气和空气的阻透性，故常用作食品包装材料。不同聚丙烯薄膜品种的应用见表 3-2。

表 3-2　聚丙烯薄膜适用范围举例

薄膜品种	包装形态	适用范围举例
未拉伸薄膜、双向拉伸薄膜（单层）	装袋包装	纤维制品（衬衣、袜子、连袜裤、汗衫）
未拉伸薄膜（单层）	自动包装（卧式）、装袋包装	面包、香肠、水产炼制品
未拉伸薄膜（单层、捻折型）	捻折包装	糖果、点心、饼干
双向拉伸薄膜（单层）	自动包装（卧式）	新鲜水果
双向拉伸薄膜（单层、收缩型）	收缩包装	唱片、点心、罐装食品
部分涂层双向拉伸薄膜	装袋包装、自动包装（卧式）	米果、饼干、海菜
涂层薄膜（单面热封合型）	自动包装	海菜、饼干
涂层薄膜（两面热封合型）	折叠自动包装	焦糖、香烟、面包、干电池、方糖
涂层薄膜（阻止气体透过的复合薄膜）	装袋包装、真空包装、自动包装	咸菜、咖喱粉、水产炼制品、肉制品、含油食品、饼干
复合薄膜	装袋包装、自动包装	米果、饼干

第五节　其他塑料薄膜

一、聚偏氯乙烯薄膜

聚偏氯乙烯树脂在阻隔性能上的应用主要是阻气和阻水性能，主要用于制造薄膜和热收缩薄膜（图 3-6），包装肉类或其他食品、药品等。单层聚偏氯乙烯薄膜广泛用于日常家用包装，与聚烯烃通过共挤制成多层薄膜常用于包装肉类、奶酪和其他对水汽较敏感的食品包装，这种结构通常包含 10%~20% 的偏氯乙烯共聚物，主要是提供材料的阻隔性能，还可与其他薄膜复合制成复合薄膜包装食品。偏氯乙烯共聚物还常被用来作半刚性热塑性容器的阻隔层。乳液法聚偏氯乙烯涂覆在其他纸张、薄膜或塑料容器的表面，提高了纸张和塑料薄膜甚至半刚性容器的 PET 瓶的阻隔性能，延长食品的保存期。

图 3-6　聚偏氯乙烯薄膜

注意，纯的聚偏氯乙烯树脂和纯的聚氯乙烯树脂一样本身都是无毒的，但树脂中含有的偏氯乙烯单体对人体有害，长期接触有致癌和致畸作用。故当它用作食品包装材料时，也要求其中的单体含量小于 1×10^{-6}。此外，影响上述树脂用于食品包装卫生性的另一因素是为改善树脂加工应用性所加入的增塑剂、稳定剂、润滑剂、填料、颜料等组分的毒性。

二、聚酰胺薄膜

聚酰胺包装主要以薄膜形式应用（图 3-7），为提高薄膜的性能，一般对薄膜进行拉伸。由于聚酰

图 3-7 聚酰胺薄膜

胺的熔融加工性能好，在大多数的包装应用中，聚酰胺通常被用于制造挤出薄膜，这可以通过流延或吹胀的工艺得到。在整个薄膜加工过程中，通过不同温度的处理可以得到不同结晶度的聚酰胺。当加大冷却率，使薄膜没有充足的时间形成结晶时，可以得到更低结晶度的薄膜。在非定型加工过程中，这种处理可以得到高透明度和更易热塑的薄膜。聚酰胺可以与其他材料如聚烯烃进行共挤加工，聚烯烃在共挤结构中主要是提供热封性能、提高水蒸气阻隔性能，以克服其易于吸水的缺点并降低成本。聚酰胺还用来与其他薄膜如聚乙烯薄膜等复合，在复合结构中，聚酰胺主要提供挺度和耐拉伸强度。

聚酰胺通过吹塑加工，可以用来生产工业容器、燃料罐和油罐。聚酰胺一般还用于医疗器械、肉类和奶酪包装及热成型填充包装。在大多数包装应用中，聚酰胺都是与其他薄膜复合成多层结构，其他树脂主要提供热封性能和阻水性能，如低密度聚乙烯、离子化合物等。

聚酰胺多层复合膜通常用于咸肉、干酪、大腊肠和其他肉类加工品的包装。聚偏氯乙烯涂布的聚酰胺具有更好的阻水、阻气和阻油性能，双向拉伸的聚酰胺在耐撕裂性、机械加工性和阻隔性等方面都有优良的表现。

三、聚苯乙烯薄膜

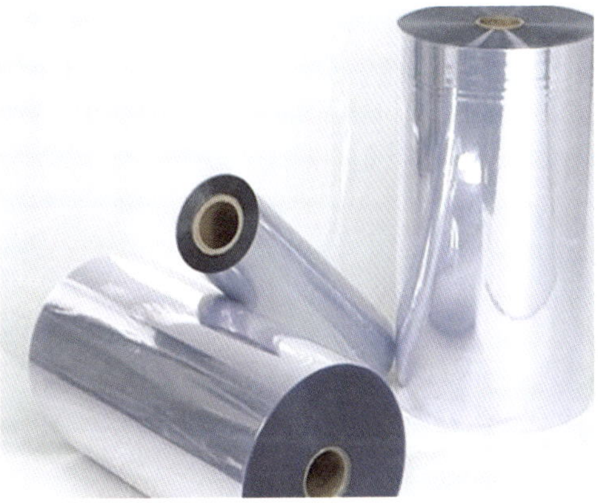
图 3-8 聚苯乙烯薄膜

聚苯乙烯薄膜（图 3-8）是柔软而坚韧的薄膜，干净、无色而透明，不含增塑剂时，膜层永远柔软，耐冷冻，存放不老化，印刷时采用氧化聚合的合成联结料油墨，可使印迹牢度较好。

聚苯乙烯有以下品种：

（一）通用级聚苯乙烯

尽管通用级聚苯乙烯（GPPS）被人们认为是结晶聚苯乙烯，但是这些材料是完全没有固定熔点的，因此它们具有优良的光学性能。线型结晶聚苯乙烯聚合物的玻璃化温度的范围为 74～105℃，在室温下呈刚性。通用级聚苯乙烯具有 3 个优良特性：耐热温度高、高流动性和几乎不含添加剂。因此，它常被用作发泡塑料和热塑成型原材料，用于注塑透明商品盒、高品质化妆用品器皿和光盘包装、透明的食品盒、果盘、小餐具等。高流动性聚苯乙烯树脂的相对分子质量较小，含 3%～4%矿物油添加剂，从而使结晶聚苯乙烯更加柔软、结晶温度降低。它的典型应用是医用器皿、餐具和热塑成型的共挤片材。中流动性聚苯乙烯树脂的相对分子质量适中，含 1%～ 2%矿物油添加剂，它常被用于吹塑瓶子和包装食品医药。

（二）耐冲击性聚苯乙烯

耐冲击性聚苯乙烯（HIPS）包含了能加强和改善阻隔性能的橡胶，不透明，易热塑成型，典型的包装应用有冷藏奶制品。耐冲击性聚苯乙烯的缺陷在于低温阻隔性差、高氧气透过率、易发生紫外光变质和耐油性、耐化学性差，容器对食品的保香性能也不好。

聚苯乙烯薄膜经拉伸处理后，耐冲击强度差的缺点得到改善，可制成热收缩薄膜，用于食品的收缩包装。聚苯乙烯薄膜的透气率介于聚丙烯与低密度聚乙烯之间，对水蒸气渗透率高，但当温度低于 0℃时，水蒸气渗透率迅速下降，故非常适用于食品包装后的低温储存，也适合包装蔬菜等需要呼吸的生鲜食品。

四、聚碳酸酯薄膜

聚碳酸酯（俗称尼龙）是一种线型聚酯，是用双酚 A 与碳酸二苯酯反应而得，它具有卓越的耐高温性能和高冲击强度、高透明度等性能。如在 130℃时，聚碳酸酯薄膜（图 3-9）拉伸屈服强度为 3100Pa，约相当于低密度聚乙烯室温下的水平；低温性能也很好，脆化温度低于-135℃；耐撕裂性和撕裂扩展性好，耐折性中等，爆破强度高。聚碳酸酯薄膜常用 T 形模法制造薄膜。也可用溶液流延法生产聚碳酸酯薄膜，所得薄膜透明度高，但成本较高。

a.硬质膜

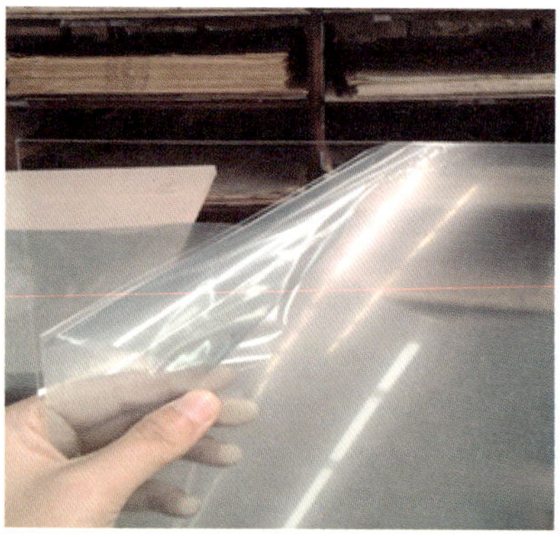

b.可卷绕膜

图 3-9　聚碳酸酯薄膜

聚碳酸酯薄膜可耐稀酸，但易与碱作用，耐脂肪烃、醇、洗涤剂和油脂等，溶于卤代烃、氯甲烷，可用作聚碳酸酯的液体黏合剂。聚碳酸酯薄膜部分溶于芳香烃、酮、酯，这些溶剂在升温或有应力条件下可引起薄膜发生环境应力破坏。浸于室温水中数周，聚碳酸酯薄膜的拉伸强度或断裂伸长率无明显变化。但沸水对聚碳酸酯薄膜断裂伸长率有影响，只需几小时，断裂伸长率就从 100%降至 50%。沸水对它的拉伸强度无影响，故适合用作蒸煮袋。

它对水蒸气和空气渗透率高，若需阻隔性，必须进行涂覆处理。虽然聚碳酸酯薄膜的拉伸强度增加，但是它的渗透性并未改变。聚碳酸酯薄膜具有的独特的尺寸稳定性，即使加热到高于其热变形温度的 150℃约 10min，收缩率也仅为 2%，故不能用作收缩薄膜。

第六节　塑料袋

一、塑料袋的成分

塑料袋（图 3-10）是由薄而具有可挠性的塑料膜制造而成的包装袋。通常所用的塑料并不是一种纯物质，是由许多材料配制而成的。其中，高分子聚合物（或称合成树脂）是塑料的主要成分。为了改进塑料的性能，还要在高分子聚合物中添加各种辅助材料，如填料、增塑剂、润滑剂、稳定剂、着色剂、润滑剂等，才能成为性能良好的塑料。此外，塑料中还可加入阻燃剂、发泡剂、抗静电剂等，以满足不同的使用要求。

图 3-10　塑料袋

二、塑料袋的分类

（一）按照聚合物分类

按照聚合物分类，塑料袋有高密度聚乙烯塑料袋、低密度聚乙烯塑料袋、聚丙烯或流延聚丙烯塑料袋、聚氯乙烯塑料袋、聚酰胺塑料袋、聚对苯二甲酸乙二醇酯塑料袋等。

（二）按照复合形式分类

按照复合形式分类，塑料袋可分为单层塑料包装袋、复合塑料包装袋。

1. 单层塑料包装袋

单层塑料包装袋多以聚乙烯塑料薄膜为主，也有热封级的 BOPP。单层塑料包装袋的特点是：价格低廉；采用表印工艺；多是采用苯溶油墨；由于油墨位于承印层的表面，相对凹版印刷复合塑料包装袋，容易掉色；多用于服装、普通食品包装；属于低端包装。

2. 复合塑料包装袋

复合塑料包装袋价格较单层塑料包装袋高。采用镜像凹印，由于无苯无酮油墨在国内的推行，现在越来越多的厂家采用无苯无酮油墨。由于采用凹版印刷，印刷油墨位于承印层的内侧，然后复合，这样就不会造成因摩擦、氧化等问题造成颜色脱色，比单层塑料包装袋的表印要持久很多。复合塑料包装袋应用范围很广，如食品行业、化工行业、日用品等，属于中高端包装袋。

（三）按照包装功能分类

按照包装功能分类，塑料袋可分为通用型包装袋和专用包装袋。比如，复合包装袋中的三层包装袋，如 BOPP、PET、PE 组合，可用于大多数的包装场合，像枣包装袋、红糖包装袋、调味品包装袋、干果包装袋、糖果包装袋、烤鸭外包装袋、烧鸡外包装袋、鸡腿外包装袋等大多数产品可以采用此类包装材质。

1. 专用包装袋

专用包装袋比较常见，如大米包装袋、小米包装袋、种子包装袋、宠物杂粮包装袋。若承载重量超过 2kg，建议采用 BOPA（双向拉伸尼龙）、PE 组合或 PET、BOPA、PE 组合，BOPA 有很强的抗拉伸性、高阻氧性且质地柔软。

2. 高温蒸煮包装袋

高温蒸煮包装袋包括卤蛋包装袋、烧鸡内包装袋、烤鸭内包装袋、烧鸽内包装袋、鸡腿内包装袋等熟食内包装袋，多采用 BOPA、RCPP（蒸煮级 CPP）组合，因为 BOPA 及 RCPP 均有耐高温性，分别在 30min 121℃、131℃高温中，都没有问题。也有客户为了体现包装产品的档次而采用 BOPA、AL（镀铝聚酰亚胺）、RCPP 组合。

3. 化工产品包装袋

化工产品包装袋包括农药包装袋、化工腐蚀性产品包装袋，多采用 PET、BOPA、AL、CPP 组合，但由于其采用抗腐蚀胶复合，而 CPP 具有一定的透气性，长时间使用的话，若腐蚀性液体通过 CPP 接触抗腐蚀胶，可能造成脱层。

4. 洗化产品包装袋

洗化产品包装袋包括洗衣粉包装袋及洗衣液自立吸嘴袋等。洗衣粉包装袋主要是以 BOPP、乳白 PE 组合为主，也有采用 BOPP、PET、乳白 PE 组合的。

（四）按照袋形分类

按照袋形分类，塑料袋包括自立包装袋、自立拉链袋、三边封拉链袋、自立吸嘴袋、异形袋、普通三边封袋、背封枕形袋、五边封袋、中封袋等。

三、塑料袋的性能特点及其应用

（1）聚乙烯是塑料袋、塑料制品用量很大的重要材料，是目前比较理想的接触食品袋材料，市场上的食品包装袋一般用该材料制成。聚乙烯塑料袋轻盈透明，具有理想的防潮、抗氧、耐酸、耐碱、热封性等优势，而且无毒、无味、无臭，符合食品包装有关的卫生标准。

（2）聚氯乙烯是目前仅次于聚乙烯的第二大塑料品种，是塑料包装袋、复合袋、真空袋等的理想材料，也可用于书刊、文件夹、票证等封皮的包装装潢等。

（3）低密度聚乙烯是塑料包装印刷工业中用量最大的品种，适用于吹塑法加工成管状薄膜，适用于食品包装、日化用品包装、纤维制品包装等。

（4）高密度聚乙烯塑料袋耐热耐蒸煮、耐寒耐冷冻，防潮、防气、隔绝性能好，且不易破损，强度为低密度聚乙烯塑料袋的2倍。

（5）双向拉伸聚丙烯薄膜的机械强度、对折强度、气密性、防潮阻隔性优于普通塑料膜。这种塑料膜透明度极好，印刷后色彩格外光亮美观，是塑料复合软包装的重要材料。

（6）收缩薄膜也是塑料包装袋的常用基材，在使用过程中受到热空气处理或红外线照射便会收缩，经热处理后紧裹在被包装物上，收缩力在冷却阶段达到最大值，并能长期保存。

四、塑料袋的危害

塑料袋在给生活带来极大便利的同时伴随着对环境和人们的危害，这些危害是长久的。

塑料袋回收价值较低，在使用过程中除散落在道路、景区、水体等的表面造成“视觉污染”外，还存在着潜在的危害。塑料结构稳定，不易被天然微生物分解，在自然环境中长期不降解。这就意味着废塑料袋如不加以回收，将在环境中变成污染物永久存在并不断累积，会对环境造成极大危害。

（1）影响农业发展。废塑料制品混在土壤中并不断累积，会影响农作物吸收养分和水分，导致农作物减产。

（2）对动物生存构成威胁。抛弃在陆地上或水体中的废塑料制品，被动物当作食物吞入，导致动物死亡。例如，羊吃了塑料袋中夹裹着的油性残留物，却常常连塑料袋一起吃下去，由于吃下的塑料长时间滞留在胃中难以被消化，这些羊的胃被挤满了，再也不能吃东西了，最后只能被活活饿死。类似的事件在动物园、牧区、农村、河湖中屡见不鲜。

（3）废塑料随垃圾填埋不仅会占用大量土地，而且被占用的土地长期得不到有效恢复，影响土地的可持续利用。

（一）塑料袋的毒性鉴别

常用的食品塑料袋主要由聚乙烯薄膜制成，该薄膜无毒，故可用于盛装食品。还有一种薄膜为聚氯乙烯薄膜，聚氯乙烯本身无毒性，但根据薄膜的用途所加入的添加剂往往是对人体有害的物质，具有一定的毒性。因此，这类薄膜及由该薄膜制作的塑料袋均不宜用来盛装食品。如要鉴别聚氯乙烯塑料袋和聚乙烯塑料袋，可用下面的简单方法进行。

1. 聚乙烯薄膜（无毒性）

聚乙烯薄膜呈乳白色，半透明状（几层叠起来观察尤其明显），摸起来较润滑，好像表面涂一层蜡，用力抖动时声音发脆，遇火易燃且火焰呈黄色，燃烧时有黏液滴落并有蜡烛燃烧时发出的气味。

2. 聚氯乙烯薄膜（一般有毒性）

聚氯乙烯薄膜如不加色素，呈现透明状，其表面摸起来有些发黏，用力抖动时声音低沉，遇火不易燃烧，离开火焰即熄灭，火焰呈绿色。

另外，还有以下几种鉴别方法：①感官检测法。无毒塑料袋呈乳白色、半透明或无色透明，用手摸时有润滑感；有毒塑料袋颜色混浊或呈黄色，用手摸时发黏。②水检测法。把塑料袋置于水中并按入水底，无毒塑料袋大约有浮出水面的趋势，有毒塑料袋则有下沉的趋势。③火烧检测法。无毒塑料袋易燃，火焰呈蓝色，燃烧时像蜡烛泪一样滴落，并散发出石蜡燃烧的味道；有毒塑料袋不易燃，离火即熄并散发出刺激性气味。④抖动检测法。用手抓住塑料袋一角用力抖，发出清脆声音者无毒，声音闷涩者有毒。

注意：一般不要用聚氯乙烯塑料袋来盛装食物，如果硬是要装，不能装过烫的食物。切忌所装物品不可与聚氯乙烯塑料袋发生化学反应。

3. 市场上常见的几类塑料袋

现在市场上使用的塑料袋中，有的是不允许用来盛装食品的。这样的塑料袋有三种：一种是既不能沾皮肤又不能放食物的，只能用来装建筑材料；另一种用来装服装；还有一种可勉强用来盛放食品。有些塑料制品中加入了稳定剂，而这些添加的稳定剂主要是硬脂酸铅，会造成积蓄性铅中毒。

（二）用塑料袋盛食物的危害

专家指出，食品尤其是熟食，用塑料袋包装以后，常常容易变质，人吃了这类变质食品后，易引起呕吐、腹泻等食物中毒症状。此外，塑料本身会释放出有害气体，在密封的塑料袋中长期积聚，其浓度随密封时间增加而升高，致使袋中食物受到不同程度的污染，对儿童健康发育的影响尤为突出。

（1）摊点上经常使用的颜色特别深的塑料袋有着巨大的危害。它往往是用回收的废旧塑料制品重新加工而成的，对人体的危害极大，不能用来装直接入口的食品。另外，不能用聚氯乙烯塑料制品存放含酒精的食品、含油的食品；否则，袋中的铅就会溶入食品中。同时，这种塑料袋也不能盛装温度在50℃以上的食品。

（2）有关专业人士指出，目前市场上销售和使用的塑料袋，绝大多数是由各地小型企业或作坊生产的，其中有相当数量的再生塑料制品，是利用垃圾站回收的废旧塑料、工业废弃物和医疗机构丢弃的塑料垃圾加工而成的，未经消毒处理，就私下将其加工制成食品袋投入使用。这些再生塑料制品含有严重超标的病菌和致癌物，用这种塑料制品包装直接入口的食品，对消费者的身体健康造成严重的不利影响。这样的塑料袋含有大量的、肉眼无法看到的病菌，长期使用这样的塑料食品袋极易导致慢性食物中毒。

（3）目前在摊点上使用的多是透明的、价格低廉的薄膜塑料袋，大多数用聚氯乙烯树脂加工而成，多数属于再生材料。生产再生塑料袋是对塑料的二次利用，能节约成本，减少白色污染，给环境和社会带来很大好处。同时，再生塑料袋极大地方便了人们的生活，是人们日常生活中必不可少的用品。但是，再生塑料袋用于盛装食品却不是那么简单的事。这种含有聚氯乙烯的塑料袋，遇到高温会释放出铅等有毒物质。当温度超过50℃时，塑料袋里面的有毒成分就会渗出，从而污染食物，对人体造成危害；当温度达到80℃时，这种塑料袋会遇热熔解，释放出有毒的物质来。热（熟）食的温度一般在40℃以上，而刚炸出来的油条和刚出锅的豆浆，两者的温度大约为90℃。随着温度的增高，塑料袋中有毒物质活动加剧，易被食物吸收而进入食者腹内，时间长了，必将引起食者慢性中毒。

（三）可以用来装食物的塑料袋

能够装入口食物的塑料袋必须是达到食品级标准的专用食品袋，可这种塑料袋造价比较高，大多数早餐摊并没有使用，条件允许的话最好是不用塑料袋装食品。

（四）塑料袋的危害排序

在生活中，白色塑料袋（食品包装袋当然也是）的危害最小，绿色（或红色）塑料袋的危害高于白色塑料袋，黑色塑料袋的危害最大。

（五）塑料袋燃烧产生的物质也很可怕

塑料袋越来越多，塑料垃圾的处理也就成了一个棘手的问题。如果你认为焚烧可以解决这个问题，那就大错特错了。塑料袋燃烧后会产生一种叫二噁英的致癌物质，此物质久久悬浮于空气中，随着空气被吸入人体且极难被排出，当体内的二噁英达到一定含量后就会引起分娩异常、雄性雌性化等一系列疾病。

（六）不要用塑料桶盛装食用油

用塑料桶装食用油，对人体的危害主要有以下几点：①引起贫血、血尿、肾脏肿大；②引起人的肝脏病变；③引起神经系统、大脑中枢的病变。

第七节　刑侦技术鉴定塑料薄膜

在化工行业中，塑料薄膜一般是指厚度在0.25mm以下的平整而柔软的塑料制品。作为一种广泛应用的软包装材料，塑料薄膜具有质轻、柔软、成本低和性价比高等优点，已遍布生产、生活的许多领域，购物袋、垃圾袋、冰箱保鲜袋、日用品包装等大量地采用塑料包装薄膜。塑料薄膜是刑事技术鉴定工作中经常遇到的物证检材之一，诸如碎尸、爆炸、毒品案件中常见的包装用塑料薄膜。包装用塑料薄膜最普遍的原材料是低密度聚乙烯，广义来说包括线型低密度聚乙烯（LLDPE）。还有大量的高密度聚乙烯、聚丙烯、聚氯乙烯、聚偏氯乙烯、聚酰胺（尼龙）及其他塑料种类也都用于包装。

一、塑料薄膜物证检验的目的

通过对刑事案件中塑料薄膜物证检材的检验，旨在解决以下几个问题：

（1）确定现场提取的薄膜物证检材是否是塑料、是何种塑料，即确定与案件有关的塑料薄膜制品是由何种树脂组成的。

（2）确定现场发现的塑料薄膜检材与从嫌疑人处提取的塑料薄膜样本是否相同，此时不仅要认定这两者的树脂种类，还应对各种助剂及各物理参数进行测定，即确定两者的组成及其含量是否相同。

（3）在具备可靠的分离特征条件下，确定分离的塑料薄膜碎片是否来源于同一整体，不仅要对其成分进行检验，还要对其形貌、边缘茬口等痕迹进行识别。

及时准确地检验这些塑料薄膜物证检材，达到检验目的，可以为侦破案件提供线索，指明方向，从而缩小侦查范围，为证实犯罪提供科学依据，对认定犯罪嫌疑人、明确案件的性质也将起到重要作用。

二、塑料薄膜物证检验方法

我国刑事科学技术专家早在20世纪80年代就注意到了塑料物证在刑事侦查破案中的作用，经过不懈的努力，目前在刑事科学技术领域对塑料薄膜物证的检验鉴定主要可分为以下5类：

（一）表面附着物的检验

塑料薄膜附着物是指诸如塑料薄膜上附着的手印、微量物证、血液、头发、纤维等痕迹和物证，是刑事案件现场提取的塑料薄膜物证上常见的附着物物证。这些物证经提取后可以进行各自的检验鉴定，实现其价值作用。

（二）肉眼检验

肉眼检验主要是对塑料薄膜物证的透明度、颜色、硬度、表面图案、外观形态等物理性质进行观察。在刑事案件中遇到数片或数块检材时，按照检验鉴定的规范程序，对这些塑料薄膜（探析物证）进行的拼接检验，都属于对塑料薄膜物证的肉眼检验。

（三）物理学检验

在一些案件中，如果发现特殊种类的塑料薄膜，可以用物理学方法与同类塑料薄膜进行比较鉴别。这样的物理学鉴别会证实源于已知检材的可疑样本。塑料薄膜加工痕迹的比对检验、荧光检验和密度检验都是常用的物理学检验方法。

（四）化学检验

塑料薄膜物证化学检验法主要指微量化学可溶性和颜色试验。应用这些粗筛试验可指示塑料薄膜原材料的化学性质。如果检材量大，也可观察在不同试剂中的溶解情况。

（五）仪器分析

对塑料薄膜的仪器分析旨在确定其化学成分。若用仪器分析两种塑料薄膜具有相同的组成成分，则提示它们可能具有相同的来源。仪器分析法是目前对塑料薄膜物证检验的最常用方法，包括红外光谱法，裂解气相色谱法，有机助剂、无机助剂检验法和热分析法等。

三、塑料薄膜物证检验的程序规范探析

塑料薄膜物证的检验方法可以视现场提取检材的不同状态情况进行选择，同一个检材可以选择一种检验方法，也可以先后选择几种检验方法。近年来，刑事技术人员不断探索系统的物理、化学检验方法，旨在科学有效地对刑事案件现场提取的全部塑料薄膜物证进行检验鉴定。在这一探索的过程

中，相关人员不断发现检验塑料薄膜物证的多种方法，都会使物证本身发生一些或化学性能或物理特性的变化，从而影响其他检验方法的进一步应用。有的一旦选用了某种检验方法，即使未获得成功也无法再使用其他检验手段。有的尽管得出了检验结果，但因检材受损，而无法进行复检和重新鉴定。因此，刑事技术人员在检验开始前，必须明确对检材的检验方案，只有选择适用的检验方法和合理的检验步骤，才能科学有效地利用检材为侦破案件服务。

选样的原则应该是先选择不会使塑料薄膜检材产生变化和损害的检验方法，后选择产生变化和损害的检验方法，即按照“先物理后化学，先无损后有损”的检验程序规范。

下面就塑料薄膜物证的检验方法分别进行分析，通过研究各种检验方法对塑料薄膜检材的影响以探索科学的检验程序。

（一）塑料薄膜附着物的检验

塑料薄膜检材上附着的手印、微量物证、血液、头发、纤维等附着物往往黏着在薄膜检材的表面，采取一定的方法，在不损害塑料薄膜检材的基础上可以提取附着物进行进一步的检验鉴定。因此，附着物的提取既不会改变塑料薄膜的性能，也不会改变它的外观特性，是无损的检验步骤。这一检验应该是检验规范程序中的第一个步骤。

（二）肉眼检验法

对塑料薄膜物证的透明度、颜色、硬度、表面图案、外观形状等物理性质的肉眼观察法，是对塑料薄膜检材的初步筛选。这种方法不会损害检材，也不会改变其外观特性，是无损的检验方法。这种检验方法也是检验程序规范中的第一个步骤。

肉眼检验法中还包括对塑料薄膜物证的拼接比对检验法，即对案件中遇到的体积较大或数量较多的塑料残片、碎块检材，与原来塑料脱落部位或残缺部位进行组合拼接，拼合检验具有同一认定的作用，而且是一种无损检验方法，是检验程序规范中的第二个步骤。

（三）物理学检验法

塑料薄膜物证的荧光检验法是指在紫外线照射下对检材产生的不同颜色和不同强度的荧光做比对分析，确定检材是否同一的检验方法。此方法依据的是塑料的荧光现象。紫外线照射通常不会对检材造成破坏，它是一种无损检验方法，是检验程序规范中的第三个步骤。不同种类塑料由于所用原材料不同，其密度也有着明显差异。塑料薄膜物证的密度检验法通常采用配制已知密度的系列标准溶液，通过对塑料物证检材与嫌疑样本密度进行比对的方法来测定密度。此方法对检材也无损害，也是检验程序规范中的第三个步骤。

塑料薄膜加工痕迹是指在塑料薄膜袋（带）的产品表面或内部，由加工过程和加工工艺而遗留下的，可以表现同一批产品特定特征和规律的线条痕迹或其他细节痕迹。在塑料薄膜制造过程中形成多种多样的条纹和压膜印迹标记，这些分类性质和独特标记可用来与已知标本比对，并在最终的结果中显示两个塑料薄膜客体是否具有相同的来源。这种利用透射光照射显现塑料薄膜加工痕迹的检验方法也是一种无损检验方法，也是检验程序规范中的第三个步骤。

（四）化学检验法

塑料中合成树脂的主要化学成分是碳、氢、氧等，高温时往往会形成可燃性的挥发物，因此有不同程度的可燃性。根据塑料是否燃烧及在燃烧过程中所产生的火焰、烟、气味、灰烬和燃烧速度等可以确定检材的种类。燃烧法是一种有损检验方法，只有当塑料薄膜检材量较大时，才可以采用燃烧法区分塑料种类，这是检验程序规范中的第四个步骤。根据试剂与各种塑料成分的作用不同，而产生不同色泽的变化，从而来确定塑料的种类范围，这是塑料薄膜物证的着色试验检验法。同样，此方法也对检材产生破坏，是一种有损检验方法，也是检验程序规范中的第四个步骤。

（五）仪器分析法

和对其他合成物证一样，对塑料薄膜的仪器分析旨在确定塑料薄膜的化学成分。若用仪器分析得知两种塑料薄膜具有相同的组成，则提示它们可能具有相同来源。仪器分析法是目前常用的塑料薄膜物证的检验方法。仪器分析法中有的属于有损检验方法，有的属于无损检验方法。

1. 扫描电镜-射线能谱仪法

由于各种塑料所用的添加剂和其他助剂不同，所含无机元素也就不同，通常采用扫描电镜-射线能谱仪对塑料直接进行微区分析，测定塑料所含无机元素的种类和含量。塑料薄膜物证无机成分的检验法在塑料的同一性认定中有重要作用，是一种无损检验方法，也是检验程序规范中的第三个步骤。

红外光谱法主要对塑料中的树脂进行检测。塑料或塑料配合材料有其特定的红外光谱图，且图谱相当复杂，这就如同人的指纹一样，因此这种检验结果准确可靠。将检材的红外光谱图与标准的红外光谱图进行比较，如果两张光谱图中相应的谱带完全一致，则检材与标准物就是同种塑料。红外光谱法检验塑料薄膜物证属于无损检验，不破坏检材成分，一份检材可以多次利用，也是检验程序规范中的第三个步骤。

2. 裂解气相色谱法

在一定温度下，塑料在裂解器中被裂解成低分子碎片，再随载气进入色谱柱进行分离和鉴定。由于塑料在一定条件下裂解是遵循一定规律的，因此所得到的裂解产物就具有特征性，得到的谱图有利于比对分析。此方法因裂解使检材遭到破坏，属于有损检验方法，是检验程序规范中的第四个步骤。

当塑料检材和嫌疑样本的种类相同时，为了提供更可靠的鉴定结论而需要进一步认定时，将其有机助剂进行分离，然后采用薄层色谱法、紫外-可见光谱法或荧光光谱法对有机助剂进行定性检验。这种检验方法是一种有损检验方法，要根据检材的情况，达到既定的数量才能完成，是检验程序规范中的第四个步骤。

3. 差热分析法

该方法也是塑料薄膜分析中应用得较多的方法。差热分析是指在程序控制温度下，测量试样与参照物之间的温差与温度的关系。所得的差热曲线不仅与合成树脂的种类有关，而且与各种助剂及工艺条件等因素有关，可对检材进行比对分析，进行同一认定。这种塑料薄膜检验方法在一定温度范围内是无损检验方法。但值得注意的是，塑料薄膜由于温度过高会有老化现象，当出现老化现象时，该方法便成为一种有损检验方法。由此可见，这种方法应该是检验程序规范中的第四个步骤。

（六）塑料薄膜物证检验程序规范的四步法

从以上的分析可以看到，塑料薄膜物证的检验程序规范根据检验方法对薄膜物证产生的影响可以分为四个步骤：

第一个步骤主要是对塑料薄膜物证表面附着物的提取检验。在这个步骤中应用安全的提取手段方法，是进行其他检验步骤的前提，对塑料薄膜检材无影响。

第二个步骤主要是利用肉眼对塑料薄膜的各种特性进行观察检验。在这个步骤中对塑料薄膜检材的物理、化学性能均无影响。

第三个步骤主要包括物理检验的各种方法和化学检验的无损检验方法。这些方法都能够无损地检测塑料薄膜检材，应该是刑事技术人员优先选择的检验方法。

第四个步骤主要是化学检验法、裂解气相色谱法、助剂成分检验法等，这些方法都是有损检验方法，在检验中要根据提取检材的数量和重量而定，而且在检材量不充分时，要求检验必须一次成功。因此，这些方法是刑事技术人员在完成无损检验后考虑采用的检验方法。

四、结语

塑料薄膜物证在刑事案件中的检验，必须遵循一定的检验程序步骤，总体上按照先物理后化学、先无损后有损的原则。检验的步骤程序可以跳过，但顺序不可以颠倒，否则，必然影响塑料薄膜物证的有效利用和证明作用。面对近年来化学检验法和仪器分析法的进一步发展，塑料薄膜物证的有损检验技术已经有了长足的进步，相比之下无损检验的一些方法还处在起步的阶段。无损检验方法由于具有方便、快捷、无损的特点，正受到越来越多的刑事技术人员关注，今后无损检验方法必将成为塑料薄膜物证检验技术研究的热点课题。值得注意的是，一直以来由小作坊生产的塑料薄膜产品因其生产设备简陋、产品质量差，而使塑料薄膜物证特征性不明显，这一度给刑事技术人员的检验工作带来了很大的麻烦。2008 年 6 月 1 日我国开始实施“限塑令”以来，市场上流通的塑料薄膜产品的种类大大减少，流通的大多是经过注册的正规企业生产的塑料薄膜制品。这些正规产品都有固定的成分和性能特征，这就给刑事侦查领域建立塑料薄膜制品数据库提供了很好的前提条件。相信在塑料薄膜制品数据库不断完善和检验技术不断提高下，刑事案件中的塑料薄膜物证对侦破案件必将起到更重要的证据作用。

第八节 案例分析

案例一

某年 4 月 17 日，犯罪嫌疑人袁某、张某分别被侦查人员抓获，在张某的行李箱内搜查出用塑料自封袋包装的海洛因 20 包，其中用大规格塑料自封袋包装的有 19 包，用小规格塑料自封袋包装的有 1 包，合计重量 489g。同时，在袁某的行李箱内搜查出崭新的塑料自封袋 37 只，其中大规格的有 29 只，小规格的有 8 只。经审讯得知，袁某否认毒品系从广州带来，但张某供述毒品在广州由袁某分装。根据办案单位要求，需要检验上述 2 种规格自封袋的尺寸是否一致、同规格的自封袋是否由同一台设备生产。

（一）自封袋生产过程简介

塑料自封袋是用聚乙烯制成的一种密封袋。塑料自封袋的生产过程是：将塑料粒子加入下料斗中，从料斗进入螺杆，当塑料粒子与螺纹斜棱接触后，旋转的斜棱将塑料粒子向前推移，在推移过程中塑料粒子经挤压摩擦发热，并在外部加热共同作用下逐步熔化，熔融后得到的塑料液体从模具口挤出，经吹胀、风环冷却、牵引架拉伸后形成塑料薄膜，再经收卷架收卷成薄膜筒料，制袋机封口制袋形成塑料自封袋。

（二）对自封袋的检验

首先，对检材和样本的塑料自封袋进行尺寸测量。用游标卡尺分别对 2 种规格的塑料自封袋检材和样本进行测量，测得大规格的塑料自封袋尺寸为长 105mm、宽 73mm、封口高度 16. 5mm，小规格的塑料自封袋尺寸为长 35. 3mm、宽 25mm、封口高度 9mm。2 种规格塑料自封袋的检材和样本在尺寸上一致。

然后，对塑料自封袋检材和样本表面的加工痕迹进行检验。用双目立体显微镜观察，分别在自封袋检材和样本的外表面发现有平行于袋口的线条状加工痕迹，且线条清晰。于是将 2 种规格自封袋的检材和样本分别放在比对显微镜上进行比对检验，发现同一规格的自封袋在固定位置有清晰明显的线条状痕迹，且线条的形态、粗细和相互位置关系均相吻合。这些特征的存在，形成了特定的总和，反映出模具特征的特殊本质，为自封袋的种类特征检验提供了客观依据（图 3-11）。

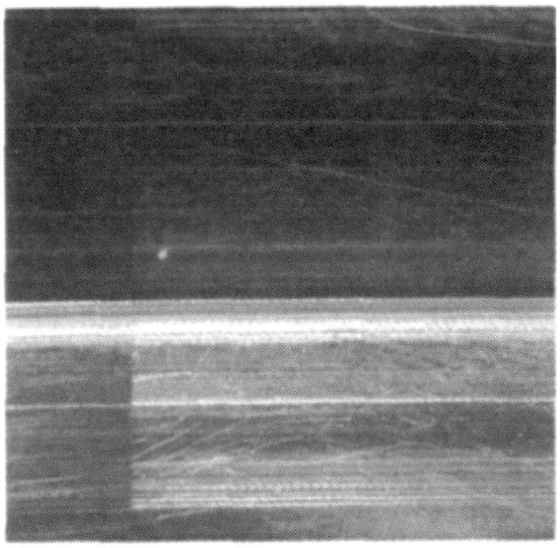

图 3-11 自封袋（长 105mm、宽 73mm）痕迹对比

为了印证上述结论，笔者从市场上购买了某公司生产的相同规格的自封袋进行比较检验，发现自封袋表面也有线条状痕迹，但在形态、粗细和相互位置关系上均与本案送检的自封袋上的线条痕迹有很大差异。

（三）讨论

通过对塑料自封袋生产工艺的了解，知道熔融后的塑料从模具口挤出并牵引拉伸，液体塑料在成型为薄膜时，由于此时材质可塑性强且在移动时与模具内壁相摩擦，会将模具内壁的加工痕迹或瑕疵作用于塑料薄膜表面，形成细微的线条状痕迹。模具加工痕迹可作为检验塑料薄膜产自同一模具的依据是：①不同规格的自封袋在吹塑过程中所使用的模具规格不同；②不同自封袋生产厂家所使用的吹塑模具的品牌可能不同；③由于吹塑模具的制造采用金属加工法，加工过程中在模具内壁会留有金属镗、铣、刨等加工痕迹或瑕疵，因此同一品牌、型号的多个模具吹塑形成的塑料薄膜，其表面遗留的擦划线条数量、粗细程度和遗留位置各不相同。

案例二

2011 年 3 月，在北京经济技术开发区发生一起杀人碎尸案件，作案人把装有尸块的行李箱扔在了凉水河旁边的树丛里，因为周围没有投入使用的监控设备，所有的这些信息发掘工作都围绕着这个行李箱展开。在对这个行李箱里面的物证进行检验的时候发现，存在黑色的装裹尸块的塑料袋。

警方对于这个塑料袋的尺寸、压边、断口、厚度、材质等几个方面的属性进行检验，并与市面上出售的类似的这些塑料袋进行比对，发现这个塑料袋是某品牌的简约组合的塑料袋。稍后经过仔细查询，这个塑料袋在某超市进行出售。

另外，在现场还发现了在塑料袋上面有一个透明的塑料胶带，注意到塑料胶带上面有一个螺旋形的花纹特征。刑侦人员从这个特征上面准确地推断出这可能是常见的劳动保护用的塑胶手套上面的防滑纹。

根据这些宽度、印痕、长度、厚度、材质方面的特征，与市面上经常见到的这些品牌商品进行比较，然后确认了现场这个痕迹是某品牌塑胶手套所遗留的痕迹。

在北京有家乐福、华润万家等一共 5 家超市出售这种商品，通过大数据分析就锁定了一张购物小票。在这个购物小票显示的信息里面，包括塑胶手套和黑色的垃圾袋，还有斩骨刀和一些其他的刀具，进而锁定了一个重要犯罪嫌疑人。

第四章　日用塑料制品

第一节　日用塑料制品成型工艺

一、日用塑料制品的主要成型方法

塑料的成型加工是指由合成树脂制造厂制造的聚合物制成最终塑料制品的过程。加工方法（通常称为塑料的一次加工）包括压塑（模压成型）、挤塑（挤出成型）、注塑（注射成型）、吹塑（中空成型）、压延等。

日用塑料制品的主要成型方法有注射成型、挤出成型、压制成型、吹塑成型、压延成型等。

（一）注射成型

注射成型是指塑料先在注塑机的加热料筒中受热熔融，后由往复式螺杆将熔体推挤到闭合模具的模腔中成型的一种方法。它不仅可在高生产效率下制得高精度、高质量的制品，而且可加工的塑料品种多、产量大（约为塑料总量的1/3）、用途广，因此是日用塑料加工中重要的成型方法之一。

（二）挤出成型

挤出成型又称为挤塑成型，主要适合热塑性塑料的成型，也适合部分流动性较好的热固性和增强塑料的成型。挤出成型是塑料加工领域中变化众多、生产效率高、适应性强、用途广泛、所占比重最大的成型加工方法。它是使塑料熔体（或黏弹性流体）在挤出机的螺杆或柱塞的挤压作用下通过一定形状的口模而连续成型，所得的制品为具有恒定断面形状的连续型材。挤出机口模的横截面形状决定了挤出制品的横截面形状，但由于冷却、受力等各种因素的影响，挤出后制品的横截面形状和模头的挤出横截面形状并不是完全相同的。

（三）压制成型

压制成型主要用于热固性塑料的成型。根据成型物料的性状和加工设备及工艺的特点，压制成型可分为模压成型和层压成型两种。

1. 模压成型

模压成型又称压缩模塑，是热固性塑料和增强塑料成型的主要方法。其工艺过程是：将原材料在已加热到指定温度的模具中加压，使原材料熔融流动并均匀充满模腔，在加热和加压条件下经过一定时间，使原材料形成制品。模压成型制品质地致密、尺寸精确、外观平整光洁、无浇口痕迹、稳定性较好。模压成型的制品有电气设备（插头和插座）、锅把、餐具把手、瓶盖、马桶、雕花塑料门等。

2. 层压成型

层压成型是指以片状或纤维状材料作为填料，在加热、加压条件下把相同或不同的材料的两层或多层结合成为一个整体的方法。层压成型的制品质地密实、表面平整光洁。层压成型工艺由浸渍、压制和后加工处理三个阶段组成，多用于生产增强塑料板材、管材、棒材及模型制品等。

（四）吹塑成型

吹（胀膜）塑（或称中空吹塑）是指借助流体（压缩空气）压力将闭合模中热的热塑性塑料型坯或片材吹胀成为中空制品的一种成型方法。将从挤出机挤出的熔融热塑性原材料，夹入模具，然后向原材料内吹入空气，熔融的原材料在空气压力的作用下膨胀，向模具型腔壁面贴合，最后冷却固化成为所需形状的产品。吹塑成型分为薄膜吹塑和中空吹塑两种，主要用于制造塑料薄膜、中空塑料制品（瓶子、包装桶、喷壶、油箱、罐、玩具等）。用于吹塑成型的树脂主要有聚乙烯、聚氯乙烯、聚碳酸酯、聚丙烯、尼龙等材料。

（五）压延成型

压延成型是指将熔融塑化的热塑性塑料通过两个以上的平行异向旋转辊筒间隙，使熔体受到辊筒挤压延展、拉伸而成为具有一定规格尺寸和符合质量要求的连续片状制品，最后经自然冷却成型的方法。目前压延成型以 PVC 制品为主，主要有软质 PVC 薄膜和硬质 PVC 片材两种。此处以 PVC 薄膜生产为例来叙述一个完整的压延成型过程。PVC 薄膜的压延成型工艺是：以 PVC 树脂为主要原材料，按薄膜制品的用途不同，把其他辅料（增塑剂、稳定剂、填加料及其他辅料）按配方的不同比例，经计量混合，加入 PVC 树脂中，由高速混合机搅拌混合均匀；再经过密炼机、挤出机或开炼机混炼、预塑化，输送到压延机上压延成型；然后，通过冷却辊筒的降温定型形成制品。

二、日用塑料制品主要成型工艺的优缺点

（一）注射成型的优缺点

1. 注射成型的优点

（1）成型周期短。

（2）能一次成型外形复杂、尺寸精确、带有金属或非金属嵌件。

（3）注射成型对各种塑料的适应性很强。

（4）生产效率高，易于实现全自动化生产。

2. 注射成型的缺点

（1）生产大面积结构制件时，高的熔体黏度需要高的注塑压力，高的注塑压力要求大的锁模力，从而增加了机器和模具的费用。

（2）生产厚壁制件时，难以避免表面缩痕和内部缩孔，塑料件尺寸精度差。

（3）加工纤维增强复合材料时，缺乏对纤维取向的控制能力，基体中纤维分布随机，增强作用不能充分发挥。

（4）注射成型设备价格及模具制造费用较高，不适用于单件及较小的塑料件的生产。

（二）挤出成型的优缺点

1. 挤出成型的优点

（1）设备简单，投资少。

（2）连续生产，效率高。

（3）自动化生产，劳动强度低。

（4）操作简单，容易控制。

（5）产品均匀密实，质量高。

（6）产品品种众多，设备可以一机多用。

（7）生产设备设施占地面积小，生产环境清洁卫生。

2. 挤出成型的缺点

（1）成型过程复杂。

（2）挤出制品的形状和尺寸精度都相对较低。

（三）吹塑成型的优缺点

1. 吹塑成型的优点

（1）吹塑机械（尤其是吹塑模具）的造价较低（成型相似的制品时，吹塑机械的造价为注射机械的 1/3～1/2），制品的生产成本也较低。

（2）吹塑中，型坯是在较低压力下通过机头成型并在低压（一般为 0.2~1.0MPa）下吹胀的，因而制品的残余应力较小，耐拉伸、冲击、弯曲等多种应变性能较高，具有较好的使用性能。

（3）易于改变制品的壁厚，这对无法预先准确计算所需壁厚的制品很有利。

（4）可以生产壁厚很小的制品。

（5）可以生产形状复杂、不规则且为整体式的制品。

2. 吹塑成型的缺点

（1）吹塑制品的精度不够高。

（2）设备成本较高。

第二节　塑料盆

塑料盆专指用来盛放物品的钵状容器，其形状要比钵大且由塑料制成，故称塑料盆（图 4-1）。市场上普通塑料盆的原材料为通用塑料，一般是指产量大、用途广、成型性好、价格低廉的塑料。通用塑料有五大品种，即聚乙烯、聚丙烯、聚氯乙烯、聚苯乙烯及丙烯腈-丁二烯-苯乙烯共聚物，它们都是热塑性塑料。

一、塑料盆的主要原材料

（一）聚乙烯

聚乙烯是塑料中分子结构最简单的一种，价格相对较低，具有优良的电气绝缘性及很好的耐化学腐蚀性，容易加工成型，是目前世界上产量最高的塑料之一。最先发明的聚乙烯是用高压法得到的低密度聚乙烯（密度为 0.910~0.925g/cm^3），其次是用低压及中压法得到的高密度聚乙烯（密度为 0.941~0.965g/cm^3）。

图 4-1　塑料盆

1. 聚乙烯的结构

聚乙烯的化学组成元素为碳和氢，重复结构单元为—CH_2—CH_2—，是主链为碳原子组成的线型高聚物。依据聚合方法的不同，其产物结构不同，高压法合成的聚乙烯平均每 1000 个碳原子中含有 15~20 个支链，其中短支链为甲基、长支链为烷基（如正丁基等），而中压法和低压法合成的聚乙烯基本上无支链。

高压聚乙烯的相对分子质量为 25000~50000，结晶度为 50%~60%，密度为 0.91~0.93g/cm^3，熔融温度为 115℃，一般称为低密度聚乙烯。

中压法合成的聚乙烯相对分子质量为 45000~50000，结晶度在 85%以上。

低压法合成的聚乙烯相对分子质量一般小于 350000，超过 1000000 的为超高相对分子质量聚乙烯，结晶度在 80%以上，密度为 0.92~0.97g/cm^3，熔融温度高于 127℃。

聚乙烯按照结构性能可以分为高密度聚乙烯、低密度聚乙烯、超高相对分子质量聚乙烯、线型低密度聚乙烯和茂金属聚乙烯。此外，它还有改性品种，如乙烯-醋酸乙烯酯和氯化聚乙烯等。

2. 聚乙烯的性能

（1）一般性能。聚乙烯树脂为无毒、无味的白色粉末或颗粒，外观呈乳白色，有似蜡的手感，吸水率低（小于 0.01%）。聚乙烯膜透明，且透明程度随着结晶度的提高而降低。聚乙烯膜的透水率小但透气性较强，不适用于保鲜包装而适用于防潮包装。燃烧时少烟，有少量熔融淌滴，火焰上黄下蓝，有石蜡气味。聚乙烯的耐水性较好。制品表面无极性，难以黏合和印刷，经表面处理有所改善。聚乙烯支链多，耐光降解和耐氧化能力差。

（2）力学性能。聚乙烯的力学性能一般，拉伸强度较低，抗蠕变性不好，耐冲击性好。冲击强度排序为 LDPE>LLDPE>HDPE，其他力学性能排序为 LDPE<LLDPE<HDPE。主要受密度、结晶度和相对分子质量的影响，随着这几项指标的提高，其力学性能增大。耐环境应力开裂性不好，但当相对分子质量增加时会有所改善。耐穿刺性好，其中 LLDPE 最好。

（3）热学性能。聚乙烯的热稳定性不高，随相对分子质量和结晶度的提高有所改善。耐低温性能好，脆性温度一般可达-50℃以下，并且随着相对分子质量的增大而有所降低。聚乙烯的线膨胀系数大，最高可达（20~24）$\times 10^{-5}$/K。热导率较高。

（4）电学性能。因为聚乙烯无极性，所以具有介电损耗低、介电强度大的电学性能优势，既可以用作调频绝缘材料、耐电晕性塑料，又可用作高压绝缘材料。

（5）环境性能。聚乙烯属于烷烃惰性聚合物，具有良好的化学稳定性。在常温下耐酸、碱、盐类水溶液的腐蚀，但不耐强氧化剂（如发烟硫酸、浓硝酸和铬酸等）。聚乙烯在 60℃以下不溶于一般溶剂，但与脂肪烃、芳香烃、卤代烃等长期接触会溶胀或龟裂；温度超过 60℃后，可少量溶于甲苯、乙酸戊酯、三氯乙烯、松节油、矿物油及石蜡；温度高于 100℃，可溶于四氢化萘。

由于聚乙烯分子中含有少量双键和醚键，其耐气候性不好，日晒、雨淋都会引起老化，需要加入抗氧化剂和光稳定剂来加以改善。

（6）加工特性。LDPE、HDPE 因为流动性好，加工温度低，黏度大小适中，分解温度较低，在惰性气体中在 300℃高温下不分解，所以是一种加工性能很好的塑料。但 LLDPE 的黏度稍高，需要增加电动机功率 20%~30%；易发生熔体破裂，需增加口模间隙和加入加工助剂；加工温度稍高，可达 200~215℃。聚乙烯的吸水率低，加工前不需要干燥处理。

（二）聚丙烯

聚丙烯是一种热塑性合成树脂，用途十分广泛，市场需求一直呈快速增长态势，在合成树脂中占有越来越重要的地位。聚丙烯最突出的性质是多面性，它能适合于许多加工方法和用途。它的价值和多面性主要来自于优良的耐化学品性能、在大宗热塑性塑料中最低的密度和最高的熔点、适中的成本。根据高分子链立体结构不同，聚丙烯有三个品种：等规聚丙烯（IPP）、间规聚丙烯（SPP）和无规聚丙烯（APP）。

聚丙烯与聚乙烯不同之处在于，前者每隔一个碳原子上就有一个甲基，这起到使链硬化的作用。除非这些甲基处于链的同一侧位置上，聚合物不会结晶。在 Natta 和 Ziegler（互相独立地）开发出立体定向催化剂之前，只能生产出软且粘连的无规立构聚丙烯。商业塑料的硬度和耐溶剂性源自它的结晶性。PP 的链比 PE 的链硬，因而 PP 有较高的熔化温度和抗张强度，但结晶度较低。

在 PP 链上间隔地插入乙烯（无规共聚），链会变得更缺乏规律和更柔软，从而降低聚合物的结晶度、模量、熔点和熔点锐度。典型的无规共聚物是比较透明的。当乙烯含量升高时，聚合物的结晶度越来越低，最后变成乙烯-丙烯橡胶（或称乙丙橡胶）（EPR）。

另一类重要的共聚物是抗冲击非均相共聚物。这些产品是由橡胶（有时为 PE）在均聚物基体中聚合而制得的。所用橡胶通常为 EPR，它生成一个与均聚物基体分离的相态，形成有光雾、半透明的外观。这些材料并非真正的嵌段共聚物，因为其中的橡胶相可被溶剂萃取。用 EPR 与 PP 共混可得类似的产品，抗冲击共聚物具有和均聚物相似的熔点。

相对分子质量和相对分子质量分布在 PP 加工过程中很重要。相对分子质量分布用重均相对分子质量与数均相对分子质量的比值来表示，高结晶度 PP 的这个比值可以高达 11；而用作织物的 PP 则可低至 2.1。这个比值在纤维纺丝过程中极为重要，而且影响到挤压、挤出物胀大、模塑内应力和定向过程。

像大多数聚合物一样，聚丙烯会氧化，特别是在熔化加工过程中。对于在高温下长期使用的 PP，则采用复杂的多组分稳定剂体系；对于限制气味或味道的场合，稳定体系必须非常简单。如果用于防阳光（紫外线），可加入炭黑或采用专门的稳定方法。

普通 PP 的抗张强度为 34MPa，弯曲模量约为 1723MPa。另外，有抗张强度为 100MPa、弯曲模量为 9650MPa 的玻璃填充级 PP。矿物填充级 PP 的弯曲模量可高达约 4480MPa，但抗张强度增加不多，在低于-75℃时仍保持延展性。抗张强度低至 186MPa 和弯曲模量低至 689MPa 的抗冲击共聚物已经不是最近出现的品种了。现代聚合反应过程能生产出可填补聚丙烯与烯烃橡胶之间空白的材料。除了强氧化剂和非极性溶剂外，PP 对化学侵蚀有很强的抵抗力。例如，发烟硝酸或热的浓硫酸能使 PP 降解，但浓度较低的溶液则对 PP 无害。如汽油、二甲苯和氯代烃等液体能使 PP 溶胀并变软。共聚物溶胀程度比均聚物高。PP 从这类溶剂中取出后，其尺寸又会恢复原状。由于 PP 表面惰性极大，如果不采用火焰处理或类似技术，很难在 PP 上进行印刷、涂漆及黏合。

聚丙烯的燃烧热很高，很难制成阻燃级产品，但市场上有几种牌号的阻燃级 PP 出售。PP 还是优秀的电绝缘体，其介电常数和损耗因数很低。它的耐湿性很好，但不是良好的阻隔氧气的材料。

1. 聚丙烯的特性

（1）物理性能。PP 为无毒、无臭、无味的乳白色高结晶聚合物，密度为 0.90~0.91g/cm^3，对水特别稳定（24h 在水中的吸水率为 0.01%），相对分子质量为 8 万~15 万。成型性好，但收缩率大，制造厚壁制品容易凹陷。制品表面光泽度好，容易着色。

（2）力学性能。PP 的结晶度高，结构规整，具有良好的力学性能。其强度和硬度、弹性都比较好，但在室温和低温下冲击强度较差，在相对分子质量增大时冲击强度也增大，但成型加工性能变差。PP 最突出的性能是抗弯曲疲劳性。其干摩擦系数与尼龙相似，在润滑油情况下不如尼龙。

（3）热性能。PP 具有良好的热稳定性，熔点为 164~170℃，制成的制品可在 100℃以上温度进行消毒灭菌；在不受外力的情况下置于 150℃环境中不变形。脆化温度为-35℃。

（4）化学稳定性。PP 的化学稳定性很好，除能被浓硫酸、浓硝酸侵蚀外，对其他各种化学试剂都比较稳定，但低相对分子质量的脂肪烃、氯化烃等能使 PP（聚丙烯）软化和溶胀。

（5）电学性能。PP 的高频绝缘性能优良，因为它几乎不吸水，所以绝缘性能不受湿度影响。PP 具有较高的介电系数，随着温度的上升，可以用来制作受热的电气绝缘制品，它的击穿电压也很高。PP 的抗电压、耐电弧性好，但静电度高，与铜接触易老化。

（6）耐气候性。PP 对紫外线很敏感，加入氧化锌、硫代二丙酸二月桂酯、炭黑或类似的乳白填料等可以改善其耐老化性能。

聚丙烯密度小，强度、刚性、硬度、热稳定性均优于聚乙烯，可在 100℃左右使用；具有优良的耐腐蚀性、良好的高频绝缘性，不受湿度影响，可以作为生产塑料盆的原材料。

2. 聚丙烯的生产工艺

聚丙烯的主要原材料是丙烯，目前它主要由石油炼制裂化所得的液化气及石油烃裂解气，进行馏分分离、提纯而制得。另外，丙烷脱氢也可制得丙烯。

（1）溶液法。溶液法是早期采用的方法。丙烯在 160~170℃的温度和 2.8~7.0MPa 的压力下进行聚合，所得到的 PP 溶解到溶剂中。这种方法可以迅速测定其聚合物黏度，易于控制相对分子质量和相对分子质量分布，但所生成的树脂相对分子质量低，特别是工艺流程长，无规物多达 20%~30%，生产成本极高。

（2）浆液法。早期的浆液法是指采用常规溶剂作为催化剂，将丙烯和催化剂加入几个串联的反应器中，在 50~80℃、1~2MPa 下进行聚合，生成的聚合物呈现出粉粒状并悬浮在稀释剂中，反应结束后的浆液经闪蒸脱除反应的单体、脱除催化剂残渣、脱除无规物、干燥造粒等工序得到成品。

（3）液相本体法。液相本体法是指将催化剂直接分散在液相丙烯中，进行丙烯液相本体聚合反应。以催化剂为中心的 PP 粉末在液相丙烯中不断生长，悬浮在液相丙烯中，随着催化剂停留时间增加，PP 颗粒在液相丙烯中的浓度增加。PP 颗粒跟随液相丙烯从反应器中不断流出，经闪蒸回收未聚合的丙烯单体，得到 PP 粉末产品。

（4）气相本体法。气相本体法是指将催化剂直接分散在气相丙烯中，进行丙烯气相聚合反应。在该生产工艺中，聚合反应热由于反应器中丙烯汽化而被撤除，未反应的气相丙烯经冷凝、压缩后回到反应器中。

聚丙烯树脂具有许多优良的特性和加工性能，它透明度高、无毒性、相对密度小、易加工、抗冲击、强度高、耐化学腐蚀、抗挠曲性与电气绝缘性好，并易于通过共聚、共混、填充、增强等工艺措施进行性能改进，使其能将韧性、力挺性、热稳定性等结合起来，因此它用途很广。加上原材料来源广、价格低廉，聚丙烯的应用范围日益扩大。目前，聚丙烯已被广泛应用到化工、化纤、建筑、轻工、家电、包装、农业、国防、交通运输、民用塑料制品等各个领域，在聚烯烃树脂中，是仅次于聚氯乙烯、聚乙烯的第三大塑料，在市场上占有越来越重要的地位。

由于聚丙烯具有良好的机械性能，它可以用来制造各种机器设备的零部件，经改性后可制造工业管道、农用水管、电机风扇、基模板等。

在汽车制造业方面，改性聚丙烯可以制造汽车上的许多内外部部件，如汽车方向盘、仪表盘、保险杠等。由于聚丙烯的相对密度小，制作交通工具的零件可以大大减轻其重量，从而节约大量能源。目前全部零件都用塑料为原材料制成的汽车即“全塑”汽车已经问世，而这类汽车的许多零件是用聚丙烯树脂制造的。在建筑领域中，聚丙烯用玻璃纤维增强改性或用橡胶、SBS（苯乙烯-丁二烯-苯乙烯三嵌段共聚物）改性后可制作建筑用模板，发泡后可用作装饰材料。

（三）聚氯乙烯

聚氯乙烯是世界第二大通用树脂，是由液态的氯乙烯单体经悬浮、乳液、本体或溶液法工艺聚合而成的，是应用最广泛的热塑性树脂。

1. 聚氯乙烯的性能

聚氯乙烯是无定型的线型、非结晶的聚合物，基本无支链，链节排列规整。其聚合度的数目一般为500~20000。聚氯乙烯树脂为白色粉末，相对密度约为1.4。聚氯乙烯塑料有较高的机械强度、良好的化学稳定性。

聚氯乙烯分子中含有大量的氯，使其具有较大的极性，同时具有很好的耐燃性。聚氯乙烯塑料有优良的耐酸碱、耐磨、耐燃烧和绝缘性能，但是对光和热的稳定性差。在不加热稳定剂的情况下，聚氯乙烯100℃时开始分解，130℃以上分解更快。受热分解出氯化氢气体，使其变色，即白色→浅黄色→红色→褐色→黑色。阳光中的紫外线和氧会使聚氯乙烯发生光氧化分解，因而使聚氯乙烯的柔性下降，最后发脆。同时，上述良好的力学和化学性能迅速下降。解决此问题的办法是在加工过程中加入稳定剂，如硬脂酸或其他脂肪酸的镉、钡、锌盐。

聚氯乙烯的抗冲击性能差，耐寒性不理想。硬质聚氯乙烯塑料的使用温度下限为-15℃，软质聚氯乙烯塑料为-30℃。聚氯乙烯的透水气率很低。硬聚氯乙烯长期浸入水中的吸水率小于0.5%，浸水24h为0.05%，选用适当增塑剂的软聚氯乙烯吸水率不大于0.5%。

聚氯乙烯室温下的耐磨性超过普通橡胶。聚氯乙烯的电学性能取决于聚合物中残留物的数量和各种添加剂。聚氯乙烯的电学性能还与受热情况有关，当聚氯乙烯受热分解时，由于氯离子的存在而降低其电气绝缘性。

2. 聚氯乙烯的生产工艺

PVC树脂可以用悬浮聚合、乳液聚合、本体聚合或溶液聚合四种基本工艺生产。聚合反应由自由基引发，反应温度和引发剂的浓度对聚合反应速率和PVC树脂的相对分子质量分布影响很大。悬浮聚合生产工艺成熟、操作简单、生产成本低、产品品种多、应用范围广，一直是生产PVC树脂的主要方法，目前世界上90%的PVC树脂（包括均聚物和共聚物）都是出自悬浮法生产装置。

PVC树脂生产技术已经十分成熟。经过30多年的发展，我国已经建成包括先进的悬浮法、本体法和生产糊树脂的乳液法、微悬浮法等在内的工艺齐全的PVC树脂生产装置。但是，整个行业的技术水平还比较低。我国生产装置规模普遍较小，发达国家悬浮法装置生产规模一般为（10~20）万吨/a，在我国70余家生产厂中只有3套装置达到这样的规模；目前国外乙烯氧氯化法路线生产的PVC树脂已占90%以上的比例，发达国家基本淘汰了电石-乙炔法路线，我国采用乙烯路线的PVC树脂仅占国内PVC

树脂总生产能力的1/3。

（1）悬浮聚合。通过不断搅拌使单体液滴在水中保持悬浮状态，聚合反应在单体小液滴中进行。通常悬浮聚合反应为间歇聚合。

（2）乳液聚合。与悬浮聚合基本类似，只是要采用更为大量的乳化剂，并且不是溶于水中而是溶于单体中。这种聚合体系可以有效防止聚合物粒子的凝聚，从而得到粒径很小的聚合物树脂，一般乳液法生产的PVC树脂的粒径为0.1~0.2mm，悬浮法生产的为20~200mm。引发剂体系与悬浮聚合也有所不同，通常是含有过硫酸盐的氧化还原体系。干燥方法也设计成可以保持较小粒径的方式，常常采用一些喷雾干燥剂。由于不可能将乳化剂完全除去，因此用乳液法生产的树脂不能用于生产需要高透明性的制品（如包装薄膜）或要求吸水性很低的制品（如电线绝缘层）。一般来说，乳液聚合PVC树脂的价格高于悬浮聚合的树脂，然而需要以液体形式配料的用户使用这种树脂，如糊树脂。

（3）本体聚合。在无水、无分散剂和只加入引发剂的条件下进行聚合，不需要后处理设备，投资小、节能、成本低。用本体法生产的PVC树脂制品透明度高、电气绝缘性好、易加工，用来加工悬浮法树脂的设备均可用于加工本体法树脂。PVC本体法在20世纪80年代得到较大发展。但是，尽管从理论上说悬浮法和本体法生产的树脂可以用于相同的领域，实际上加工厂一般只使用其中之一，因为悬浮聚合树脂和本体聚合树脂不能混合，即使少量混合也会因静电效应导致聚合物粉末的流动性降低，而悬浮聚合树脂更易得到，因此大多数加工厂放弃了本体聚合树脂。

（4）溶液聚合。在溶液聚合中单体溶解在一种有机溶剂（如*n*-丁烷或环己烷）中引发聚合，随着反应进行，聚合物沉淀下来。溶液聚合反应专门用于生产特种氯乙烯与醋酸乙烯共聚物（通常醋酸乙烯含量为10%~25%）。这种溶液聚合反应生产的共聚物纯净、均匀，具有独特的溶解性和成膜性。

3. 聚氯乙烯的应用

PVC树脂可以通过多种方法加工成制品，悬浮聚合的PVC树脂可以挤出成型、压延成型、注塑成型、吹塑成型、粉末成型或压塑成型。分散型树脂或糊树脂通常只采用糊料涂布成型，用于织物的涂布和生产地板革。糊树脂也可以用于搪塑成型、滚塑成型、蘸塑成型和热喷成型。PVC硬质制品占70%~80%，主要是管材和型材；软质制品大约占30%，主要包括织物的压延和涂层、电线电缆、薄膜片材、地面材料等。

（四）聚苯乙烯

聚苯乙烯是一种无色透明的热塑性树脂。PS具有良好的光学性能及电学性能，容易加工成型，着色性能好。它由于具有良好的性能，因此，现在已经成为世界上应用范围最广的热塑性树脂，是通用塑料的五大品种之一。

1. 聚苯乙烯的性能

（1）一般性能。PS为无色透明的粒料，燃烧时发出浓烟并带有松节油气味，吹熄后可拉出长丝；制品硬似玻璃，落地或者敲打时会发出类似金属的声音，因此又被叫作“响胶”；能断裂但不能弯曲，断裂时断口处呈现蚌壳色银光。PS的吸水率为0.05%，稍大于PE，但对制品的强度和尺寸稳定性影响不大。

（2）光学性能。透明性好是PS的最大特点，其透光率可达88%~92%，同PC和PMMA一样属于最优秀的透明塑料品种，统称为三大透明塑料。PS的折射率为1.59~1.60，但因苯环的存在，导致其双折射现象较严重，不能用于生产高档光学仪器。

（3）力学性能。PS硬而脆、无延伸性，拉伸至屈服点附近即断裂。PS的拉伸强度和弯曲强度在通用塑料中最高，其拉伸强度可达60MPa；但冲击强度很小，难以用作工程塑料。PS的耐磨性差，耐蠕变性一般。PS的力学性能受温度的影响比较大。

（4）热学性能。PS的热稳定性能不好，热变形温度仅为70~90℃，只可长期在60~80℃范围内使用。PS的耐低温性也不好，脆化温度为-30℃。PS的热导率低，一般为0.04~0.13W/（m·K）；线膨胀系数较大，一般为（6~8）$\times10^{-5}$/K，与金属相差悬殊，因此制品不利于带金属嵌件。

（5）电学性能。PS的电气绝缘性优良，而且不受温度和湿度的影响；介电损耗角正切值小，可耐适当的电晕放电；耐电弧性好，适合做高频绝缘材料。

（6）环境性能。PS的化学稳定性较好，可耐一般酸、碱、盐、矿物油和低级醇等，可受许多烃类、酮类、高级脂肪酸等侵蚀，可溶于芳香烃（如苯、甲苯、乙苯、苯乙烯等）、氯化烃（如四氯化碳、氯仿、二氯甲烷、氯苯等）及酯类等。PS的耐气候性不好，其耐光、耐氧化性都差，不适合于长期户外使用；但耐辐射性好。

2. 聚苯乙烯的生产工艺

工业上聚苯乙烯主要采用本体法及悬浮法两种生产工艺，本体法是最主要的生产方法，目前世界上85%以上的通用级聚苯乙烯和耐冲击性聚苯乙烯是采用连续本体法工艺生产的。连续本体法生产装置一般有一条或几条生产线，生产能力为（2~16）万吨/a。通过改进反应器设计、相对分子质量和橡胶粒径控制及脱挥发分技术，可以使本体法工艺生产线的规模更大、效率更高。目前已有单线能力（9~13.8）万吨/a的大型本体法生产装置投入工业运行，但一般来说单反应器能力（3~5）万吨/a。

悬浮法是第二种聚苯乙烯基本生产工艺，悬浮法工艺的装置规模一般小于本体法，间歇操作，牌号切换时清洗时间很短。对于某些高耐热和高相对分子质量的牌号，只能用间歇悬浮聚合工艺生产，但在相同的生产能力下采用连续本体法的工厂固定资产投资及生产成本比悬浮法低，因此对大多数PS牌号来说用本体法生产更为经济。目前悬浮法一般已被本体法代替，主要还用于生产可发性聚苯乙烯（EPS）。

（1）本体聚合工艺技术。目前全世界工业化的本体法PS生产装置采用的专利技术在12种以上，这些工艺基本步骤相同，仅在反应器及工艺配置方面有所不同，如反应器的散热方式、轴向混合程度、径向混合程度、串联的反应器数量（包括预聚合反应器）及反应器的结构形式（如立式或卧式）等。

PS稀释剂本体聚合反应主要采用两种类型的反应器，即线性流反应器（LFR）和连续搅拌槽式反应器（CSTR）。前者与理想情况下的柱塞流反应器相类似，后者的组成和温度具有比较理想的各向同性。

LFR工艺一般使用乙苯作为稀释剂以降低聚合体系的黏度，用量一般为5%（质量分数），最高为20%（质量分数）。3个反应器中每个反应器再划分为3个温度控制区，这种反应器配置和结构能够对聚合物的相对分子质量分布及适宜的单位（反应器）体积产量进行灵活控制，反应温度为100~170℃。LFR通常必须配有导热装置，通过导热管中的换热液体流将热转移出去，在单LFR中很容易形成不同的温度区，带有搅拌轴的LFR可以长时间运转，并且可以在较高的聚合体系黏度下具有可靠的换热系数。

CSTR工艺所不同的是通常采用单反应器，因此只有单一的温度区域，虽然反应器比较大，而且反应体系中固体比例占60%（质量），但为使挥发分充分脱除需要更大的聚合物加热器。CSTR既采用循环盘管和冷却夹套，又采用蒸汽的沸腾和冷却来达到除去反应热、控制温度的目的。通常，CSTR聚合体系中固体含量限制在60%~70%（质量）范围内。

（2）悬浮聚合工艺技术。悬浮法是PS的第二种基本工艺，这种工艺生产的苯乙烯系产品范围广，包括GPPS和EPS等，及苯乙烯与丙烯腈和马来酸酐的共聚物。悬浮法工艺的装置规模一般小于本体法工艺，间歇操作。悬浮聚合用的苯乙烯单体纯度应在99.5%以上。

在悬浮聚合工艺中，苯乙烯、水、引发剂、悬浮剂和其他添加剂分批加入反应器，通过不断搅拌使物料分散，在一定的反应温度下单体聚合形成珠粒。在反应过程中，将戊烷加入珠粒，以便在模塑成型时可以发泡。聚合反应一直进行到单体转化率达到100%时将反应物冷却，淤浆被泵入中间受槽。此后对淤浆的后处理过程可连续进行：由中间受槽出来的淤浆被泵入离心机，将珠粒与水相分离；珠粒通过螺旋送料器进入闪蒸干燥器干燥，用热空气气动输送至料筒。水相去废液处理，珠粒掺和、用添加剂（如润滑剂）涂渍后进入料仓或进行包装。

二、塑料盆的加工成型方法

（一）塑料盆的注射成型

目前，塑料盆的加工主要是通过注射成型进行的，最常见的材料为聚丙烯，一般尺寸的塑料盆使用 1kg 的注塑机即可。对于一些热固性塑料盆，则可以使用模压成型方式。在注射成型方面，塑料盆作为日常所需的用品，对外观要求比较严格，对注塑模具的设计是重要的环节之一。

受塑料原材料的强度和制品厚薄限制，为了提高制品边框或孔边的强度，普通塑料盆可采用翻边，或增加边缘或孔的厚度来增加制品强度，同时使制品在使用过程中便于移动。平底容器在成型过程中可能由于塑料的收缩造成底部凸起，采用凹形底部或底脚作为支撑面，既能保证塑料件摆放平稳，又能增加容器底部的刚度。

就模具浇注系统的设计方面来说，由于塑料件体积较大、模具型腔较深，可选择主流道浇口形式，浇口横截面的面积较大、流动阻力小，有利于排气及消除熔接痕。模具结构简单紧凑，流动通道短，便于加工。

（二）塑料盆的压制成型

塑料盆压制成型的过程为：压缩料计量→预压或预热→加料→闭模→排气→保压固化→脱模→制品后处理。模压的时间长短取决于硬化速度（与树脂种类有关），制品的形状、厚度，压模工艺条件及是否预压、预热等。模压时间太长，则生产效率下降，多消耗热能和机械能，而且树脂交联过度会使制品收缩增加，引起树脂与填料间产生内应力，制品表面发暗和产生气泡，从而使制品性能降低，严重时会使制品破裂；长时间高温模压处理将使树脂降解。而模压时间太短，则会硬化不足，固化不完全，制品物理机械性能差，制品脱模后容易出现翘曲和变形等现象。因此，模压时间过长或过短都是不合适的。

三、塑料盆材质的判断方法

塑料制品回收标志，由美国塑料行业相关机构制定。这套标志将塑料材质辨识码打在容器或包装上，从 1 号到 7 号，让人不需要了解各类塑料材质的异同，就可以简单地加入回收工作的行列。每个塑料容器都有一个小小的身份证——一个三角形的符号，一般就在塑料容器的底部（图 4-2）。三角形里边有数字 1~7，每个编号代表一种塑料容器，它们的材料不同，使用上、禁忌上也存在差异。

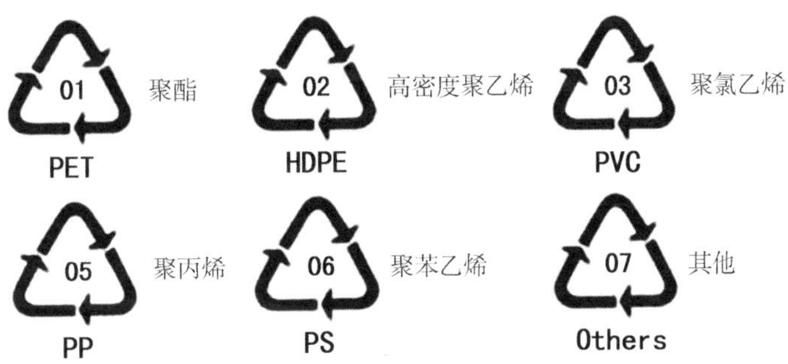

图 4-2　常见塑料盆的材质标志

塑料盆常见的塑料材质及其标志主要有：

1. 第 2 号

高密度聚乙烯，清洁剂、洗发精、沐浴乳、食用油、农药等的容器多以 HDPE 制造。容器多半不透明，手感似蜡。常见白色药瓶、清洁用品、沐浴产品。不适合制作水杯，或者用来做储物容器装其他物品。清洁不彻底，不能循环使用。

2. 第 3 号

聚氯乙烯，多用以制造水管、雨衣、书包、建材、塑料膜、塑料盒等器物。常见雨衣、建材、塑料膜、塑料盒等。可塑性优良，价钱便宜，故使用很普遍，只能耐热 81℃。高温时容易有腐蚀性小分子化合物产生，很少被用于食品包装。难清洗、易残留，不宜循环使用，不适合装饮品。

3. 第 5 号

聚丙烯，多用以制造水桶、垃圾桶、箩筐、篮子和微波炉用食物容器等。常见豆浆瓶、优酪乳瓶、果汁饮料瓶、微波炉餐盒。熔点高达 167℃，是唯一可以放进微波炉的塑料盒，可在小心清洁后重复使用。需要注意，有些微波炉餐盒，盒体用 PP 制造，盒盖却用 PE 制造，由于 PE 不能抵受高温，故不能与盒体一起放进微波炉内。

第三节　塑料鞋

一、塑料鞋用料

塑料鞋（图 4-3）包括部分或全部由塑料制造的鞋子，所用原材料根据部位和结构不同主要有以下两类：

图 4-3　塑料鞋

（一）鞋底用料

鞋底用料主要有热塑性橡胶、聚氨酯、乙烯-醋酸乙烯（醋酸乙烯）共聚物、Phylon（MD）、热塑性聚氨酯等。

1. 热塑性橡胶

橡胶用于各种运动鞋大底，其优点是耐磨性佳、防滑、有弹性、不易断裂、柔软度较好、伸延性好、收缩稳定、硬度高、弯曲性强。其缺点是重量较重、易吐霜（属品质问题）、容易被腐蚀（属环保问题）。

2. 聚氨酯

聚氨酯的全称为聚氨基甲酸酯，是主链上含有重复氨基甲酸酯基团的大分子化合物的统称。它由有机二异氰酸酯或多异氰酸酯与二羟基或多羟基化合物加聚而成。在聚氨酯大分子中除了含有氨基甲酸酯外，还可含有醚、酯、脲、缩二脲、脲基甲酸酯等基团。

聚氨酯制品形态有软质、半硬质及硬质泡沫塑料，弹性体、油漆涂料、胶黏剂、密封胶、合成革涂层树脂、弹性纤维等，广泛应用于汽车制造、冰箱制造、交通运输、土木建筑、鞋类、合成革、织物、机电、石油化工、矿山机械、航空、医疗、农业等许多领域。聚氨酯弹性体具有缓冲性能好、质轻、耐磨、防滑等优点，现已成为制鞋工业中一种重要的配套材料。高尔夫球鞋、棒球鞋、足球鞋、滑雪鞋、旅游鞋、安全鞋等许多鞋的鞋底、鞋跟、鞋头、鞋垫等重要配件都是用聚氨酯弹性体制成的，不仅美观大方，而且舒适耐用，还能提高运动成绩。

聚氨酯弹性体可在较宽的硬度范围上具有较高的弹性及强度，及优异的耐磨性、耐油性、耐疲劳性、抗震性，具有“耐磨橡胶”之称。

（1）聚氨酯泡沫鞋底的制作工艺。

1）预聚体法。预聚体法发泡工艺是指将低聚物多元醇（白料）和多异氰酸酯（黑料）先制成预聚体，然后在预聚体中加入水、催化剂、表面活性剂、其他添加剂等在高速搅拌下混合进行发泡，固化后在一定温度下熟化即可。

2）半预聚体法。半预聚体法的发泡工艺是指将部分聚醚多元醇（白料）和二异氰酸酯（黑料）先制成预聚体，然后将另一部分的聚醚或聚酯多元醇和二异氰酸酯、水、催化剂、表面活性剂、其他添加剂等加入，在高速搅拌下混合发泡。

一步发泡法是指将聚醚或聚酯多元醇（白料）和多异氰酸酯（黑料）、水、催化剂、表面活性剂、发泡剂、其他添加剂等原材料一步加入，在高速搅拌下混合后进行发泡。一步发泡工艺是目前普遍采用的工艺。另外，还有手工发泡法，它是最简便的方法，将所有原材料准确称量后，置于一个容器中，然后立即将这些原材料混合均匀，注入模具或需要充填泡沫塑料的空间中即可。

聚氨酯硬泡一般为室温发泡，成型工艺比较简单。按施工机械化程度可分为手工发泡及机械发泡；按发泡时的压力可分为高压发泡及低压发泡；按成型方式可分为浇注发泡及喷涂发泡。

一步发泡中室温发泡方法是：将聚氨酯预聚物、催化剂及气体抛射剂灌装于耐压的铁制气雾罐中，施工时通过配套施胶枪或手动喷管将气雾状胶体喷射至待施工部位，短期完成成型、发泡、黏结和密封过程。一般表干时间在10mm以内（室温20℃环境下），全干时间随环境温度和湿度而有所不同，一般情况下，夏季全干时间4~6h，冬季0℃左右则需要24h或更长时间才能全干。其固化泡沫弹性体具有黏结、防水、耐热胀冷缩、隔热、隔音甚至阻燃（限阻燃型）等优良性能，广泛用于建筑门窗边缝、构件伸缩缝及孔洞处的填充密封。在正常使用条件下（且其外表有覆盖层），估计服务寿命不低于10年，在-10~80℃温度范围内固化泡沫体均保持良好的弹性和黏结力。

（2）聚氨酯弹性体的优缺点。

1）聚氨酯弹性体的优点。

A. 性能的可调节范围大。多项物理机械性能指标均可通过对原材料的选择和配方的调整，在一定范围内变化，从而满足用户对制品性能的不同要求。譬如硬度，往往是用户对制品的一个重要指标，聚氨酯弹性体是由许多柔性链段和刚性链段组成的极性高分子材料，随着刚性链段比例的提高和极性基团密度的增加，弹性体原强度和硬度会相应提高。

B. 耐磨性能优越。特别是在有水、油等润湿介质存在的工作条件下，其耐磨性往往是普通橡胶材料的几倍到几十倍。在此需提到的一点是，要提高中低硬度聚氨酯弹性体制件的摩擦系数，改善在承载负荷下的耐磨性能，可在这类聚氨酯弹性体中添加少量二硫化铝、石墨或硅油等润滑剂。

2）聚氨酯弹性体的缺点。

A. 内生热大，耐高温性能一般，正常使用温度范围是-40~120℃。若需在高频振荡条件或高温条件下长期使用，则必须在结构设计或配方上采取相应改性措施。

B. 不耐强极性溶剂和强酸碱介质。在一定温度下，醇、酸、酮会使聚氨酯弹性体溶胀和降解，氯仿、二氯甲烷、二甲基甲酰胺、三氯乙烯等溶剂在常温下就会使聚氨酯弹性体溶胀。

聚氨酯常常用于制作篮球、网球鞋中底，也可直接用于制作休闲鞋大底。其优点是密度大、硬度高、耐磨、弹性佳、耐氧化性能良好，利于环保，不易皱折。其缺点是吸水性强、易变黄、易断裂、延伸性差、不耐水、易腐烂。

3. 乙烯-乙酸乙烯（醋酸乙烯）共聚物

它由乙烯和乙酸乙烯共聚而制得，乙酸乙烯含量一般为5%~40%。与聚乙烯相比，EVA由于在分子链中引入了乙酸乙烯单体，从而降低了结晶度，提高了柔韧性、抗冲击性、填料相容性和热密封性能。一般来说，EVA树脂的性能主要取决于分子链上乙酸乙烯的含量。由于构成组分比例可调，从而符合不同的应用需要，乙酸乙烯的含量越高，其透明度、柔软度及坚韧度会相对提高。EVA树脂的特点是具有良好的柔软性和橡胶般的弹性，在-50℃下仍能够具有较好的可挠性，透明性和表面光泽性好，化学稳定性良好，抗老化和耐臭氧强度好，无毒性，与填料的掺混性好，着色和成型加工性好。鞋材是我国EVA树脂最主要的应用领域，在鞋材使用的EVA树脂中，乙酸乙烯含量一般为15%~22%。由于EVA树脂共混发泡制品具有柔软、弹性好、耐化学腐蚀等性能，因此被广泛应用于中高档旅游鞋、登山鞋、拖鞋、凉鞋的鞋底和内饰材料中。另外，这种材料还用于隔音板、体操垫和密封材领域。我国广东的顺德、中山，福建的晋江、泉州和浙江的温州是我国鞋业的主要生产基地，每年消耗大量的EVA树脂产品。

EVA常用于跑鞋、休闲鞋、足训鞋中底。其优点是轻便、弹性好、柔韧度好、不易皱，有着极好的着色性，适用于各种气候条件。其缺点是易吸水，不利于环保，易脏、易遭腐蚀。

4. Phylon（MD）

Phylon 属 EVA 二次高压成型品，是跑鞋、网球鞋、篮球鞋中底的主要用料，也可用于休闲鞋大底。Phylon 一词起源于美国，早先所有运动鞋的中底部分均称为 Phylon，后来随着鞋类产品的不断发展，一些大型鞋类产品工厂将中底部分的名称根据制造工艺进行区分。Phylon 材料属于二次发泡中底，成品表面较白且有褶皱。在制作工程中将塑料粒子通过两次加热发泡后灌入模型加压冷却，在发泡过程中，可以通过对温度的设定来掌控材料的密度变化。在烧制 Phylon 中底的过程中，温度越高，烧出的 Phylon 的密度就越大，也就越硬。火候越小自然烧出的 Phylon 也就越轻越软。Phylon 的优点是轻便、弹性好，具有很好的缓震性能，外观细密，软度佳，容易清洗，硬度、密度、拉力、撕裂性、延伸率佳；缺点是易遭腐蚀、不利于环保，高温时易皱，易收缩。

5. 热塑性聚氨酯

热塑性聚氨酯具有高模量、高强度、高伸长率和高弹性，及优良的耐磨、耐油、耐低温、耐老化性能，广泛应用于射出、压出、压延及溶解成溶液型树脂等加工方式，成为塑胶加工领域中经常使用的塑胶材。TPU 的主要优点之一是耐磨性很好，因此常用于制造鞋底和电缆护套。热塑性聚氨酯的主要性能如下：

（1）机械性能。具有优异的物理机械性能，拉伸强度、伸长率都比较高。TPU 的化学结构、硬度不同，其拉伸强度也不同，一般为 25~70MPa。软质 TPU 的拉伸强度较低，硬质 TPU 的拉伸强度则较高。TPU 的抗撕裂性很好，在很宽的温度范围内均具有柔顺性。聚酯型 TPU 的耐磨性、抗撕裂性及拉伸强度、撕裂强度都优于聚醚型 TPU；聚醚型 TPU 适合于对耐水解性、耐微生物降解性和低温性、柔顺性要求较高的场合。而通过特殊方法合成的聚醚酯型 TPU 同时具有两者的特点，性能更加优异，可用作消防水管、电缆护套、薄膜等的生产原材料。

（2）热稳定性。使用温度较广，大多数制品可在-40~80℃范围内长期使用，短期使用温度可达 120℃，而用哌嗪为原材料制备的 TPU 甚至可以耐更高温度。高温下主要由硬链段来维护其性能，而且产品硬度越高（二异氰酸酯和扩链剂越多），其使用温度越高。另外，TPU 的高温性能还受二异氰酸酯和扩链剂种类的影响。TPU 的机械性能（硬度、弹性等）都与温度有关。

（3）水解稳定性能。室温下 TPU 可以在纯水中使用几年而且性能无明显变化；但在 80℃时，即使只在水中浸泡几周或几个月，TPU 的机械性能就会受到很大影响。TPU 的水解稳定性与嵌段的结构有关，聚酯型 TPU 用碳化二亚胺进行保护后其耐水解性有所提高，而聚醚酯型、聚醚型 TPU 在高温下的耐水解性相对会好很多。由于 TPU 的硬段具有憎水性，因此随着 TPU 硬度的增加，其水解稳定性变好。

（4）耐化学性能。对酸碱较敏感，室温下就能被稀酸、稀碱缓慢侵蚀；高温下 TPU 不耐浓酸浓碱。非极性溶剂如己烷、庚烷、液状石蜡对于极性的 TPU 来说几乎没有任何作用，甚至在高温下 TPU 在其中的溶胀也很小。TPU 的耐油性（如矿物油、柴油、润滑油）十分优异；但对于某些工业用油及润滑油来说，因其中含有添加剂，故在高温下有可能会侵蚀 TPU。TPU 在氯代烃或芳香烃（比如甲苯）中会严重溶胀，溶胀程度取决于 TPU 的结构。聚酯型比聚醚型的溶胀小，硬质比软质的溶胀小。某些极性溶剂，比如四氢呋喃、丁酮、二甲基甲酰胺，能够部分或完全将 TPU 溶解。软质线性 TPU 可以溶解在丁酮、丙酮混合溶剂中作为黏合剂使用；硬质线性 TPU 溶解后可以用作织物、皮革的涂饰剂。

（5）耐微生物性能。聚酯型软质 TPU 与潮湿的土壤长时间接触，会被微生物侵蚀，菌类可能会使制品表面变色，但不一定会损害机械性能；而聚醚型、聚醚酯型和硬质 TPU 通常不会受到微生物的侵蚀。

（6）耐紫外线性能。以芳香类异氰酸酯为原材料制备的 TPU 在紫外线作用下会泛黄，但对性能影响很小；可以通过添加紫外线吸收剂来改善。

以上几种原材料相比，TPU 密度大，较沉重，弹性一般，耐磨性一般。橡胶底的密度也较大，但较柔软，很耐磨，抓地力强，但弹性差，一般用在室内足球鞋和休闲鞋上。EVA 鞋底很轻，有弹性，只是穿久了弹性减小，变得踏实一点。PU、MD 鞋底富有弹性且经久不变形，运动时较灵活舒适，相对密度小、很轻便，所以使用较广泛（PU 比 MD 密度更大，减震效果更好，但同时也相对较重）。一般大底片都用橡胶，耐磨防滑。价格上，TPU 最便宜，分别是 PU 的 1/2、MD 的 1/4、MD 气垫的 1/4、PU 气垫的 1/（4~6）。

6. 苯乙烯-丁二烯-苯乙烯三嵌段共聚物

SBS 是以丁二烯、苯乙烯为单体，经阴离子聚合得到的嵌段共聚物，其性能兼有橡胶和塑料的特性，常温下具有橡胶的弹性，而高温下又像塑料那样熔融流动，成为可塑性的材料，因此它能采用通常塑料的成型加工方法制造鞋底。用 SBS 鞋底与合成革帮、皮帮、布帮等组装，即可根据需要分别生产由 SBS 制作鞋底的旅游鞋、凉鞋、布鞋。

SBS 鞋底有许多突出的优点，它比聚氯乙烯鞋底耐老化、耐磨、耐寒、弹性好，制成的鞋穿着轻便，不易打滑。与聚氨酯鞋底比较，却又有生产工艺简单、价格较低、容易胶接等优点。因此，SBS 已成为当前制鞋的十类崭新的材料之一。

SBS 旅游鞋的生产过程见图 4-4。其成型加工过程分为两步：

（1）注射工艺。在没有注塑鞋底之前，将已绷制好的布面或革面鞋帮，套在楦模上，并进行缝扎牢固，然后放在注塑机的模套内，合模后注入 SBS 料，定型后开模，脱模后即得成品鞋。

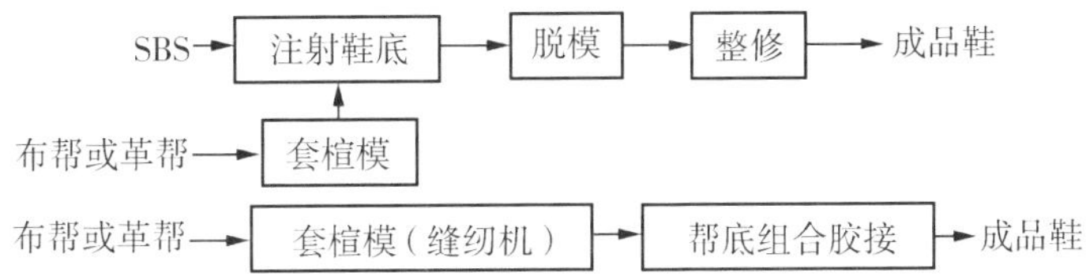

图 4-4 苯乙烯-丁二烯-苯乙烯三嵌段共聚物旅游鞋的生产过程

（2）胶接工艺。用已注塑好的鞋底片，用胶粘形式与布面或革面的鞋帮胶粘组合在一起，胶粘时施以一定的压力，使帮与底胶粘牢固。显然，不论直接注射还是先制鞋底再胶粘，注射成型均为主要操作。

7. 聚氯乙烯

聚氯乙烯鞋底是用来与布帮缝合在一起生产塑料底缝合布鞋用的，塑料底缝合布鞋透气性较注塑的塑料底布鞋好，穿着较舒适。聚氯乙烯鞋底通常采用热挤冷压法生产，因此生产设备简单、生产工艺易掌控，很适合中小企业制作。

（1）原材料选择及典型配方。棉鞋鞋底配方中的增塑剂配合使用了部分耐寒性、柔软性较好的癸二酸二辛酯。聚氯乙烯鞋底典型配方见表 4-1。

表 4-1 聚氯乙烯鞋底典型配方

原材料名称	配比		
	一般	奶白	棉鞋
聚氯乙烯树脂	100	100	100
邻苯二甲酸二辛酯	8	18	20
邻苯二甲酸二丁酯	26	39	33~38
烷基磺酸苯酯	30	适量	适量
二盐基性亚磷酸铅	2	3	0.8~1.2
三盐基性硫酸铅	2	2	1.5~1.8

续表

原材料名称	配比		
	一般	奶白	棉鞋
癸二酸二辛酯	适量	适量	4~6
环氧酯	适量	适量	4~5
氯化石蜡	5	5	
硬脂酸钡	1	1.5	1.2~1.5
石蜡	适量	适量	0.3~0.5
$CaCO_3$	5	适量	2~3
钛白粉	适量	5	1~2

注：表中数值的单位为份（质量份数），下同。

（2）聚氯乙烯鞋底生产过程（图 4-5）。配料捏合等工序的操作与聚氯乙烯全塑料凉鞋相同。热挤聚氯乙烯熔体圆棒是两台挤出机串联使用，前一台主要起塑化作用，塑化的聚氯乙烯料不经造粒直接进入第二台挤出机进一步塑化并挤成熔体圆棒，然后按所制鞋底的尺寸大小裁割一定长度的熔体棒，用托板托住，迅速送入鞋模内，采用冷压法模压成型，脱模后即制成鞋底。

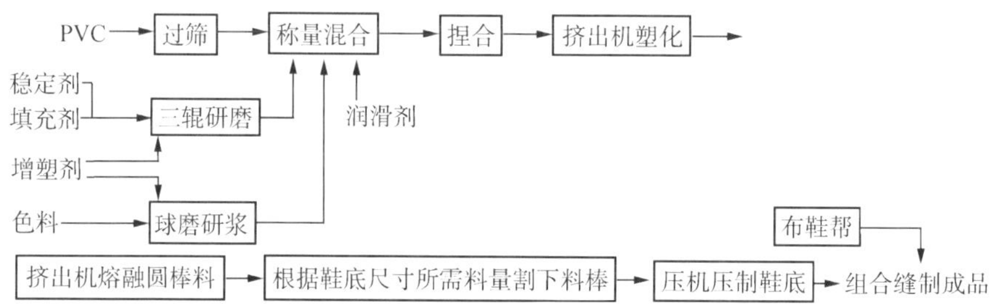

图 4-5　聚氯乙烯鞋底生产过程

8. 聚乙烯发泡鞋底

聚乙烯发泡鞋底是以高压聚乙烯为主要原材料，加以适量改性剂、交联剂、发泡剂和其他助剂，经混炼成片后放入平板槽模具中，在一定温度和压力下进行交联发泡，所制得的发泡片材经冲裁即成各种规格鞋底，然后可分别与合成革、聚氯乙烯或布等制成的鞋襻或鞋帮装配成柔软而富有弹性的聚乙烯发泡底凉鞋、拖鞋、布鞋。

（1）聚乙烯发泡鞋底的特点。具有轻软、穿着舒适、保温隔热性好、不易龟裂、色泽鲜艳及原材料丰富、不用增塑剂、生产工艺简便等优点。但回弹性差、穿着日久易变形、内模性极差、易打滑是其缺点。

聚乙烯发泡鞋底配方中采用低密度聚乙烯制鞋是由于其柔软性及发泡性能优于高密度聚乙烯。改性剂通常并用乙烯-乙酸乙烯和顺丁胶两种聚合物，前者增加鞋底的柔软性和耐寒性，并改善发泡性能，后者提高鞋底的弹性。过氧化二异丙苯起到交联的作用，聚乙烯交联后，增加了熔体强度，才能保持住泡沫结构。交联剂用量对制品力学性能起很大影响，应严格计量。偶氮二甲酚胺则是发泡剂。氧化锌在这里是活性炭发泡剂的分解促进剂，加入一份就可使活性炭发泡剂的分解温度由 190~200℃降至 150℃左右，因此可使活性炭发泡剂在聚乙烯的塑化温度下分解并使聚乙烯发泡。加入氧化锌，还起到紫外线吸收剂作用。

（2）聚乙烯发泡鞋底加工工艺。首先，用开放式双辊炼塑机混炼原材料。具体操作是先将聚乙烯和改性剂倒入炼塑机中，进行混炼塑化，然后加入润滑剂、稳定剂、填充剂、色料等经炼塑机混炼一段时间，基本塑化均匀后加入发泡剂，继续塑炼待混合料塑化均匀后，最后加入交联剂，混炼均匀后出片（0.5~1mm 厚）。其次，进行层压交联发泡。压机采用单层压机或多层压机，操作时应先将塑炼好的聚乙烯片材按样板大小冲成长方形片材，根据产品颜色需要，将数片不同颜色的片材重叠后装入发泡模内进行交联发泡。

模内交联发泡后有一开模发泡操作，此操作的目的是趁模内发泡的片材尚未凝固定型，骤然开模泄压，使发泡片材迅速膨胀，并从模腔内自动跳出。经开模发泡，发泡率增加 1.5 倍。

压制好的发泡片根据鞋号尺码大小分别冲裁成鞋底样，最后组装成各种鞋。凉鞋和拖鞋的组装比较简单，即将鞋底冲跟，然后将 PVC 鞋襻带有纽扣形状的一端强行压入鞋底孔眼。组装 PE 发泡底的人造革或布帮的鞋可用缝制法或黏合法。利用黏合法时，先涂一遍胶，开始烘烤，烘烤后再涂一遍才能加压黏结。聚乙烯发泡鞋底片的模具结构比较简单，是长方形的二板式模具，模腔四边转角出应有适当的弧度，这样使发泡片易于出模。

（二）鞋面用料

通常所指的鞋面材料还包括其内里部分。鞋面共同的特性应具备触感柔软、保温、吸收空气、发散湿气、富于还原性及弹性、轻而耐弯曲、耐磨、耐水与耐热及容易加工与染色、不脱色等性质，且外观美丽又耐久，以满足人们穿着的需求。鞋面的主要材料包括：

1. 天然皮革

皮革种类繁多，有牛皮、蛇皮、羊皮、猪皮、鲨鱼皮、鹿皮、爬虫类皮、马皮及其他。一般天然皮都具备柔软、不磨肌肤、透气、吸湿及保温等良好特性，缺点就是来源少、不容易买到、颜色大致一样，容易使加工设备受损，不容易配双，此外延伸度较一般鞋材大、价格较高。

2. 聚氯乙烯人造革

塑胶鞋类（如胶鞋）使用较多，其特性是产量大，颜色较一致，生产品质容易控制，其缺点为不透气、不吸收湿气，遇寒变脆，容易变形，伸展度较天然皮革小但大于聚氨酯甲酸酯（PU）人造皮，黑色皮易吸热，不耐高温，价格较低廉。

3. 聚氨酯甲酸酯人造革

PU 人造革就是聚氨酯成分的表皮，广泛适用于装饰箱包、服装、鞋、车辆和家具，它已日益得到市场的肯定，其应用范围之广、数量之大、品种之多，是传统的天然皮革无法满足的。PU 人造革的质量也有好坏，质量好的 PU 人造革甚至比真皮价格昂贵。PU 人造革稍具透气及吸湿性，生产量大，生产容易，但不易定型且易变形，伸展度较小。辨别 PU 人造革和天然真皮的方法如下：

（1）闻皮毛味。天然皮革会发出一股很浓的皮毛味，即便是一些经加工处理的产品，其固有的气味也较浓；而人造革产品，则有塑料的味道，实则为塑料添加剂或者降解等产生的小分子物质的气味，不具有天然皮革所发出的皮毛味。

（2）用眼睛看。天然皮革的表面可以看到花纹、毛孔，且分布不均匀，反面有竖起，有起绒的感觉，少量纤维也可掉落下来；而有些合成革产品，也会有毛孔及花纹，但均不明显，或出现有规则的人工雕刻的迹象，其侧面无动物纤维。

（3）用手触摸。因天然皮革产品是由天然不均匀的纤维组织构成，用手摸感觉上富有弹性，将其正面向下弯折 90°左右会出现自然皱褶，分别弯折不同部位，产生的折纹粗细、多少有明显的不均匀，纹路也不均匀。而人工合成皮革产品，手摸的感觉像塑料，回复的弹性也差，弯折下去折纹粗细多少都相似，纹路清晰均匀。

4. 帆布

帆布是一种较粗厚的棉织物或麻织物。因最初用于船帆而得名。一般多采用平纹组织，少量的用斜纹组织，经纬纱均用多股线。帆布通常分粗帆布和细帆布两大类。粗帆布又称篷盖布，常用 58 号 4~7 股线织制，织物坚牢耐折，具有良好的防水性能，用于汽车运输和露天仓库的遮盖及野外搭帐篷。细帆布经纬纱一般为 2 股 58 号至 6 股 28 号，用于制作劳动保护服装及其用品，经染色后也可用作鞋、旅行袋、背包等面料。此外，还有橡胶帆布，防火、防辐射用的屏蔽帆布，造纸机用的帆布。

使用帆布作为鞋面材料时，一般必须加树脂贴合，以便在贴合时使其宽度缩小，其特性是柔软性良好、不透气、伸展度大、颜色不甚一致，白色帆布遇高温容易变米黄色，为一般加硫运动鞋所使用。

5. 各种尼龙布

尼龙是分子主链上含有重复酰胺基团—[NHCO]—的热塑性树脂总称，包括脂肪族PA、脂肪-芳香族PA和芳香族PA。其中脂肪族PA品种多、产量大、应用广泛，其命名由合成单体具体的碳原子数而定。尼龙（聚酰胺）主要用于合成纤维，其最突出的优点是耐磨性高于其他所有纤维，比棉花耐磨性高10倍，比羊毛高20倍，在混纺织物中稍微加入一些聚酰胺纤维，可大大提高其耐磨性；当拉伸变形至3%~6%时，弹性回复率可达100%；能经受上万次折挠而不断裂。聚酰胺纤维的强度比棉花高1~2倍、比羊毛高4~5倍，是黏胶纤维的3倍。将尼龙纤维织布即为尼龙布，此种鞋材以运动鞋使用较广，质轻而柔软度特优，保温但稍不透气，能够吸收湿气。

二、塑料鞋的国内生产情况和主要品牌

（一）国内塑料鞋生产情况

我国的塑料鞋制造基地主要是广东省吴川市、福建省晋江市、江苏省镇江市三地。经过产业大调整之后，中国制鞋业的产业布局将更加合理。比如广东珠三角鞋业将形成新的格局，东莞形成国际中高档鞋品的加工基地和国际鞋业总部基地；广州形成国际鞋业、鞋材业的市场贸易中心、展览中心和研发中心；鹤山、温州形成男鞋生产基地；惠东形成女鞋生产基地；潮州、揭阳一带形成工艺鞋加工出口基地。而福建泉州、晋江一带形成全球运动鞋生产基地。

（二）塑料鞋的主要品牌

1. 知名女鞋品牌

知名女鞋品牌主要有卓诗尼、名典、莱思丽、卡美多、杰梵诺、宝曼尼、玖熙、思加图、森达、接吻猫、百丽、他她、天美意、奥卡索、百思图、索菲娅、红砂、斯艾依、莱尔斯丹、蜜丝罗妮、真美诗、妙丽等。

2. 知名男鞋品牌

知名男鞋品牌主要有百丽、古奇欧古孜、路易威登、迪奥、耐克、阿迪达斯、李宁、爱步、圣大保罗、金利来等。

3. 知名运动鞋品牌

知名运动鞋品牌主要有耐克、阿迪达斯、匡威、锐步、彪马、李宁、安踏、特步、361°、匹克等。

三、塑料鞋按加工和使用领域的分类

（一）注塑鞋

塑胶注塑鞋成型是指一种将胶料直接从机筒注入模型硫化、织物或皮革鞋面黏结的生产方法。在一定温度和压力下进行注塑，赋予鞋帮、鞋底一定的柔韧性和弹性，并使两者相互融合结合在一起，故称注塑鞋。采用注塑工艺的皮鞋又有注塑皮鞋之称。

注塑鞋的优点是：由于生产过程的自动化程度提高，所以价格实惠；产品质量优异，不容易开胶。所谓注塑鞋，狭义上指的是注塑机生产的学生穿布鞋，在我国浙江沿海地区盛行生产，价格低廉，样式新颖。

注塑鞋的缺点是：由于工艺比较简单，做工精细度上比较欠缺；材质以软性塑胶为主，相对橡胶底而言更不具备耐磨性，在天气较冷的北方冬天不太适合注塑鞋，注塑鞋底容易出现断底现象；脚感度相对较差，鞋子注底过程中，鞋帮面料容易在鞋底内部形成凹凸不平的块状，影响舒适度。

注塑鞋产品从2010年开始比较盛行，由于网络时代的飞速发展，电子商务给注塑鞋业带来了巨大的发展空间，其低廉的价格、简单的结构、高效的生产，在市场上还难以辨别清楚材质的时期迅速地在网络购物中崛起。

此外，由于价格比较低，它在款式设计上一般缺少广州鞋的潮流，缺少晋江鞋的性价比，在市场认知度比较淡薄的时候，单纯从价格上比较很有优势。浙江温岭、瑞安是注塑鞋产业最集中的两个县级市，它们同档次的竞争对手是河北鞋，高一级的竞争对手是晋江鞋，当地称龙岩鞋，主要使用早期龙岩开发人员研究开发的款式。

（二）运动鞋和旅游鞋

运动鞋和旅游鞋是根据人们参加运动或旅游的特点设计制造的。运动鞋的鞋底和普通皮鞋、胶鞋不同，一般是柔软而富有弹性的，能起到一定的缓冲作用，运动时能增强弹性，有的还能防止脚踝受伤。因此，在进行体育运动时，绝大部分人会穿运动鞋，如篮球鞋、跑步鞋等。

运动鞋和旅游鞋鞋底平坦，可塑性强，富有弹性，对青少年跑、跳起到一定的缓冲作用，因此不少青少年很喜欢穿，但长期穿着有许多弊病。旅游鞋的用料往往是橡胶、塑料、海绵、尼龙、帆布等，透气性较差。汗脚长时间在这种“封闭”环境下，易引起真菌繁殖及传播，发生脚癣、皮炎、湿疹等皮肤病。

运动鞋或旅游鞋是一种无跟平底鞋。它不能保证人体重心平均分布在全脚掌，不能使身体的肌肉、韧带、骨骼和脊柱保持正常的位置和工作状态。青少年穿上运动鞋或旅游鞋后身体重心改变，脚部作用力出现分配不均现象，会影响步法。长期穿着运动鞋，对处在发育阶段的青少年，不但无益，而且十分有害。以下为根据使用环境和需求不同的具体分类：

1. 足球鞋

足球鞋比较好辨认。一般足球鞋（图 4-6）显得灵巧许多，鞋身比较瘦，比较合脚。它更突出的特点是，鞋底有压模鞋钉或可转换鞋钉，适应足球场地，可提供良好的抓地能力，鞋头及鞋面车线明显，可防止变形且耐用。

图 4-6　足球鞋

2. 全能运动鞋

全能运动鞋（图 4-7）适合喜欢多种运动而每星期只练习几次的人士，分为两种：训练型和速度型。训练型全能运动鞋鞋头略翘，有翻胶，鞋面多用尼龙网布；速度型全能运动鞋与跑步鞋相似。

3. 有氧运动鞋

有氧运动鞋（图 4-8）一般采用高帮，比较轻巧。鞋底纹不深的，适合在地毯上的运动；鞋底纹较深或呈多向性的，适合在木地板上的运动。

图 4-7　全能运动鞋

图 4-8　有氧运动鞋

4. 滑板鞋

滑板鞋（图 4-9）也称为休闲鞋，比较轻，胶底强调抓地性能，能比较好地抓住滑板。

5. 健行鞋

野外远足时，经常踏沙及在不平坦的地面行走，时而还需要走过山涧。远足者肩背较重的背包，容易出现扭伤和滑倒，故健行鞋（图 4-10）一般多采用中帮，鞋底有疙瘩，强调抓地性能。

图 4-9　滑板鞋

图 4-10　健行鞋

6. 登山鞋

因为要面对恶劣环境及寒冷多风的气候，所以这类鞋（图 4-11）一般都很重，且非常坚固、韧性极佳，并要求非常好的保暖性。如果上的是雪山，专业的高海拔登山靴一般采用双层设计，外靴为塑料，内靴为保暖透气材料，能抵御-40℃的严寒。全硬底鞋，可与卡式冰爪或滑雪板配合。

图 4-11　登山鞋

（三）皮鞋

在中国，虽然现代皮鞋的生产只有 120 多年的历史，但是，由于皮鞋的造型、款式、结构及穿着功能都胜于其他鞋类，因此，皮鞋生产发展十分迅猛。当今，皮鞋（图 4-12）已成为人们最喜爱的一种鞋类，成为美化人们生活的大宗商品之一，在服饰类中成为“举足轻重”的产品。

皮鞋是指以天然皮革为鞋面，以皮革或橡胶、PU 发泡、PVC 等为鞋底，经缝绱、胶粘或注塑等工艺加工成型的鞋类。皮鞋透气、吸湿，具有良好的卫生性能，是各类鞋靴中品位最高的鞋。

图 4-12　皮鞋

在结构上，皮鞋由鞋帮、鞋底、主跟、鞋跟、内包头等部分组成。其中鞋帮由前帮、后帮和鞋舌缝合而成。前帮与脚的前端和跖趾关节活动部位相对应，在脚的作用下受到曲挠、拉伸、挤压和摩擦。后帮的后跟部位加工成与脚跟相似的固定形状，在行走和穿脱皮鞋时，后帮也受曲挠和拉伸。前帮与后帮一般在足弓两侧的腰窝部位缝合。该部位鞋帮起着包拢脚并托住足弓里侧的作用。一般皮鞋帮均装衬里，以补强鞋帮和免受磨损，并能吸收一部分脚汗。鞋底由外底、内底、半内底、勾心、衬垫和填心等构成，可以隔离脚与地面，缓冲地面对脚的作用。外底与地面直接接触，受到弯曲、挤压、摩擦和外界环境的各种作用；内底直接承受人体重量，并将所受重力传递到外底和鞋跟，内底除受弯曲、挤压、摩擦的作用外，还受脚汗和鞋内湿度、温度等的影响；勾心固定于皮鞋腰窝部的内底与外底之间，以加固皮鞋后部和支撑足弓，使皮鞋腰窝有一定的弹性，保持鞋底、鞋跟的位置和形状；衬垫和填心用以填平鞋帮脚与内底接合处，提高鞋底的缓冲性和绝热性。

皮鞋根据穿用对象可分为男、女、童皮鞋；按穿用季节分为春秋皮鞋、凉皮鞋、棉皮鞋；根据鞋帮面结构可分为高统（高腰）皮鞋、低统（矮腰）皮鞋、单皮鞋、夹皮鞋；按穿用性质可分为生活用皮鞋、劳动保护用皮鞋；按物理性能分为绝缘皮鞋、防静电皮鞋、导电皮鞋等。

皮鞋又分休闲皮鞋和正装皮鞋，正装皮鞋就是指男性搭配正装的那种款式的皮鞋，而休闲皮鞋就是指休闲场合穿的皮质制成的鞋子。不过我们单说皮鞋这个词的时候，一般是指商务皮鞋，而也很少说休闲皮鞋，更多地说起来是说皮质休闲鞋，这是为了更明确地区分而产生的叫法。皮鞋是男人的正装鞋，而陆续有很多款式是休闲时穿的，或者休闲或商务场合都可以穿的，但是皮质休闲鞋不等于皮鞋，像板鞋、马丁靴等鞋子，也大多采取皮质，但不等于皮鞋。

皮鞋的其他样式如下：

1. 牛津鞋

牛津鞋是系带鞋，打扣眼部分缝在鞋面以下，鞋带系好之后，两片是靠拢在一起的，比较正式。

2. 德比鞋

德比鞋是系带鞋，打扣眼部分缝在鞋面上，鞋带系好后两片之间有空隙；鞋舌和鞋面前部是一体的，没有牛津鞋正式。

3. 孟克鞋

孟克鞋不系带，用搭扣和搭带。比德比鞋正式，但不如牛津鞋正式，经常使用翻毛皮制作。

4. 懒人鞋

懒人鞋低帮、不系带，也不用其他固定方式，比较随意。

5. 平头鞋

平头鞋鞋面没有额外装饰，很平顺。

6. 结头鞋

结头鞋脚趾部位的鞋头包有一层额外的皮革。这是最常用的一种装饰。

7. 布洛格鞋

如图 4-13 所示，布洛格鞋的鞋头有一块打孔的皮片，向两侧延伸，从上面看类似字母 W 的形状。这种装饰会降低鞋的正式程度。

国内主要皮鞋品牌有奥康、富贵鸟、木林森、柒度鸟、马蹄铁、天美意、策乐、红蜻蜓等。

（四）高跟鞋

顾名思义，高跟鞋（图 4-14）就是鞋跟比较高的鞋子。鞋跟可以分为细跟、粗跟、坡跟、楔形跟、钉形跟、槌形跟、刀形跟等。高跟鞋除了增加高度，更重要的因素是可以增进诱惑力。高跟鞋使女人步幅减小，因为重心后移，腿部就相应挺直，并造成臀部收缩、胸部前挺，使女人的站姿、走姿分外有风韵。

图 4-13　布洛格鞋

图 4-14　高跟鞋

（五）发泡拖鞋

聚氯乙烯发泡拖鞋由发泡的鞋底与不发泡的鞋襻组装而成。发泡鞋底以聚氯乙烯为基本原材料，加入增塑剂、发泡剂及其他助剂经捏合、塑炼、拉片、冲片，最后用模压发泡法制得。不发泡的鞋襻则采用捏合、造粒，而后用注塑法制得，鞋襻料中不加发泡剂。聚氯乙烯发泡拖鞋（图 4-15）质地柔软，穿着舒服，容易制成多种花色品种，是生产量最大的一类拖鞋。其不足之处是工序复杂，操作工艺严格、生产效率较低。

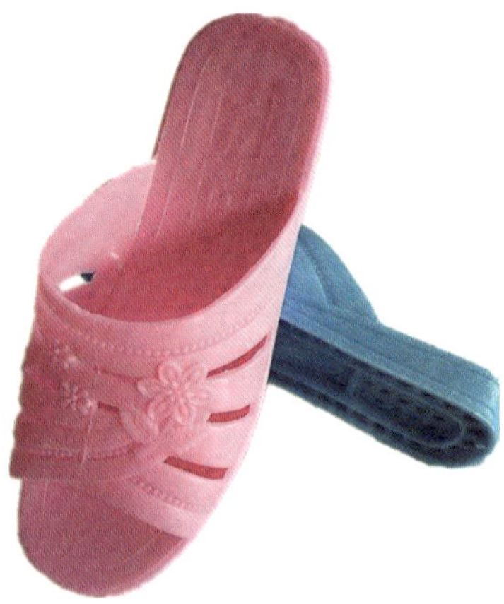

图 4-15 聚氯乙烯发泡拖鞋

聚氯乙烯发泡拖鞋的鞋底采用模压发泡工艺生产，成型加工过程主要包括：

1. 配料捏合

首先将原材料 PVC 树脂倒入捏合机，然后加入各种助剂，进行加热捏合。

2. 塑炼拉片

将捏合完毕的混合料送入双辊塑炼机进行塑炼拉片。

3. 模压制坯

将塑炼后拉的片按样板进行冲片得片料，根据鞋底要求的花色可将颜料的片料搭配，然后按模腔容量称取片料，称量应较准确，以防溢料或缺料。随后把装有片料的模具送入热压机进行加热塑化、发泡，发泡后进行冷却定型，再脱模取出塑化好的坯料。

4. 热处理

热处理的目的是在常压发泡下使坯料进一步加热发泡得到发泡的鞋底片料，其操作是将坯料送入整齐加热的烘房内，使之发泡，所得发泡拖鞋底的发泡片料出烘房后再送入库内停放一周，然后方可送去冲片。

5. 冲裁并组装

将发泡片料按拖鞋规则尺寸要求冲裁成拖鞋底样，然后打眼，与拖鞋襻带组装，即得成品拖鞋。

（六）胶鞋

胶鞋由鞋帮和鞋底两大部分组成，另有防护、加固、装饰等附属部件。随品种不同，材料和形状各不相同。布面胶鞋和胶面胶鞋的鞋底通常由大底（与地面接触的胶底）、海绵中底和中底布组成。鞋底材料一般采用天然橡胶、丁苯橡胶、顺丁橡胶、聚氨酯橡胶、热塑性橡胶等。耐油胶鞋采用氯丁橡胶、丁腈橡胶，近年来广泛采用橡胶与塑料（聚乙烯、乙烯-乙酸乙烯树脂、聚氯乙烯等）共混物。帮面材料除全胶鞋采用橡胶和里子布外，广泛使用天然和合成纤维织物、皮革、人造革、聚氨酯泡沫塑料、天然和人造毛皮等。制造胶鞋时还使用各种胶黏剂、涂饰剂、金属附件等。

生产过程包括鞋帮缝制、胶料和半成品准备、成型、硫化等。成型方法有贴合（层压）、模压、注压和冷粘。贴合成型的胶鞋一般在鞋楦上将胶鞋的各部件按一定要求贴合，然后采用硫化罐间接硫化；模压和注压成型的胶鞋则在专用的模压硫化机和注压机上同时成型硫化；冷粘是将已硫化的胶鞋底与帮面冷粘，黏合成型后不再硫化，此法可用于生产旅游鞋等。胶鞋生产过程中，开始使用微型计算机，将更多地采用单色和双色多工位注压机，注压和冷贴成型将逐步代替贴合成型。

图 4-16 胶面胶鞋

近年来，胶鞋品种的发展特点是各种材料相互复合制成轻便、美观、舒适的新品种鞋，典型的如旅游鞋，帮面由织物、皮革或人造革、泡沫材料制成，鞋底由海绵、橡塑微孔材料和橡胶底组成。由于材料相互复合渗透，橡胶鞋与塑料鞋越来越难分辨。

胶鞋按其制造方法和结构特点一般可分为布面胶鞋、胶面胶鞋（图 4-16）、皮面胶鞋（包括合成革面）和凉鞋，按使用要求可分为一般穿用类、文体旅游类、少数民族用鞋类、工矿类、农林类等。各种胶鞋广泛用于日常生活、文体活动和劳动保护。

第四节　塑料文具

一、中性笔

书写介质的黏度介于水性和油性之间的圆珠笔称为中性笔（图4-17）。中性笔起源于日本，是目前国际上流行的一种新颖的书写工具。中性笔兼具自来水笔和圆珠笔的优点，书写手感舒适，油墨黏度较低，并增加容易润滑的物质，因而比普通油性圆珠笔更加顺滑，是油性圆珠笔的升级换代产品。

图4-17　中性笔

对于常见的中性笔，其笔杆、笔套有塑料注塑成型、不锈钢材冲压磨制、不锈钢制造三种制作方式。笔头分为钻石头、子弹头、葫芦头、全针管头和半针管头五种，分别采用铜合金、不锈钢或工程塑料制成。

早期的中性笔笔杆一般采用聚苯乙烯材料，现在中性笔笔杆一般用改性聚苯乙烯、苯乙烯-丙烯腈共聚体（AS）或ABS。中性笔芯的主要材料是聚苯乙烯或改性聚苯乙烯。AS不易产生内应力开裂现象。透明度很高，其软化温度和抗冲击强度比PS高。比聚苯乙烯有更高的抗冲击强度和优良的热稳定性、耐油性、耐化学腐蚀性。如它能很好地耐某些使聚苯乙烯应力开裂的烃类。而弹性模量是现有热塑性塑料中较高的一种。

目前，常见的中性笔品牌有晨光、真彩、白雪、爱好、派克、贝发、金万年、文正、宝克、乐炫、天卓等。

二、文具盒

文具盒是学生用来装钢笔、铅笔、尺子、橡皮等文具的盒子，又称笔盒、铅笔盒。文具盒的质地很多，一般有木质、铁质、塑料制品，形状各异，多为长方体形状。铁质文具盒上面没有过于花哨的图案，相对于木质和塑料的文具盒来说，铁质的不容易变形、损坏。塑料文具盒（图4-18）色彩亮丽、图案丰富，但没有铁质的文具盒抗摔、抗变形。

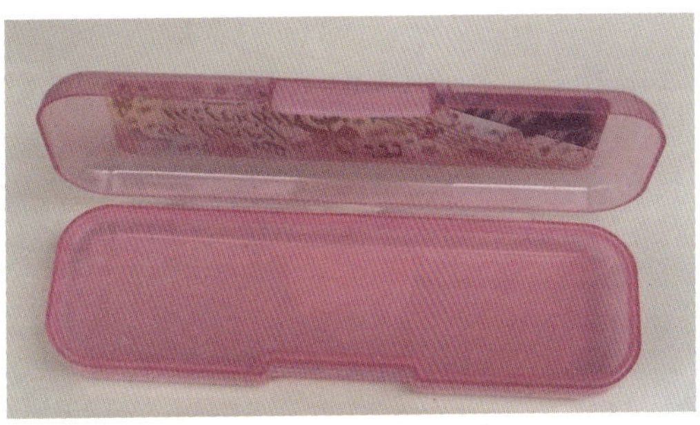

图4-18　塑料文具盒

文具盒的特征在于：由外盒体和内盒体组成，在外盒体的一长侧空面内活动插入内盒体，外盒体另一长侧的上沿铰链连接盒盖，盒盖是由两个窄盒盖铰链连接而成的。外盒体的短侧外面有弹簧片，弹簧片穿过外盒盖到达内盒体短侧面上，在内盒体短侧面上有与弹簧片端部配合的多个凹槽。塑料文具盒的材料常见的有聚苯乙烯、聚氯乙烯、聚丙烯、ABS、PMMA、聚乙烯、苯乙烯-丙烯腈等。塑料文具盒的加工方式多数为注塑成型。

三、档案盒

档案盒是各个机关和单位档案管理部门整理和装订储存文件的装具，通常是由纸板和牛皮纸、无酸纸裱糊制作的，现在出现了多种由塑料制成的档案盒（图4-19）。档案盒的材料一般有聚丙烯、聚氯乙烯等。例如得力档案盒，采用纯PP原材料生产，不掺回收料，没有异味；产品色彩纯正柔和，防静电处理，文件保管不变色；材质比一般厚实，平整度更好，产品更耐用；添加增韧耐寒配方，保持在高温 60℃或低温-15℃的地区使用不会变形和断裂；独有的粘扣缝线工艺处理，保持粘扣永久性不脱落，扣合紧密。

档案盒的塑料片材是由片材挤出机加工而成的，然后通过热压成型生产。

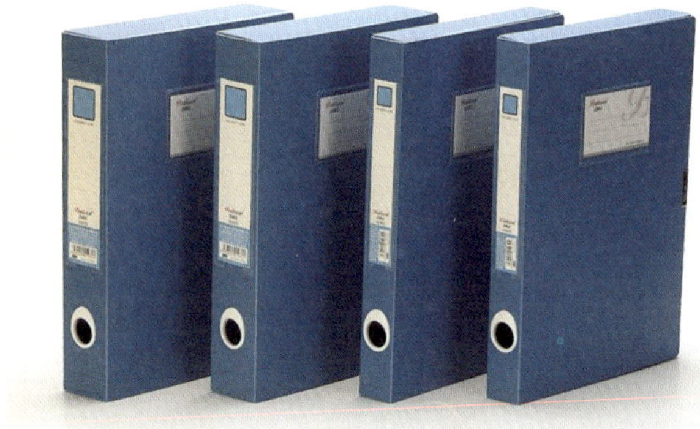

图 4-19　塑料档案盒

四、书包

书包是指用布、皮革等制成的袋子，被学生用来携带课本、文具用品。根据消费者品位的改变，箱包的材质更加多样化。真皮、PU、涤纶、帆布、棉麻等质地箱包引领时尚潮流。同时，在越来越标榜个性的时代，简约、复古、卡通等各类风格的书包也从不同侧面迎合时尚人士张扬个性的需求。

（一）双肩书包

双肩书包（图 4-20）是对背在双肩上的书包的统称，最明显特征就是背面有两根用来扣在肩膀上的带子，一般在幼儿园、小学应用比较广泛。双肩书包根据材质的不同又会分成帆布包、牛津布包、尼龙布包。双肩书包的主要优点是方便携带，解放双手，为外出提供了方便。

双肩书包一般用 1680D 双股的面料，而 600D 牛津布是比较常用的材料。另外，帆布 190T 及 210 之类的材料通常用于比较简单的束口袋类型的双肩书包。双肩书包的后背结构直接决定了背包的用途和档次。高档次和户外登山或者军用的背包，后背的结构都是比较复杂的，最少用 6 块珍珠棉或者 EVA 作为透气垫，甚至还有铝架。一般的双肩书包后背用一块珍珠棉作为透气板，最简单的束口袋类型双肩书包除了背包本身的材料外，是没有任何衬垫材料的。

图 4-20　双肩书包

图 4-21　单肩书包

（二）单肩书包

顾名思义，单肩书包（图 4-21）是指单边肩膀受力的书包，又分单肩挎包和斜挎包。单肩书包一般容量较小，方便携带。不但在上学的时候使用，在逛街的时候一样可以使用，因此单肩书包已经慢慢地成为一种时尚品。单肩书包主要消费对象以年轻人为主，特别是中学生、大学生。

五、胶带

在 BOPP 原膜的基础上，经过高压电晕后使一面表面粗糙，并在这一面上涂上胶水，经过分条分成小卷，这就形成了日常使用的胶带。胶带按其功效分可以分为高温胶带、双面胶带、绝缘胶带、特种胶带、压敏胶带、模切胶带，不同的功效适合不同的行业需求。胶带表面上涂有一层黏着剂，才能令胶带粘住物品。最早的黏着剂来自动物和植物，在 19 世纪橡胶是黏着剂的主要成分，而现代则广泛使用各种聚合物。现在常用的胶带胶水是丙烯酸酯胶水，又叫压敏胶，主要成分是酊脂。酊脂是一种高分子活性物质，温度高低对分子活动有一定影响。胶水的酊脂含量直接影响到胶带的使用情况。正常的封箱胶带（图 4-22）的厚度一般为 22μm，是符合标准的厚度。

对于有颜色的胶带，是为了方便做记号和遮蔽用途，一般采用米黄色和土黄色。带颜色的胶带的颜色是胶水的颜色。将透明胶带对粘捏紧然后快速拉开，可以将一边的胶拉脱离，就可以看到原膜的纯度和透明度。

去除黏胶的方法是：用软布等蘸取足量的质量分数为 95% 的酒精，然后轻轻擦拭不干胶处，不干胶就会轻易地变软脱离。另外，还可以用风油精、除胶剂等。

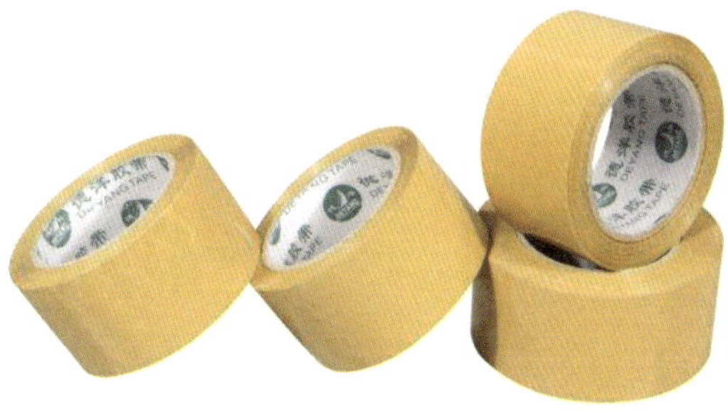

图 4-22　封箱胶带

胶带根据基材可分为 BOPP 胶带、布基胶带、牛皮纸胶带、美纹纸胶带、纤维胶带、PVC 胶带、PE 泡棉胶带等，根据应用范围可分为警示胶带、地毯胶带、电工胶带、保护膜纸胶、缠绕膜胶带、封箱胶带、模块胶带等，根据市场普及率可分为普通胶带、特种胶带，根据应用环境温度可分为低温胶带、常温胶带、高温胶带，根据粘贴性划分为单面胶带和双面胶带。

热封胶带是利用专用设备（热风缝口密封机或高频热合机）加热，缝合在雨衣、帐篷、升空气球等防水、防气系列产品的针织骨位针孔处，达到密封（防漏水、防漏气）效果的一种胶带。

六、橡皮擦

橡皮擦（图 4-23）种类很多，主要是用 PVC 材料做的，不过加了增塑剂乙酰柠檬酸三正丁酯（ATBC），是用物理原理（非魔术笔）将笔迹（不仅是铅笔字）剥离所写物体表面的物质（排除了涂改带和涂改液）。

ATBC 是一种无毒增塑剂，具有溶解性强，耐油性、耐光性好，并有抗霉性，主要用作聚氯乙烯、纤维素树脂和乙烯基树脂及合成橡胶等的增塑剂。ATBC 是目前 PVC 塑胶行业最经济的环保增塑剂。其增塑效果与邻苯二甲酸二辛酯（DOP）、邻苯二甲酸二丁酯（DBP）相当。

图 4-23　橡皮擦

DOP 是最广泛使用的增塑剂，除乙酸纤维素、聚乙酸乙烯外，与绝大多数工业上使用的合成树脂和橡胶均有良好的相容性。它作为一种主增塑剂，广泛应用于聚氯乙烯各种软质制品的加工。它无毒，可用于与食物接触的包装材料，还可用于硝基纤维素漆。在多种合成橡胶中，它有良好的软化作用。

DBP 对多种树脂具有很强溶解力，主要用于聚氯乙烯加工，可用作聚乙酸乙烯、醇酸树脂、乙基纤维素及氯丁橡胶的增塑剂，还可用于制造油漆、黏结剂、人造革、印刷油墨、安全玻璃、赛璐珞、染料、杀虫剂、香料溶剂、织物润滑剂等。

柔软的聚乙烯基橡皮擦拥有塑胶的质感，并与普通粉红色橡皮擦拥有同样功能。这些橡皮擦比粉红色橡皮擦柔软，故较不容易损毁纸张。聚乙烯基橡皮擦一般是白色的。

七、固体胶棒

固体胶棒又称固体胶、固体糨糊、唇膏式糨糊等，如图 4-24 所示，是以胶料、香精和水等为原材料，经合理配制而成的。固体胶是胶黏剂中的一种新产品。其主要特点为：原材料容易得到，制作简单，保存期长，便于携带，使用方便，黏结牢固，适用于纸品黏结。固体黏合剂（固体胶水）是一类比较理想而美观的黏合剂，它是将热液注入模中，冷却后变成固体，装入唇膏式管中，形成固体黏合剂。它具有以下特点：

图 4-24　固体胶棒

（1）携带使用方便，外形像一只化妆用的唇膏，用时拧底座体，胶棒微露后，涂抹即可。

（2）不污染黏结面以外的区域，薄纸亦不会浸透。

（3）黏结力强，并且能长期保持胶黏性。

（4）制作简单，原材料易购，成本低。

例如，以动物胶、动物胶抗凝剂、脂肪酸盐、溶剂、防腐剂为主要原材料制得的固体胶，可在-20～40℃环境中用于粘贴各种纸张。添加增效剂后制得的固体胶粘贴性能明显提高。添加水溶性染料制得的带色固体胶有多种用途，譬如用于植绒画。

聚乙烯醇缩甲醛固体胶棒具有赋形好，干燥速度快，黏结强度高，适应温度范围宽，游离甲醛含量低的特点。与胶水和化学糨糊相比，固体胶棒的最大特点在于使用、携带方便，干净、卫生，不会产生滴漏、扩散和渗透现象，是一种理想的替代胶水的办公用品。

固体胶棒的外包装为旋转塑料管，主要材质有聚乙烯、聚丙烯等，由挤出或注塑成型加工制成。

第五节　塑料餐具

一、按成分分类

（一）聚对苯二甲酸乙二醇酯餐具

PET 由乙烯聚合而成，常用作矿泉水瓶、可乐饮料瓶、果汁瓶等。它们因为只可耐热 70℃，所以只适合装冷饮料和暖饮料，若装高温液体或加热，则会变形。PET 是乳白色或浅黄色、高度结晶的聚合物，表面平滑有光泽。它在较宽的温度范围内具有优良的物理机械性能，长期使用温度可达 120℃，电气绝缘性优良，甚至在高温高频下，其电学性能仍较好，但耐电晕性较差，抗蠕变性、耐疲劳性、耐摩擦性、尺寸稳定性都很好。PET 的优点如下：

（1）有良好的力学性能，冲击强度是其他薄膜的 3～5 倍，耐折性好。

（2）耐油、耐脂肪、耐稀酸、稀碱，耐大多数溶剂。

（3）具有优良的耐高、低温性能，可在 120℃温度范围内长期使用，短期使用可耐 150℃高温，可耐-70℃低温，且高、低温时对其机械性能影响很小。

（4）气体渗透率低，即有优良的阻气、水、油及异味性能。

（5）透明度高，可阻挡紫外线，光泽性好。

（6）无毒、无味，卫生安全性好，可直接用于食品包装。

（二）高密度聚乙烯餐具

HDPE 适合制作装食品及药品的瓶、装清洁和沐浴用品的瓶、购物袋、垃圾桶。

（三）聚氯乙烯餐具

PVC 由氯乙烯聚合而成。高温及与油脂接触聚氯乙烯塑料容易释放出邻苯二甲酸酯及未完全聚合的有毒氯乙烯单体。用聚氯乙烯制成的保鲜膜透明性好、不易破裂、黏附性强、价格低，在超市、大卖场看到的盒上粘得很牢的薄膜就是它。

（四）低密度聚乙烯塑料薄膜及保鲜膜

LDPE 塑料对水阻隔性能良好，通常用作牛奶盒、饮料盒等纸质包装盒的内贴膜。

（五）聚丙烯餐具

PP 由丙烯聚合而成，透明度也较聚乙烯好，比聚乙烯硬，用它做成的塑料盒可以放进微波炉里加热。

（六）聚苯乙烯餐具

PS 由苯乙烯聚合而成，常用作碗装方便面盒、快餐盒。它耐热又耐寒，但是温度太高会使其释放有害物质。

（七）聚碳酸酯餐具

它是用双酚 A 与碳酸二苯酯作为原材料而合成的，具有优良的冲击韧性和机械强度，且透明度很好，因此被誉为“透明金属”，常用于制造水壶、水杯、奶瓶等。

（八）通用级聚苯乙烯餐具

GPPS 可用于仪表外壳、玩具、灯具、文具、化妆品容器、室内外装饰品、果盘、光学透镜、窗镜和模塑、车灯、电容器薄膜、高频绝缘材料、化工容器等。悬浮聚合树脂可制成不同密度的泡沫塑料，用作绝热、隔音、防震、漂浮、包装材料和软木代用品。它的预发泡体可用作水过滤介质及制备轻质混凝土；低发泡塑料可制成合成材料用来做家具等，还经常被用来制作各种需要承受开水温度的一次性容器及一次性泡沫饭盒等。

（九）苯乙烯-丙烯腈共聚物餐具

AS 比 PS 有更高的冲击强度和优良的热稳定性、耐油性、耐化学腐蚀性。如它能很好地耐某些使聚苯乙烯应力开裂的烃类。就弹性模量而言，它是现有热塑性塑料中较高的一种。AS 不易产生内应力开裂，透明度很高，软化温度和抗冲击强度比 PS 高。在物理化学性能上，AS 具有很强的承受载荷的能力、抗化学反应能力、抗热变形特性和几何稳定性。在 AS 中加入玻璃纤维添加剂，可以增加强度和抗热变形能力，减小热膨胀系数。AS 的软化温度为 110℃，载荷下挠曲变形温度约为 100℃。AS 的收缩率为 0.3%~0.7%。AS 是一种坚硬、透明的材料。苯乙烯成分使 AS 坚硬、透明，并易于加工；丙烯腈成分使 AS 具有化学稳定性和热稳定性。它通常用于电气元件（插座、壳体等）、日用品（厨房器械、冰箱装置、电视机底座等）、汽车配件（车头灯盒、反光镜、仪表盘等）、家庭用品（餐具、食品刀具等）、化妆品包装。

（十）密胺塑料餐具

三聚氰胺-甲醛塑料是一种热塑性塑料，通称密胺塑料。它是以三聚氰胺-甲醛树脂为基材，加入可用压缩模塑法制成各种产品。密胺塑料在-20~100℃的温度范围内性能变化很小，由于它质轻、坚固、易去污、能装饰、耐光、无毒等特点，因而可广泛地代替易碎的陶瓷制品，很适合制作各种餐具。

（十一）淀粉塑料餐具

利用化学反应对淀粉进行化学改性，减少淀粉的羟基、改变其原有的结构，从而改变淀粉相应的性能，把原淀粉变成热塑性淀粉。由于淀粉是一种可生物降解天然高分子，在微生物的作用下分解为葡萄糖，最后分解为水和二氧化碳，因此淀粉基塑料属全降解塑料。淀粉塑料餐具是消除“白色污染”的有效途径之一，其市场前景非常广阔。其缺点是生产原材料大部分是粮食作物，且有防霉变等问题尚待解决。

市场上销售的淀粉塑料餐具多是以淀粉类植物为原材料，可以是玉米、土豆、红薯、木薯等一年生长期植物，在其中加入膳食纤维和其他可食用类助剂经搅拌捏合而成。它采用生物复配、聚糖交联、钙离子螯合等技术精制而成，由致密层、内防水层、胶网层和外防水层四部分构成。

二、按用途分类

（一）塑料碗

碗是人们日常必需的饮食器皿，其形状口大底小，碗口宽而碗底窄。下有碗足，高度一般为口沿直径的 1/2，多为圆形，极少方形。不断变化的只是质料、工艺水平和装饰手段。碗的一般用途是盛装食物。随着现代科技的发展，碗的材质也是多种多样的，主要是陶瓷材质、塑料材质和玻璃材质等。塑料碗有重量轻、价格低廉、容易清洗和存放，及形状、尺寸和风格多样化等优点，如图 4-25 所示。塑料碗一般采取注射成型工艺。

图 4-25　塑料碗

塑料碗原材料主要有常见的 PP、PC 等。此外，密胺塑料餐具也是广大居民及饮食店、单位食堂常用的餐具，它是一种热固性塑料，常用于制造碗、碟、筷、勺等餐用具。它是以三聚氰胺、甲醛树脂为主要原材料，加入适量的纤维素填料及着色剂等辅助材料制成的。它的外观和手感如瓷器，耐酸又耐碱，表面硬度和抗冲击强度都比较高，使用寿命长，它可在 120℃以下洗碗机中清洗、消毒。同样大小、厚薄的餐具，密胺塑料餐具要比瓷质餐具轻，但又不像瓷器那样容易破碎，因此，特别受婴幼儿家长的欢迎。由于密胺塑料分子结构的特殊性，它不适合在微波炉中使用，否则很易开裂。密胺塑料餐具中的三聚氰胺，如果没有完全被聚合，也会有一部分进入到食品中。

（二）塑料水杯

图 4-26　塑料水杯

塑料水杯由当初的一次性水杯到如今的绿色环保塑料杯，各式各样的塑料杯出现在我们的生活中，在此期间，塑料水杯的造型也由原来的单调造型到如今的造型，丰富多彩，美观大方，体现了工艺与艺术的结合。到如今，除了它的基本使用功能，塑料杯生产还要考虑健康、无毒、美观等，如图 4-26 所示。

塑料水杯通常分一次性的和可以重复使用的两大类。由于塑料水杯使用方便，使用材料少，一般价格都很便宜。而一次性塑料水杯通常采用 PET。该塑料杯不能装热水，耐热至 70℃。而对于可以重复使用的水杯一般采用 PP 和 PC 两种。首先，从理论上讲两者都是无毒的，但是从耐老化和耐气候性方面讲，PP 更适合做水杯。其次从合成方法上讲，PC 一般是用双酚 A 型方法合成的，分子内含有苯环，虽然 PC 本身热稳定性很好，但是作为高分子材料，其内部仍然含有一些低分子物质，这些物质在受热见光的情况下，会挥发分解，并且大多是致癌的，因此通常情况下 PP 水杯更安全。但是由于 PC 的透明性更好，更有玻璃的质感，所以商家为了取悦消费者也会生产 PC 水杯，在市场上也有很好的销量。

随着时代的发展和无毒无害环保材料的推广，塑料水杯在近几年有了长足发展。常见塑料水杯主要包括杯盖、杯体、密封圈和手柄四个部件。

（三）塑料茶盘

以聚乙烯、聚丙烯、聚苯乙烯、苯乙烯-丙烯腈、丙烯腈-丁二烯-苯乙烯树脂类塑料为主要原材料，无味、无毒，易于着色，用它们所制成的日用塑料制品，色泽艳丽，颇受人们的欢迎。这类塑料制品，大多用注塑法制得，除可生产塑料茶盘（图 4-27）外，还可以生产诸如头梳、皂盒等塑料产品。

聚烯烃类塑料型号种类较多，为了使成型时熔体有良好的流动性，必须选择适合注塑用的塑料原材料，而通常用熔体流动速率表示塑料原材料的流动性。在注塑用的各种塑料原材料中，高密度聚乙烯的熔体流动速率要求为（3~8）g/10min，低密度聚乙烯的熔体流动速率要求为（4~20）g/10min。由于聚苯乙烯、聚烯烃类塑料多为透明或半透明白色固体，为生产各种颜色的制品，需加入一定量的着色剂将原材料染色。常用的着色剂有 YJP 型荧光黄、YJO 型透明红、3G 型荧光绿等。

图 4-27　塑料茶盘

塑料茶盘的加工过程是：将树脂和着色剂、稀释剂倒入捏合机中充分搅拌，进行浮染。将浮染的物料置于注塑机料筒内加热，并使其受到剪切力的作用使之熔融塑化为黏流态，再以螺杆施加压力，快速将熔融物料通过料筒前段喷嘴注入温度较低的闭合模具内，经冷却固化，开启模具取出制品，即完成一个成型周期。成型周期的时间长短，取决于制品的大小、形状、厚度及塑料原材料的品种和注塑机的种类、工艺条件等因素。

使用 PE、PP、PS 树脂为原材料，如未受潮，成型前不需要干燥。使用 ABS、AS 树脂为原材料时，成型前必须进行干燥，因为这类原材料吸湿性大；否则，制品容易出现丝纹和气泡，从而影响制品表面光泽。

（四）奶瓶

1. 聚碳酸酯塑料奶瓶

（1）PC 塑料奶瓶的优点。透光度佳，比玻璃奶瓶轻、售价低，一般均可耐热至 100℃左右，耐摔不易破裂；比较容易买到，品牌选择性强。

（2）PC 塑料奶瓶的缺点。易残留奶垢，不易清洗，容易刮伤，冲泡加热或蒸汽消毒易产生化学毒素，可能影响婴幼儿身体健康。

2. 聚丙烯塑料奶瓶

（1）PP 塑料奶瓶（图 4-28）的优点。没有毒副作用，耐酸碱的性能绝对要比 PC 高，不含双酚 A。

（2）PP 塑料奶瓶的缺点。硬度不够，掉地上容易破，透光性略差，没有 PC 耐高温。

图 4-28　聚丙烯塑料奶瓶

3. 聚醚砜塑料奶瓶

（1）PES 塑料奶瓶的优点。奶瓶较轻、耐摔不易破裂，冲泡加热或蒸汽消毒不易产生化学毒素，不含扰乱内分泌的致癌化学物质，耐热 180℃，可微波加热。

（2）PES 塑料奶瓶的缺点。容易残留奶垢，不易清洗，容易刮伤，使用期限短（6~8 个月）。

4. 聚亚苯基砜塑料奶瓶

聚亚苯基砜（PPSU）塑料奶瓶比 PES 塑料奶瓶稍贵一些，奶瓶本体为薄茶色，是目前市场上新型材料的奶瓶。

（1）PPSU 塑料奶瓶的优点。相当轻、耐摔不易碎裂；具有更高的强度、更高的热稳定性、更高的化学稳定性，冲泡加热或蒸汽消毒时不易产生化学毒素，不含双酚 A，耐热 180℃，可微波加热。

（2）PPSU 塑料奶瓶的缺点。易残留奶垢，不易清洗，容易刮伤，使用期限短（6~8 个月）。

5. 硅胶奶瓶

（1）硅胶奶瓶的优点。

1）硅胶是一种会呼吸的材质，用硅胶制品盛放母乳，即便放在常温下，母乳也不易变质，可以很好地保持母乳的新鲜度。

2）柔软的硅胶材质，能根据婴儿吸奶的变化自然收缩，保持瓶身内外压力一致，有效防止婴儿因吸入空气而引起的胀气和肠胃不适。

（2）硅胶奶瓶的缺点。软体瓶身使用不便，价格较贵。

图 4-29　塑料饭盒

（五）塑料饭盒

饭盒是专门用来装饭菜的盒子，也称便当盒，大多用铝、不锈钢、塑料制成。塑料饭盒（图 4-29）的原材料一般为 PC、PE 和 PP 等，现在比较常见的保鲜盒材料为 PP。

塑料饭盒一般采用注射成型法生产。如果需要大批量生产，设计的模具需要有较高的注塑效率，浇注系统要能自动脱模，可采用点浇口自动脱模结构。

（六）塑料饮料瓶

塑料饮料瓶（图 4-30）是用来盛放饮料的塑料瓶，主要有矿泉水瓶、碳酸饮料瓶等，主要由聚乙烯或聚丙烯等材料并添加了多种有机溶剂后制成。这两种材料无毒无味，用来灌装饮料等对人体很安全，但聚乙烯一旦受高温或是酸性腐蚀就会慢慢溶解，并释放出有机溶剂，对人体造成危害。塑料饮料瓶有热塑性和热固性两种，目前市场上出现的饮料瓶大多数都是热塑性塑料，因为它们大多都具有可熔可溶的性质。PET 瓶的生产主要采用注射拉伸吹塑工艺，聚丙烯塑料瓶主要采用挤出拉伸吹塑工艺。

图 4-30　塑料饮料瓶

塑料饮料瓶底部标志，有一个由 3 个箭头组成的三角形，有数字 1~7，有的标志下面还会有“PET”字样。这 3 个箭头组成的三角形表示“可回收再生利用”的意思，里面的数字代表了不同的材料。

数字 1 表示由 PET 制成的饮料瓶，可以在短时期内装常温水，但不能装高温水，也不宜装酸碱性饮料，建议不要重复使用，也不要将饮料瓶放到车里暴晒。

数字 2 表示由 HDPE 制成的塑料容器，常见于药瓶、清洁用品瓶、沐浴产品瓶。此类制品因为不容易彻底清洁，所以不适合用作水杯等，也不要循环使用。

数字 3 表示由 PVC 制成，耐热度 60℃，若温度超过 60℃，就可能释放出氯乙烯单体，长期接触可能引起肝胆方面的肿瘤。

数字 4 表示由 LDPE 制成的产品，常用于雨衣、建材、塑料膜、塑料盒等。因为这两类材质的可塑性优良、价格低廉，所以使用较为普遍。但它们的耐热温度较低，高温分解时有可能释放出有害物质，因此很少用于食品包装。

数字 5 表示由 PP 制成，是唯一可以放进微波炉的塑料制品，可以重复使用。

数字 6 表示由 PS 制成的塑料制品，不能在高温、强酸、强碱环境下使用。

数字 7 表示为苯乙烯-丙烯腈树脂，用这种材质大量生产水壶、水杯、奶瓶已有 10 多年的历史，安全性较高，但也尽量不要用来盛装开水。这种材料做的杯子透明度高、耐摔，但是耐用性较差。

一般来说，标有数字 1、5、6、7 的塑料饮料瓶，是相对安全的。例如，数字 1 代表该塑料的材质为 PET，常见矿泉水瓶、碳酸饮料瓶等；耐热至 70℃，易变形，有对人体有害的物质溶出；不能放在汽车内晒太阳，不能装酒、油等物质。而塑料瓶长期盛装饮料或食物，可能会溶出有害物质，对健康不利。

（七）一次性餐饮具

国家标准《塑料一次性餐饮具通用技术要求》（GB 18006. 1—2009）对一次性餐饮具的范围进行了明确的界定：是指预期用餐或类似用途的器具，包括一次性使用的餐盒、盘、碟、刀、叉、勺、筷子、碗、杯、罐、壶、吸管等，也包括有外托的一次性内衬餐饮具，但不包括无预期用餐目的或类似用途的食品包装物，如生鲜食品托盘、酸奶杯、果冻杯等。而塑料一次性餐饮具（图 4-31）是指树脂或其他热塑性材料通过热塑成型加工得到的一次性餐饮具。

图 4-31　塑料一次性餐饮具

塑料一次性餐饮具按照其材质可以分为通用塑料一次性餐饮具、植物纤维模塑一次性餐饮具、淀粉基塑料一次性餐饮具、其他覆塑一次性餐饮具，按照其使用时的耐温程度可以分为耐温一次性餐饮具和不耐温一次性餐饮具，按照降解性能可以分为非降解一次性餐饮具和可降解一次性餐饮具，还可以分为可微波炉用一次性餐饮具和非微波炉用一次性餐饮具。

塑料一次性餐饮具通常采用聚苯乙烯、聚丙烯、聚氯乙烯等高分子化合物制成，具有毒性较低、熔点较高、可塑性强、生产简便等特点，成为制造价格低廉、随用随弃的一次性餐盒的极佳材料。然而，塑料一次性餐饮具在带来方便的同时，还会产生多种副作用，构成对人体的直接污染和对环境的二次污染：一次性发泡餐饮具在生产过程中要消耗大量属臭氧层消耗物质的发泡剂，从而危及地球的保护伞——臭氧层；由于我国政府已开始限制一次性发泡餐饮具的生产，所以市场上多有非法厂家所生产的餐盒。如此一来，产品质量尤其是卫生也成了问题；有毒有害物质（如发泡剂），在较高温度下会溶出并被食物吸收，从而对人体造成微量污染，长久沉积损害健康。如果有害物质超标，其危害更大。有关研究结果表明，聚苯乙烯高分子在合成过程中如果不完全聚合，会有苯乙烯单体、二聚体、三聚体溶出，用它来包装食品，对健康的危害也很大。特别是用它装较热的食品时，它内部的有害物质就会被吸出来，凝结在食物上，人吃了这样的食品，不仅肝脏、肾脏受损，而且机能还会发生变异。发泡塑料已被证明是危害健康最严重的杀手之一。

这些一次性的发泡塑料餐饮具在 65℃ 以上的高温中将产生对人体有害的毒素和致癌物二噁英，二噁英是一种有毒的含氯化合物，它是世界已知有毒化合物中毒性最强的，致癌性极强，能够引起严重的皮肤病和伤及胎儿，还有可能男性雌化。1t 一次性发泡塑料垃圾的直接、间接处理费用是其原产值的 10 倍以上。因此，这些“白色污染”不仅给国家和群众增加了无端的经济压力，还给子孙后代留下了一大堆难题。而且泡沫饭盒在生产中运用氟利昂作为发泡剂，制作主要原材料是聚苯乙烯。众所周知，氟利昂是消耗臭氧层物质，它会使大气产生臭氧层空洞。而聚苯乙烯是一种可能致癌的物质，会造成生殖机能失常。此外，聚苯乙烯制造的餐盒降解周期极长，在普通环境下可达200年左右。因此，它不仅破坏了环境，而且给人类的生存带来了较大的危害。

（八）无毒聚氯乙烯糕点盒

无毒PVC糕点盒（图4-32）是指以无毒PVC片材为原材料，通过热成型的方法而制备的一类新型的食品包装容器。用该类制品以替代传统的食品包装所用的金属桶、盒及纸盒等，具有一系列优异性能，如防潮、防水、防虫蛀等。并可依被装对象的特点，可选用透明片材为原材料，使被装物一目了然，亦可选用色泽鲜艳的片材为原材料，起到使被装物具有雍容华贵的特点。此类无毒聚氯乙烯糕点盒成本较低，成型工艺简单，除广泛用于食品包装外，只需要更换模具，即可广泛用于医疗、服装、电子仪表及配件、工业零件等各领域包装装潢。

图4-32 无毒聚氯乙烯糕点盒

原材料可选用压延或挤出成型的无毒PVC片材，要求片材厚薄均匀，无针眼、气孔、气泡等缺陷。片材厚度视被装物重量、体积等而选用，一般自零点几至几毫米不等。

成型加工过程首先将PVC片材按制品要求裁成一定规格尺寸，用夹持机构将其固定，用加热器加热（一般片材较薄时，单面加热即可，当片材厚度大于3mm时需双面加热或送入烘箱），控制一定的温度与时间。将加热好的片材置于模具上，与模具的成型面接触，同时开动真空系统，进行真空吸塑成型。吸塑完毕，用喷水形成水雾以进行冷却（或采用强制空气流动进行冷却），当冷却至变形温度以下时，即可用压缩空气反吹或采用机械式进行脱模。脱模时机一定要适当，温度高时制品易变形，温度低时造成脱模困难。脱模后进行修边即得制品。

（九）玉米淀粉一次性餐饮具

玉米淀粉一次性餐饮具是生物降解制品，以玉米淀粉为主要原材料，经高科技生产工艺加工而成，自然条件才可自行降解，避免了对环境的污染，节约了石油等不可再生资源。一次性可降解餐饮具的优点是：①无公害。由于它是玉米淀粉和其他环保材料精制而成的，不含对人体有害的物质，可放心长期使用。②零污染。产品埋入泥土中，在适宜的温度下，90d后可降解形成二氧化碳和水，对土壤和空气不造成污染。③省资源。玉米淀粉是可再生资源，取之不尽、用之不竭，而纸质餐饮具和塑料餐饮具需大量的木材和石油化工产品。以玉米淀粉为原材料可节省大量的石油和森林资源。④高品质。产品致密性好，耐水、耐油、防渗透，同时具有良好的耐高温和耐低温性，适合冰箱冷冻、冷藏、保鲜食品，微波炉加热等。

以聚苯乙烯为主要原材料的发泡塑料餐饮具迅速遍布我国的每个角落，形成了巨大的消费市场。聚苯乙烯的不可降解、难以回收等缺点，给处理工作带来了很大的不便。目前在我国众多城市的大街小巷、旅游景点、铁路沿线及江河湖泊，这种被废弃的一次性餐饮具随处可见，真是“触目惊心”，给环境造成了严重的污染。这种“白色污染”不仅增加了环卫工人的劳动强度，给人们带来视觉上的污染，而且正日益严重地污染着我们赖以生存的土地资源和水资源，同样给人们带来了诸多的不便和危害。因此，基于玉米淀粉的一次性餐饮具便应运而生，甚至能多次使用，收到良好的社会效益。

第六节 塑料箱

简单地说，以塑料为原材料制造的各类具有盛装和容纳功能的长方体或立方体容器均可归类为塑料箱。在使用量和重要程度方面，常用的塑料箱选用具有高冲击强度的HDPE和PP为原材料注塑而成。大多数箱体由一次注塑而成，有些塑料箱还配套了箱盖（平盖与翻盖两种）。塑料箱不仅在人们日常生活中能够起到帮助整理和收纳各类物品的作用，其在物流、机械、化工、机场、港口、电子电器、仓储及运输等领域均占据重要的地位，是实现安全生产和快速高效地开展各类经济活动不可或缺的重要工具。

一、塑料物流箱

大多数塑料物流箱设计成可折叠式样，在空箱的时候可减少仓储体积，也减少来回的物流费用。物流用塑料物流箱的规格很多，形状也多样。但是，大部分物流箱的发展趋势都是向标准型塑料托盘配套尺寸靠近（目前国内标准的塑料套箱规格有600mm×400mm×280mm、600mm×400mm×140mm、400mm×300mm×280mm、400mm×300mm×148mm、300mm×200mm×148mm等）。标准尺寸的物流箱可以与塑料托盘配套使用，方便了产品的单元化管理。

根据结构不同，物流箱产品基本上分为以下三类：

1. 标准式物流箱

此类型物流箱（图4-33）是最为普遍的可堆式物流周转箱，无论是有配套箱盖或没有箱盖都不会影响到上、下两个箱体或多个箱体的灵活堆叠。

图4-33　标准式物流箱

2. 斜插式物流箱

斜插式物流箱（图4-34）可配套内凹型外翻箱盖，在箱体堆叠时使用。此类型物流箱的特点是可以在空箱时减少仓储体积，方便物流周转时的来往费用。如使用此款物流箱在上、下两个箱体或多个箱体堆叠，必须要配套箱盖同时使用才可实现堆叠。箱盖皮纹同时增加了堆码时与上面箱底的摩擦力，提高稳定性。斜插式物流箱箱盖和箱体长边采用镀锌钢丝为铰链轴连接或者为塑料插销轴连接，采取U形防盗模式，如没有专用工具，在不破坏箱体的情况下，用外力无法打开，防盗效果好；空箱堆码叠放自如，可以避免出现不顺畅、不到位的现象；锁扣孔设计可配扎带或锁扣，防止货物在搬运配送过程中散落或被盗；箱体长侧面两边靠近底部位置预留80mm×60mm大小的贴条码位置，并且低于平面0.5mm。斜插式物流箱底部防滑底纹设计，增加了堆垛的稳定性及单箱承载能力，也更适宜配合滚道流水线使用；箱盖上有四个码垛定位块，保证堆垛到位，防止箱子之间滑移，防错位，防倾倒，防滑垛；箱体短侧边靠顶位置有标签槽，可插标签，方便管理，同时大大增强了空箱堆垛能力。

图4-34　斜插式物流箱

3. 错位式物流箱

错位式物流箱亦称为错位箱、可叠式塑料箱、可插式周转箱、重叠周转箱、套叠箱、套叠周转箱、套叠物流箱，结合了标准式物流箱和斜插式物流箱的优点，不仅可以实现灵活地堆叠多个箱体，而且不需要其他辅助附件的帮助就可实现空箱的套叠堆放，同样可减少空箱的仓储体积和物流周转的来往费用。

错位箱合理的设计、优良的品质，使其适用于工厂物流中的运输、配送、储存、流通加工等环节。错位箱可与多种物流容器和工位器配合，用于各类仓库、生产现场等多种场合，大大地节省箱子置空时的储存空间。在设计上，它巧妙地利用了箱子两侧的凹凸位设计，箱子装满货物时，凸位对凸位，则可以层叠而不会挤压损坏货物；当箱置空时，则凹位对凹位，将箱子套叠起来，至少可节省2/3 的储存空间。

错位箱具有环保、防潮、防水、防震、防摩擦、防挤压、颜色丰富等特点，配合精美的印刷在对产品起到有效保护的同时大大提高产品档次。在物流管理越来越被广大企业重视的今天，错位箱能够很好地帮助完成物流容器的通用化、一体化管理，是生产及流通企业进行现代化物流管理的必备品。

二、塑料整理箱

广义上，塑料物流箱也是塑料整理箱的一种，但一般人们日常生活中认识的塑料整理箱（图 4-35）常被称为收纳箱、储物箱、滑轮箱、玩具箱等。材质上，它也通常采用安全无毒的 PP 材质生产，具有带盖（有密封的效果）、带轮、可斜套（不占空间）、能耐酸耐碱、耐油污，无毒无味，清洁方便，零件周转便捷、堆放整齐，便于管理等优点。它不仅广泛应用于食品、医药、邮政、电力、五金、机械、电子、仪表、化工、烟草、立体仓储等行业，而且逐渐作为深受人们欢迎的家用收纳容器进入了千家万户。

图 4-35　塑料整理箱

从功能角度上来看，家用或办公用塑料整理箱有以下主要用途：

（1）报纸杂志收纳——防水无纺布报纸杂志箱。一般形式为带有滑轮的收纳箱，且滑轮可以自由拆卸。其颜色鲜艳，款式时尚，既是居家的好装饰，又是置物的好帮手。平时在家，杂志、报纸看后总是会被随意放置，等到再次想看时总是找不到。有了收纳箱，能够有效整理报纸杂志，而且收纳箱的两侧各有两个口袋，一些小杂物也可以收纳进去。

（2）内衣或化妆品收纳箱。内含竹炭布的收纳箱，比一般无纺布收纳箱更具有吸湿、抗菌的功效，免除樟脑丸的异味和灰尘的烦恼，可保持内衣卫生，属于健康、美居收纳系列物品。用它收纳内衣或化妆品使其整齐摆放。通过透明可视膜，可清晰看到盒内物品；带拉链设计使其密闭性更好。

（3）常用小物件分层次收纳——收纳箱两件套。日常用的小物件找起来总让人头疼不已，它们一不小心就会被压在大件衣物下，藏得严严实实的。收纳箱两件套可对家里的小物件进行分类摆放，达到很好的收纳效果。它可悬挂在衣柜或居室内，在充分利用空间的同时，具有一定的装饰效果，免却了人们为寻找小物件而翻箱倒柜的烦恼。

（4）办公写字台/书桌收纳箱。使用收纳整理箱可以有效帮助收纳铅笔、水笔、橡皮、修正液等文具和日用品。

（5）坐凳式收纳箱——八角收纳凳。这种收纳凳造型简洁，设计温馨可爱。既可当坐凳也可方便人们收藏整理各种杂物，在充分利用空间的同时，还具有一定的装饰效果。

（6）常用碟片收纳——可折叠抽屉式收纳盒。随手可得的小型收纳盒也是相当讨人喜欢的。它造型时尚、简单大方，可放置于卧室、书房、办公室、衣柜内，能容纳多种日常物品，给物品归类，让居室变得整齐有序。不用时还可以折叠放置，既方便又实用。其材质为无纺布，它是利用天然纤维加工而成的、具有柔软和透气功能的新型纤维制品，整体经过防霉处理。

（7）彩色袜子收纳——分格整理盒。家家都有各种各样的长筒袜、中筒袜、短袜、长棉手套，需要分格整理盒进行收纳。其材质为无纺布，具有环保特性，经过特殊处理，防尘、抗菌、防臭，使用便捷。

（8）阳台衣夹收纳箱。可爱的动物设计可以作为房间摆设，储物或放置垃圾，弹弓筒式设计可折叠还能方便收藏，内有防水内层可放置湿物，清洗方便，可用湿布擦洗。

（9）待洗涤衣物收纳——收纳桶和双层晾衣栏组合。布桶内有弹性钢丝圈，外罩优质纯棉布，盖子上配有拉链，防霉、防尘。可以用来收纳小宝贝的玩具和杂物，也可以作为脏衣桶，用处很多。而它漂亮的外表，使它摆在家里不光实用又显得时尚，堪称家里的一道风景。同时，它还是空间魔术师，能折叠起来不占空间。

第七节　其他日用塑料制品

一、塑料家具

塑料作为一种新型材料，早在20世纪20年代就开始应用于家具制造。开始时，塑料只是作为辅助材料使用，如黏合剂、涂料、嵌边、软垫家具的包覆材料和填充材料。从20世纪40年代至60年代，随着石油化学工业蓬勃发展，塑料材料无论在产量还是在品种、质量方面，都有了很大的提高和改善。与此同时，塑料加工设备和加工工艺也有了很大的发展，从而使塑料材料在家具制造方面的地位发生了根本变化，由辅助材料发展为结构材料乃至全塑家具出现在市场上。目前，在国外随着塑料家具的推广应用，塑料材料与木材、钢材一样，已成为家具行业的基本材料之一。

（一）塑料家具的优缺点

1. 塑料家具的优点

（1）在材料选择上，范围比较宽，可根据家具的使用要求选择合适的材料；还可以根据某种性能要求，对材料进行改性，以获得均衡的综合性能。

（2）在家具造型设计上，自由度大，利用塑料的可塑性和易塑性，可在配方中直接按要求配色，不需要油漆涂装。可设计出色彩协调、造型新颖的家具制品，如曲面家具和流线型家具等。

（3）用塑料生产家具工序少，效率高，框架和板材都可直接由挤出机挤出符合横截面形状要求的异型材料，加工方法大大简化，适宜大批量生产。

（4）在性能上，塑料家具比木质家具、金属家具耐潮湿、耐腐蚀、易清洁。塑料家具的硬度、刚性、绝缘性能、耐气候性、尺寸稳定性都可与天然木材媲美，而且在防腐、防霉变、防潮、防虫蛀等方面的性能远远胜于天然木材。

（5）塑料家具尤其是聚氯乙烯家具，与木材家具相比还有一个突出的优点是难燃性，聚氯乙烯具有自熄性，防火安全系数提高了很多。

2. 塑料家具的缺点

聚氯乙烯家具易老化、脆裂，只能放在室内使用，不适用于室外，应避免阳光直射和靠近炉灶及暖气片。如有破裂，可用电烙铁烫软后黏合，也可以用香蕉水和聚氯乙烯碎末溶解成的胶水黏合。聚丙烯家具耐光、油，耐化学溶剂性能好，但硬度差，应防止碰撞和刀尖硬物划伤，如有开裂可用热熔法修补，无胶水可粘。人造革、合成革、软皮等家具，怕热、怕阳光、怕冻、怕油，不能放在卫生间、厨房使用，应常用干净软布保洁。如污垢较重，可用布蘸中性洗涤剂揩擦，然后用拧干的湿布擦抹，再用干布抹干。在人造革、合成革面家具上罩上布罩（如沙发套、椅套），可以延长家具的使用寿命。塑料贴面家具不能受阳光直射和承受局部重压、受热，防止贴面的接合部膨胀、脱胶。

（二）塑料家具的材料与加工

如今，能用于家具制造的材料已有很多种，包括热固性塑料、热塑性塑料及它们的各种改性材料。塑料家具的加工方法也较多，几乎所有的塑料加工方法都可以用来加工塑料家具，为塑料家具的生产创造了有利条件。

1. 热塑性塑料

用于文教办公用品和家具的塑料多数是热塑性塑料（约占90%），其中大部分为通用塑料。

（1）聚乙烯。在文教办公用品和家具行业中。PE 因具有力学性能均衡、防潮防湿性能突出、透明性好、易于焊接、无毒无味、化学稳定性好、易于成型加工、成本低廉等特性而得到广泛应用，主要用在小制品和文件袋方面。对撕裂强度要求不高的文件袋材料主要是 LDPE，用于家具装饰的热塑性粉末涂料主要是 HDPE 粉末涂料。

（2）聚丙烯。PP 具有良好的综合性能，如高强度和刚性、热稳定性好、密度小等，替代 ABS 等工程塑料可降低成本。近年来由 PP、三元乙丙橡胶和 PE 组成的 PP 嵌段共聚物的开发，大大改进了 PP 的耐冲击性（特别是低温冲击性）和柔韧性，使其具有木材加工特点（可刨、锯、钉等），使 PP 在文教办公用品及家具行业的应用日趋广泛。

（3）聚氯乙烯。PVC 具有良好的物理力学性能，较好的耐燃性和耐化学腐蚀性，原材料来源丰富，价格低廉，成型加工性良好，通过添加各种助剂可获得性能优良、应用面广的制品，如可制得硬质 PVC 低发泡板材。与木材相比，其特点为：①比木材的密度小，木材的密度为 $0.9g/cm^3$ 左右，而 PVC 发泡板材的密度为 $0.45 \sim 0.7g/cm^3$；②具有防水（防潮）、防震、防虫等性能；③加入阻燃剂，具有阻燃性能；④表面可着色、印刷、覆膜；⑤其表面致密，具有良好的防渗透性及优良的绝热性；⑥隔热、隔音；⑦具有木材加工特点，可刨、锯、钉等。另外，PVC 粉末涂料也广泛用于家具涂装业。

（4）聚苯乙烯。PS 具有刚性和表面硬度大、尺寸稳定性好、耐辐射、电学性能优异、着色性和表面装饰性好等特性。PS 分 GPPS 和 HIPS 两类。GPPS 脆性大、耐冲击强度低，在文教办公用品和家具行业应用的多为小制品及家具装饰件，如把手等。还可制成无色或茶色透明制件，代替玻璃用作家具橱门。而橡胶改性的 HIPS 主要用作办公设备的壳体材料。

（5）乙烯-乙酸乙烯酯共聚物（E/VAC）。主要用于制备塑料薄膜类制品。随乙酸乙烯酯（VAC）含量增加，薄膜的柔软性、弹性及黏性增强，低温热封合性能、耐低温性能、耐穿刺性、抗撕裂性等得到改善。在文教办公用品和家具行业中它主要用作磁盘基材和文件袋及用于包装等方面。

（6）丙烯腈-丁二烯-苯乙烯共聚物。ABS 是一种综合性能良好的工程塑料，具有力学强度高、韧性好、耐磨、耐低温冲击、耐蠕变、尺寸稳定、电学性能好、表面光亮、可电镀抛光和表面涂覆等特点。ABS 在文教办公用品和家具装饰领域有广泛的应用，主要用作办公设备壳体和高档家具的装饰件和结构件。

2. 热固性塑料

用于文教办公用品和家具制品的热固性塑料的种类较少，其主要用于家具装饰件和家具涂装。

（1）氨基塑料。常用的氨基塑料有脲醛塑料和三聚氰胺-甲醛塑料（密胺塑料）。氨基塑料刚性高、强度好、耐热、尺寸稳定、电学性能好。两者相同的特性是脲醛塑料制品半透明如玉石，而密胺塑料制品表面细密，具有瓷质光泽，有极佳的装饰效果。在文教办公用品和家具行业主要用作装饰性办公用具（如笔筒、砚台等）、家用摆设和把手、旋钮、外壳各装饰贴面等。

（2）酚醛塑料。酚醛塑料除具有热固性塑料较高的强度、刚性外，最主要的特点是电学性能优异和吸水率较低。文教办公用品用具和家具制品最常使用，用作开关、开关盒和各种零部件。

（3）聚氨酯。聚氨酯主要用作热固性粉末涂料。这种粉末涂料性能全面，特别是耐气候性、耐化学腐蚀性和装饰性突出，是较理想的涂料品种。它在文教办公用品和家具行业主要用于室内外用具的涂装，包括户外家具、装饰构件和各种广告牌。

3. 复合材料

（1）纤维增强塑料。增强剂主要有玻璃纤维、碳纤维等。玻璃纤维具有高强度、高模量、优良的电气绝缘性及热稳定性等优点，与塑料复合可提高基体塑料的力学性能、热稳定性、耐腐蚀性、介电性能等，从而扩大基体塑料的应用范围。玻璃纤维增强 PP 粒料的制备，使其有望代替 ABS 用于办公设备和家具材料。碳纤维有良好的导电性，同时又具有轻质、耐腐蚀性好、高强度等优良特性，因此碳纤维增强的塑料可用作文教办公设备的外壳，起电磁屏蔽作用，满足现代化办公设备轻型化、安全化的要求。

（2）无机填料填充塑料。为改善文教办公用品和家具用塑料的力学性能，提高制品表面的光泽性，降低成本，常加入无机填料，如滑石粉、云母、碳酸钙和硫酸钡等。有关研究表明，各种无机填料的细度对材料性能影响很大，无机填料的加入可大大改善制品表面的光泽度和致密性（特别是滑石粉），同时提高材料的弯曲强度，在添加量小于20份时，冲击韧性也有所提高；最主要的是可以有效降低成本。

（3）仿木塑料。由于木材资源紧张，近年来仿木塑料的研究成为热点。塑料原材料可采用废旧塑料，填料包括木粉、竹纤维、秸秆和稻壳等。仿木塑料的综合成本低，基本性能和木材相当，可锯、刨、钉，组装灵活，防潮防蛀，抗酸碱、耐老化，可根据市场和客户要求变换色彩，其制品耐久性比木制品好，且可回收利用，因此产品极具竞争力。

二、塑料花盆

花盆是栽种花卉的重要容器，也是连同花卉供人们观赏的重要装饰品，因此园艺工作者对容器和材料的选择、应用都十分重视。栽培观赏植物的容器种类甚多，通常依其质地、大小、使用目的不同，分成瓦盆、釉盆、塑料盆、木盆、纸盆等。塑料花盆（图4-36）用聚氯乙烯按一定模型制成。花卉生产上多使用硬塑料，这类花盆可以根据需要进行设计，造型灵活多变，颜色多样，与花卉相配，可以衬托出青翠的叶子、鲜艳的花色，且盆内外光洁，洗涤方便，不易破碎，适宜远途运输，可长期、多次使用。

图4-36　塑料花盆

塑料花盆因为制作材料结构较紧密，盆壁孔隙很少，壁面不容易吸收或蒸发水分，因此排水、通气性能比瓦盆差。

三、化妆品塑料包装

塑料包装在包装产业的各个领域都发挥着极大的作用，而在化妆品包装领域，被誉为“当家花旦”可谓是名副其实。作为时尚消费品，化妆品不仅要依靠功效打开市场，更需要优质及高科技的包装材料来提升其身价。新的塑料材料的应用正逐步演变成为化妆品行业完善现有产品、推出新品的一种方式。

玻璃瓶固然是化妆品包装的主角，塑料也以其强度大、质量轻和不易破碎等优势，及塑料包装设计的种类繁多，可在很短的时间内实现并实施于生产等特点，在化妆品包装材料的竞争中立于不败之地。其中，以PET瓶、罐为主，它们的主要应用范围集中在护肤品、沐浴露和化妆品的包装上（图4-37）。PET瓶触感柔软，其表面可进行多种装潢处理，这在包装材料中堪称唯一。

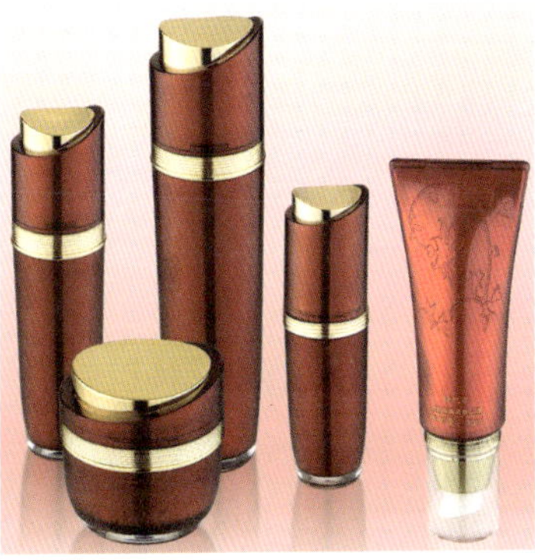

图4-37　化妆品包装塑料瓶

针对透明度的塑料瓶目前也在大力研发当中，随着塑料树脂的透明度越来越高，因此可以注塑成为接近玻璃外观的瓶罐，这些树脂不仅透明度有所提高，耐磨损度也越来越强。采用共挤加工工艺生产的彩妆盒也受到了消费者的青睐。

包装界一直致力于开发一种既能有效保护化妆品质量，又能满足豪华新颖外观需要的产品。而唯一能兼具两方面的就是如今的多层塑料复合技术了。多层塑料复合技术可谓是包装领域的最新高科技技术了，运用在化妆品包装领域是绝对的震撼，多层塑料复合技术可以提高塑料的阻隔性能，运用多层塑料复合技术，能使多层不同种类的塑料复合在一起，一次成塑出来，可以选择任何色彩及设计出任何形状。有了多层成塑技术，塑料包装一方面能完全隔绝光、空气，避免护肤品氧化；另一方面通过糅合不同种类的物质，在外观上能带给人奇妙的视觉效果和独特的手感。

另外，多层成塑技术提高了软管的可曲折性，目前流行的护肤乳包装就是软管和玻璃瓶。软管包装经济方便，易于携带，适合容纳乳液和胶质，在以前还只是中低档产品的包装，现在即使是著名的品牌也开始使用了。

四、塑料灯具

灯具作为日常最为普通的生活用品，与我们的生活息息相关。早期，灯具的支架和灯罩是由一些工匠用金属和玻璃来制成的。随着消费者审美能力的提高，消费者对灯具的外观造型也更加看重。随着一些新品种塑料的出现，人们发现了一些性能良好的塑料。它们的加工成本并不是很高，塑造性强，而且可以大批量生产，这充分满足了大部分消费者的需求。塑料自然而然地被选为大多数灯具的材质。

灯具前期所用到的塑料是丙烯酸类塑料，在 20 世纪 30 年代开始得到发展，直到 20 世纪 60 年代，这种材料才被前卫的家具设计师发现并应用在现代家具中。但是，这时的塑料不管从外形和肌理的触感上都不是很好，但随后一些新型的塑料被研制出来，其中一些塑料的外观可变性大，易着色，可制成透明、半透明和不透明的，可注塑出各种不同的表面肌理，并通过镀饰、涂饰、印刷等装饰手段，加工出近似金属、木材、皮革、陶瓷等各种材料所具有的质感。由于塑料具有较好的强度及塑性，灯具外观造型也得到了根本性的突破，一些造型较为复杂的灯具也应运而生。例如，超轻灯利用合成物质来制造出轻如羽毛的灯具，合成物质由两种材料组合而成：一种是纤维材料，另一种是树脂。将纤维嵌入特定的热固性树脂中是一种最常见的加工方式，在产品强度最高的部分有着最厚的纤维层。我们可以看出塑料由最初的笨拙呆板的材质变为更加灵活轻巧的材质。

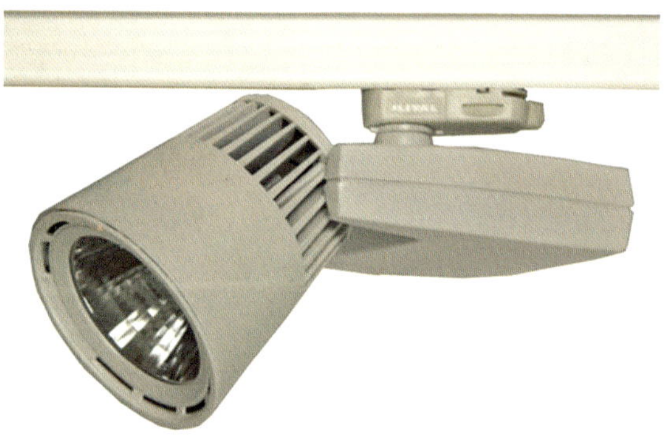

图 4-38　塑料灯具

（一）塑料灯具的特点

灯具的用途非常广泛，大到街头的路灯，小到家用的台灯。塑料灯具（图 4-38）的造型多种多样，色彩灵活多变，所适应环境的差别也非常大。例如路灯，它是作为城市景观的一部分，外观造型也要大方美观。灯罩作为路灯一个主要形式美的体现，就必须选择一种良好的材质来体现它的美观性。灯罩还必须经得起风吹、日晒、雨淋，这就要求灯罩必须有抗老化、抗氧化和绝缘性。

例如，PMMA 塑料用作灯罩就在诸多方面优于无机玻璃，作为高度透明的无定型热塑性聚合物，相对密度低；高度透明，透光率 90%～92%，比无机玻璃还高，并能透过紫外线达 73.5%，折射率 1.49；机械强度高、韧性好，拉伸强度 60～75MPa，冲击强度 12～13kJ/m，比无机玻璃高 8～10 倍；可拉伸定向，冲击强度提高 1.5 倍；还具有优良的耐紫外线和大气老化性，而且色彩上也更加多样。因此，塑料作为路灯的灯罩具有其他材质所无法替代的优良性能。

再比如家中所用的台灯，它首先从外观上必须符合大多数消费者的审美需求，其次在质感上要给人以舒适和愉悦的感受，带有很强装饰作用，另外作为经常被使用的物品，它必须是安全的，让使用者在得到使用功能的同时得到安全保障。同时，它点亮后呈现出来的色彩也必须灵活多变，能够带给人视觉上的享受。此外，塑料灯具要有一定的抗碎性，并且绝缘性能好、透光性能强。聚丙乙烯塑料和抗热 PVC 就包含这些方面的特性，塑造性强，可以加工出难度较大的造型，这点可以满足装饰上的需求，其易着色性可以让台灯的色彩多样化。塑料绝缘性好，不易破碎，透光性能优良，用作台灯材料再合适不过了。

（二）塑料灯具的优缺点及发展

价格低廉无疑是大多塑料的一大优势。用塑料作为灯具的材质，不仅可以降低灯具的生产成本，而且可以降低消费者的购买成本，也就相应地降低了社会成本的消耗。热塑性塑料的回收性较大，可以很好地缓解资源的匮乏状况，是未来材料的使用中不可或缺的一个部分。

灯具的材料消耗也较大，塑料这几方面的特性可以很好地缓解灯具在材料来源上的需求。塑料为其在不降低审美性和功能的同时可以满足大多数消费者的需求，其发展前景将是不可估量的。但是，用塑料作为灯具的材料来源也出现一种问题，就是在于只有热固性塑料和可降解塑料有比较高的回收性，其他塑料则比较难以回收，而且目前废塑料的回收和再生利用率较低。究其原因，有管理、政策、回收环节方面的问题，但更重要的是回收利用技术还不够完善。因此，未来还是要着重发展塑料回收技术，当然针对塑料的研发和改进活动也要持续进行。

五、塑料玩具

塑料作为一种新颖的可塑性材料，可以在一定条件下成型，而且其品种繁多、性能多样、原材料丰富、加工简单，在塑料玩具制造中占主导地位。另外，塑料玩具（图 4-39）由于具有耐摔、无气味、手感光滑、色彩鲜艳等特点，受到广大消费者的喜爱。目前市场上的塑料玩具使用的材料主要有以下几种：

图 4-39　塑料玩具

（一）丙烯腈-丁二烯-苯乙烯共聚物

ABS 用来制作塑料玩具时的优点是：①具有良好的电镀性，是所有塑料中电镀性能最好的；②抗冲击强度好；③制品的表面光洁度好；④收缩率小，尺寸稳定性好。

（二）聚甲基丙烯酸酯-丁二烯-苯乙烯共聚物

聚甲基丙烯酸酯-丁二烯-苯乙烯共聚物（MBS）透明、韧性好、耐酸碱、流动性好、易于成型着色、尺寸稳定。

（三）聚丙烯

聚丙烯呈半透明、质轻（相对密度 0.91），可浮于水，具有良好的流动性及成型性，表面有光泽、着色处留痕优于 PE；相对分子质量比较高时具有很好的抗拉强度和屈服强度；化学稳定性高，不溶于有机溶剂；耐磨性能优异，常温下耐冲击性好。但其成型收缩率大（1.6%），尺寸较不稳定，胶件易变形、缩水。

（四）聚碳酸酯

聚碳酸酯俗称“防弹玻璃胶”，也是所有用作塑料玩具的材料中价格最高的。其外观透明，刚硬带韧性、燃烧慢、离火后慢熄，具有良好的阻燃性；良好的耐冲击性，是所有塑料中最好的；成型收缩率小（0.5%~0.7%），成品精度高、尺寸稳定性高；化学稳定性好，但不耐碱、酮、芳香烃等有机溶剂。

（五）聚氯乙烯

聚氯乙烯属非结晶性塑料，原材料透明，可以通过添加增塑剂在较大范围内调节材料的软硬度。难燃自熄、热稳定性差；可溶于环乙酮、二氯乙烷、喷油水用软胶开油水（含环乙酮）。因此，聚氯乙烯主要用于搪胶和制作公仔。

（六）聚甲基丙烯酸酯

聚甲基丙烯酸酯俗称“亚加力”，即有机玻璃，属非结晶性塑料，因此透明度高，具有良好的导光性；质轻，不易变形；难着火，能缓慢燃烧；不耐醇、酮、强碱，能溶于芳香烃、氯化烃（三氯乙烷可做黏合剂）；容易成型、尺寸稳定；耐冲击性及表面硬度均稍差，容易被刮花，故对包装要求较高。

（七）聚甲醛

聚甲醛俗称“赛钢”，属结晶性塑料。聚甲醛为乳白色有光泽的塑胶，具有综合力学性能、硬度刚性较高、耐冲击性好且具有优良的耐磨性及自润滑性；耐有机溶剂性能好，性能稳定；成型后尺寸较稳定，受温度环境影响较小。因此，聚甲醛广泛用于电气电子、机械、仪表、日用轻工、汽车、建材等领域。

六、塑料花

塑料花是指采用涤纶、聚乙烯等聚合物制成的假花，称为人造花，或叫仿真花，如图 4-40 所示，一般应用于办公用品、家居装饰、婚庆礼仪，在目前的装饰品中扮演着重要的角色。当下主流的人造花主要分为两种类型：高端的、精致的工艺花，例如水晶花，还有紧致的花束等；还有比较低端的、一般的塑料花，例如婚礼现场使用的、较为普通的塑料假花。相对于鲜花花期短且维护清洁麻烦等缺点，人造花的出现与应用满足了人们对花卉观赏时间性的要求，使花卉作品的生命得以延长。塑料假花具有如下特点：

图 4-40 塑料花

（1）花色艳丽，造型别致、端庄典雅，保存时间长久，四季如春，盛开不谢。

（2）成本价格远远低于鲜花，市场利润空间大。

（3）品种繁多，不会由于季节交替而发生缺货现象。

（4）对花粉过敏的爱花人士，可以放心大胆地使用。

（5）手工爱好者在得到休闲娱乐的同时，还得到了一件心仪的礼品和美的享受。

（6）作品赠送友人，是不可多得的个性礼品，且使自己充满作品的成就感。

（7）给了花艺设计极大的自由创作空间，可以创造出更加丰富的花艺作品。

七、塑料袋

随着人们生活水平的提高，市场经济的发展，社会对塑料软包装的需求呈逐年上升的趋势。塑料软包装以色彩艳丽、图案新颖、使用方便的特点诱导消费充斥市场，也作为无形的产品广告，吸引顾客前来购买而促进了销售（图 4-41）。

（一）塑料袋包装的优缺点

1. 塑料袋包装的优点

（1）与金属、陶瓷、玻璃等传统包装材料比较，软包装的轻便性是其他材料无法比拟的。

（2）塑料软包装的防潮性、阻隔性、加工成型性等都较为突出，且成本相对低廉。

2. 塑料袋包装的缺点

（1）由于塑料袋难以降解，被称为“白色污染”。

（2）塑料本身会释放有害气体，因在密封袋中长期积聚，浓度随密封时间增加而升高，致使袋中食物受到不同程度的污染。

（二）塑料袋常用薄膜材料

1. 聚乙烯薄膜

我国最早出现和最常用的塑料软包装袋就是由 PE 薄膜制成的，其用途极广泛，特点是造价低

图 4-41 各式各样的塑料袋

廉、防水性好，但阻气性差。PE 片材薄膜有防潮膜、保鲜膜、自黏膜、缠绕膜、收缩包装膜等。

2. 聚丙烯薄膜

常用的 PP 薄膜是 CPP 薄膜和 BOPP 薄膜。CPP 薄膜主要用于复合材料的热封层，按性能和用途可分为普通级、蒸煮级和镀铝级；相对密度在 0.90 左右，是最轻的塑料。BOPP 薄膜分为普通膜、珠光膜和消光膜。BOPP 消光薄膜的外观和质感似纸张，手感也舒适，消光层有可热封型和不可热封型两种，消光层可起到遮光的作用。

3. 聚对苯二甲酸乙二醇酯薄膜

PET 薄膜是以聚对苯二甲酸乙二醇酯为原材料，采用挤出法制成厚片，再经双向拉伸制成的薄膜材料。PET 薄膜机械性能优良，刚性、硬度及韧性高，耐穿刺，耐摩擦，耐高温和低温，耐化学药品性、耐油性、气密性和保香性良好，是常用的阻透性复合薄膜基材之一。

4. 尼龙薄膜

双向拉伸尼龙薄膜有着优异的韧性，抗拉强度、抗撕裂、抗冲击和破裂强度均是塑料薄膜里最好的，没有热封性。阻隔性好，阻气、阻氧和保香性好，耐除强酸外的化学品，耐油性极佳，水蒸气透过率高。吸湿性大，受潮以后易膨胀、起皱，会横向伸长、纵向缩短，伸长率最大可达 1%，可以在 -60~130℃环境中长期使用。它有突出的柔韧性、耐针孔性和不易被内容物刺穿性。乙烯-乙烯醇共聚物（EVOH）是一种链状结构的结晶性聚合物，是一种新型的高阻隔材料，因为其遇到水分后阻隔性会大幅降低，故通常夹在两层阻湿性较好的材料中间使用（图 4-42）。

5. 镀铝薄膜

镀铝薄膜（图 4-43）通常采用 CPP、PET、BOPP 作为基材，通过蒸镀的方法制得；镀铝层很薄，材料呈金属光泽，阻隔性能大大提高。

6. 聚乙烯醇薄膜

聚乙烯醇（PVA）薄膜具有高阻隔性，例如阻溶、阻氧、抗腐、保鲜、保香、保色，耐油脂及化学药品的侵蚀，普遍用于共挤薄膜中的阻隔层，多用于食品和药品包装，水溶膜也可用于一些特殊化学药品的包装。

7. 聚乳酸薄膜

聚乳酸（PLA）薄膜是近几年出现的新型包装材料，也称玉米淀粉塑料，能够 100%地降解，减

图 4-42　乙烯-乙烯醇共聚物薄膜

图 4-43　镀铝薄膜

少环境污染，应用前景广阔（有机成分应≥51%，生物分解率应≥60%）。

（三）塑料袋的制作方法

塑料袋的制作流程为：原材料→分切→彩印→复合→切膜→制袋→打包→产品。

1. 塑料薄膜

塑料薄膜可以采用挤出吹塑法、T 形模法、双向拉伸法、压延法和流延法制得。其中，挤出吹塑法和流延法最为常用，故塑料薄膜又分为吹塑膜和流延膜。

将树脂熔融通过圆形口模头挤出吹胀，牵引冷却而形成的薄膜叫作吹塑薄膜。塑料吹胀薄膜的特性是吹胀薄膜由于少量分子在吹胀和牵引力的作用下发生定向运动，因此抗拉强度要比流延薄膜高。

把树脂熔融，从 T 形口模头挤出成膜。流延在冷却辊筒上，然后从冷却辊筒上剥离下来的薄膜，称为塑料流延薄膜，塑料流延薄膜有定向拉伸薄膜和未拉伸薄膜。

2. 彩印

彩印是指按要求设定出图案，通过彩印机打印到塑料薄膜上。

3. 复合

复合是指将上述各种包装材料复合在一起形成一个多层结构的过程。复合的方式有干式复合、湿式复合、挤出复合、无溶剂复合、共挤出复合、涂布复合、热压复合等。

（1）干式复合。将黏合剂（胶水）涂在一种塑料薄膜上，然后通过烘道把多余的溶剂挥发掉，再用热压辊和另一种塑料薄膜压合在一起。

（2）湿法复合。在铝箔、塑料薄膜或纸的表面涂布一层水溶性黏合剂，在黏合剂还处于湿的状态下，通过复合夹辊与另一基材纸或玻璃纸等复合在一起，再经过热烘道干燥即成为复合薄膜。

（3）无溶剂复合。采用无溶剂型黏合剂，将两种基材复合在一起。无溶剂复合机除无烘干装置外，其他与干法复合机大致相同。

（4）挤出复合。一般是以 PE 作为黏合剂，经挤出机 T 形模头挤出后成熔融薄膜，在黏合剂处于熔融状态时将两种基材黏合在一起，冷却定型后成为复合薄膜。

4. 切膜

复合后的原材料薄膜很宽，按塑料袋的标准，将其分切成需要宽度的薄膜。所用的机器为分切机。

5. 制袋

制袋是指通过超声波高频熔接或热封刀热封成三边熔封、一边敞开的内套袋。所需的机器为三边熔封制袋机。

（四）塑料袋的使用安全

塑料袋包装内部残留的有毒有害物质，其主要来源有以下几方面：树脂本身具有一定毒性；树脂中残留的有害单体、裂解物及老化产生的有毒物质；塑料制品在制造过程中添加的稳定剂、增塑剂、着色剂等助剂的毒性；印刷、复合过程中油墨、胶水及溶剂中有害物质的残留；非法使用的回收塑料中的大量有毒添加剂、重金属、色素、病毒等对食品造成的污染。塑料袋的一般检测方法如下：

1. 感官检测法

感官检测法是指用手触摸塑料袋，如果是无毒的塑料袋，摸起来会有润滑感；再来摸摸另一个塑料袋，手感发黏，说明这个塑料袋是有毒的。

2. 抖动检测法

抖动检测法是指用手抓住塑料袋一角用力抖，发出清脆声者无毒，声音闷涩者有毒。

3. 火烧检测法

无毒的聚乙烯塑料袋易燃，火焰呈蓝色，燃烧时像蜡烛泪一样滴落，有石蜡味。有毒的聚氯乙烯塑料袋不易燃，离火即熄，发出刺激性气味。

4. 水检测法

把塑料袋放入水中，无毒塑料袋放入水中后一般可上浮，而有毒塑料袋往往不会向上浮。

八、塑料桶

塑料桶（图 4-44）多用于各种液体的储存和运输，对特殊的危险品包装具有良好的特性，它有不易碎、不生锈、质轻等特点，而且耐油、耐强腐蚀性能好，多用于需要保温、防潮、耐压、抗腐蚀的危险品包装。塑料桶的材料多采用聚乙烯、聚丙烯、聚酯等塑料吹塑、注塑、吸塑、滚塑而成，多用于盛装化工、农药、医药、食品、五金、电子、机电等行业的液体、固体物品。

图 4-44 塑料桶

其规格从 0.25~220L 开闭口塑料桶到 1000L 集装塑料桶，可用于物品盛放或者运输周转。目前滚塑工艺生产的塑料桶最大容量可以达到 50t。有些产品可用于热灌装，一般温度应不超过 60℃。热灌装后，应等盛装物充分冷却并降到室温后才能关紧盖子和堆码。

（一）塑料桶的功能和特点

塑料桶美观，内外光滑、无焊缝、重量轻、强度好、耐冲击、耐腐蚀、无毒无味、运输方便。使用寿命长，在正常灌装、运输和装卸条件下，保质期 1.5 年。产品技术参数严格执行国家标准，产品外观设计和尺寸也可以根据需要量身定做。可用于热灌装，一般温度应不超过 60℃。热灌装后，应等盛装物充分冷却并降到室温后才能关紧盖子和堆码。如果盛装易分散的化学物品，可以配用带排气功能的盖子，以避免在运输途中出现超压的危险，同时能保证对液体的密封性能。

仓储垛码堆放、罐装，全过程极大地节省空间、节省材料，重量轻、耐低温、耐腐蚀，减少污染，超级清洁，同时耐酸、耐碱、耐高温、无毒、无菌、无味，并具有优良的耐伸缩性和耐冲击性能，符合医用检测的要求。

（二）生产原材料

生产塑料桶的主要原材料是聚乙烯。聚乙烯是世界上公认的接触食品最佳材料，无毒、无味，符合食品包装卫生标准。聚乙烯薄膜轻盈透明，具有防潮、抗氧、耐酸、耐碱性，气密性一般，热封性优异，素有“塑料之花”的美称。

（三）产品用途

1. 食品包装

用于酱、油、醋、调味品、牛乳等的包装。

2. 饮料包装

用于酒（如清酒、果酒、混合酒等）、果汁、矿泉水等的包装。

3. 化工包装

用于精细化工产品、液体肥料、农药、处理剂、清洗剂等的包装。

4. 医用包装

用于医用试剂、消毒液、显影液、定型液、蒸馏水等的包装。

九、塑料托盘

塑料托盘（图 4-45）是为了便于货物装卸、运输、保管和配送等而使用的负荷面和叉车插口构成的装卸用垫板。它是物流产业中最不起眼，却又无处不在的一种物流器具，是静态货物转变为动态货物的主要手段，塑料托盘引进后广泛应用于物流运输行业，成为物流行业重要的器具。国家标准《物流术语》（GB/T 18354—2006）对托盘的定义是：用于集装、堆放、搬运和运输的放置作为单元负荷的货物和制品的水平平台装置。

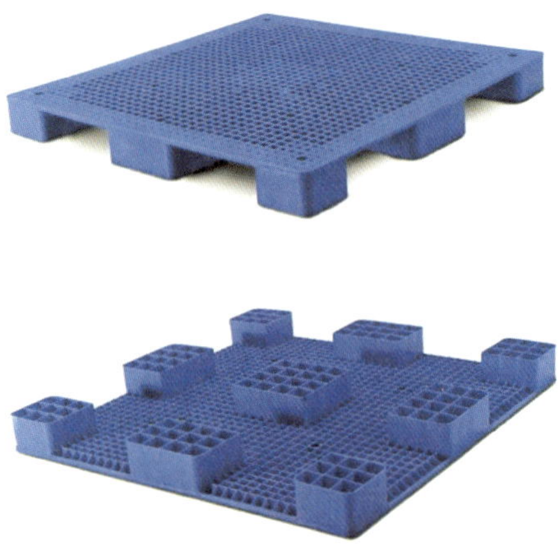

图 4-45 塑料托盘

搬运托盘的车是与集装箱类似的一种集装设备，托盘现已广泛应用于生产、运输、仓储和流通等领域。其中，以塑料材质生产的塑料托盘适用于食品、水产品、饲料、制衣、制鞋、电器、港口码头、餐饮、生物医药、机械五金、汽车制造、石油化工、立体仓储、物流运输、仓库搬运、储存货架、啤酒饮料、纺织印染、印刷包装、物流中心等领域。

各种不同材质的托盘性能对比如下：在耐腐蚀性方面，塑料托盘最好，塑木托盘次之，钢托盘最差；在耐潮湿性方面，塑料托盘性能优异；在耐虫蛀性上，钢托盘最好，塑料托盘次之；在平均寿命方面，钢托盘和塑料托盘难分伯仲；在托盘重量上，纸托盘、木托盘占有一定优势；在承载性能上，钢托盘效果最好，纸托盘较差；在使用性能上，塑料托盘和钢托盘均优于纸托盘、木托盘；在价格上，木托盘有优势，纸托盘和塑木托盘次之，钢托盘最贵。不过，由于在实际使用中，根据不同的用途，有些托盘是其他品种难以替代的。比如，承载重型物品时，钢托盘就有其不可替代性。但是，从总体来看，塑料托盘、塑木托盘和纸托盘将是较有发展前景的产品，而其中又以塑料托盘发展得最快。

塑料托盘是仓储、运输业广泛使用的仓储物流产品。其特点如下：

（1）四面可插，操作方便。

（2）既适合在仓库中互相堆垛，又适合在各类货架上使用。

（3）适合各类卡车运输，方便物料的集装化、单元化运输。

（4）方便叉车、液压搬运车等搬运工具作业。

（5）配合防滑橡胶，保证物料在搬运和运输过程中不会滑落。

（6）使用寿命长，且可循环使用。

（7）塑料托盘使用安全、卫生、防虫防蛀，无须修理。

（8）受生产模具的影响（设计复杂、价格昂贵），塑料托盘结构及尺寸随意性差，生产企业必须不断开发，逐渐丰富其产品种类。但对于特殊尺寸要求，有时也无法满足。

（9）由于塑料托盘基本为一次成型，其破损后可修复性很低，破损到一定程度后，只能报废，但废料可以回收。

(10) 采购时一次性投入较大，一般为木托盘的2~5倍。

第八节　案例分析

2015年10月14日下午，在郑州市花园路某村一处出租屋里发生一起命案，死者张某是一名刚刚毕业、参加工作不久的女孩，在郑州市某公司担任业务经理。

据办案民警告知，从现场分析来看，犯罪嫌疑人进入房间都是踮脚走路的，在现场只留下半个运动型塑料鞋的印迹。

经过详细调查比对，警方弄清楚了“半只鞋印”所对应运动鞋的型号、样式和鞋主人的性别、身高、年龄等信息。

10月17日傍晚，办案民警得到重要线索，一名住在附近的刘姓男子穿过类似的运动鞋。

10月18日凌晨6时许，在郑州市西郊某村的一处出租房门口，犯罪嫌疑人刘某被民警抓获。

第五章　塑料管材类产品

第一节　塑料管材成型工艺

一、塑料管材简介

塑料管材具有水流损失小、节能、节材、保护生态、施工便捷等优点，广泛应用于建筑给排水、城镇给排水、农业灌溉、电工及天然气等领域，成为新世纪城建管网和农业用管材的主力军。

塑料管有热塑性塑料管和热固性塑料管两大类。热塑性塑料管采用的主要树脂原材料有聚氯乙烯树脂、聚乙烯树脂、聚丙烯树脂、聚苯乙烯树脂、丙烯腈-丁二烯-苯乙烯树脂、聚丁烯树脂等；热固性塑料管采用的主要树脂有不饱和聚酯树脂、环氧树脂、酚醛树脂等。

纵观国内外塑料管材的生产和应用，有以下三个特点：

1. 原材料品种多

原材料分类较为详细，品种较多，为适应不同场合需要制成各种专用料，极大地方便了塑料管生产企业生产，有效地保证了产品质量。

2. 塑料管品种齐全

塑料管品种、规格齐全，管材与管件配套性较好，加工设备自动化程度高，在线检测设备较为完善，有效地提高了产品生产效率和成品率，其质量概念远远大于价格概念。

3. 塑料管工程应用广

塑料管在工程上应用得较普遍，品种很多，并且可根据工程特点选择塑料管的品种、规格。

二、塑料管材的主要成型设备

聚乙烯、聚丙烯及其他工程塑料的原材料大多是颗粒状的（当然其中也有粉状的），聚氯乙烯树脂则主要是粉状的。有的在加工成型前需与其他助剂配合制成（软质或硬质）颗粒料，然后进行挤出等成型加工。塑料管材原材料预处理设备包括树脂过筛设备、三辊磨浆设备、捏合粉料设备、挤出或压延造粒设备。

（一）塑料管材原材料预处理设备

1. 树脂过筛设备

树脂过筛设备有圆筒筛、机械振动筛、电磁振动筛等。

2. 磨浆设备

磨浆设备有三辊研磨机（简称三辊机）（图 5-1）等。

磨浆的目的是：①加工前粒料中加入颜料浆及配合剂浆，颜料经研磨机进行研磨，以便颜料能均匀分散于增塑剂中，达到良好的着色效果，同时起着研细作用；②防止混合料中颜料颗粒聚集；③原材料中的稳定剂、填充剂均需与增塑剂混合研浆磨细，以防止生产的管材产生白点而影响外观质量。

3. 磨浆设备

磨浆设备有低速 Z 形或低速螺带式普通捏合机、高速捏合机（图 5-2）等。

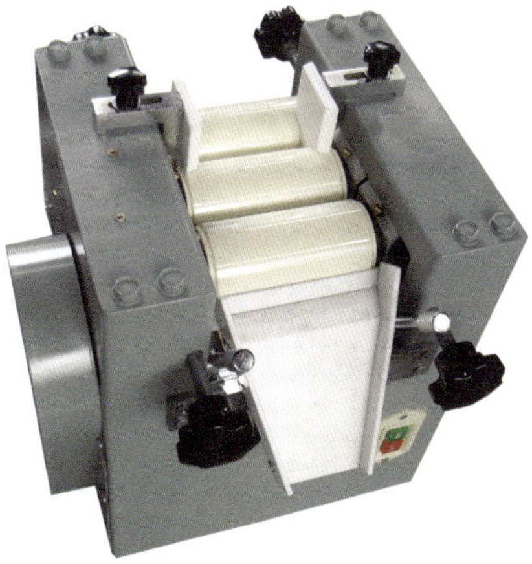

图 5-1　三辊研磨机

图 5-2　高速捏合机

4. 挤出或压延造粒设备

挤出或压延造粒设备主要是指挤出造粒机（图 5-3）。

图 5-3　挤出造粒机

5. 其他原材料前处理设备

其他原材料前处理设备有双辊炼塑机（图 5-4）、密炼机（图 5-5）、切粒机（图 5-6）等。

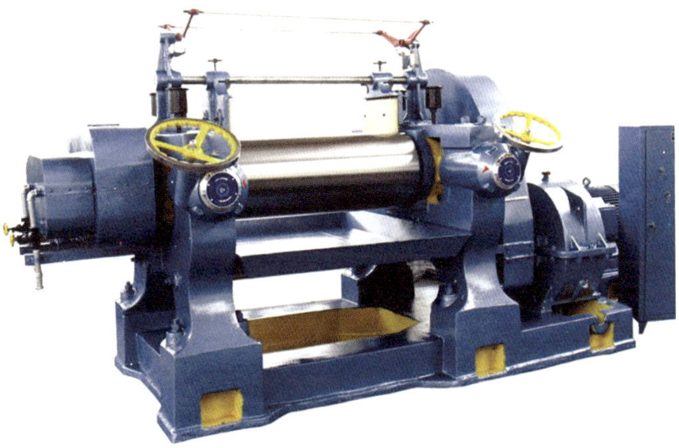

图 5-4　双辊炼塑机

图 5-5　密炼机

图 5-6　切粒机

（二）挤出管材设备

挤出机分为主机和辅机两个部分。目前，挤出管材的设备既有单螺杆挤出机（图 5-7），也有双螺杆挤出机，并逐步向双螺杆挤出制管方式发展。这主要是因为可以不经过造粒工序，直接由捏合冷却混合料生产管材。

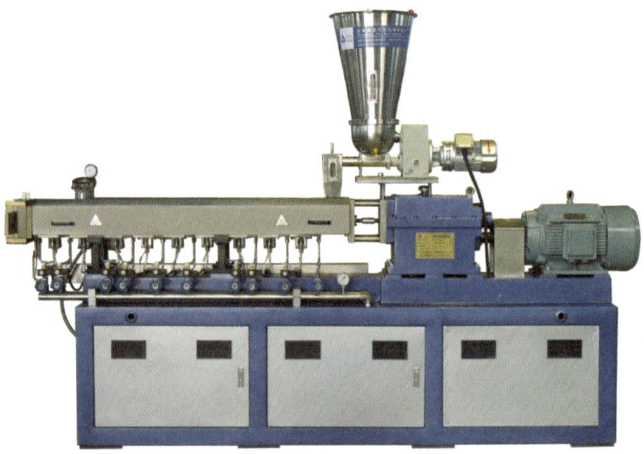

图 5-7　单螺杆挤出机

第二节　给排水用管材

塑料管材在承受外力、安装和耐腐蚀等方面都有优势，已逐渐取代混凝土管、钢管等，广泛地在公共工程中应用于城市的给水和排水。塑料管属于柔性管，与传统的混凝土、钢管材相比，在外压荷载的作用下管壁所受的应力较小，能和周围的回填土共同承受负载，这种受力的方式与混凝土管有着本质的区别。因此，塑料管不需要有和钢管或混凝土管一样的强度和刚度。在管材接口密封方面，塑料管的连接比较可靠，能适应地基的沉陷，保证连接处的严密。在城市供水管网中使用的塑料管品种主要有硬聚氯乙烯（PVC-U）、PE、玻璃纤维增强塑料（RPM）和钢塑复合管，城市排水管网中使用的塑料管品种主要有 PVC-U、HDPE、RPM 和玻璃纤维增强聚丙烯（FRPP）等。

给、排水塑料管道具有较好的柔性、冲击强度、拉伸强度和耐磨性；弹性模量较小，在外荷载作用下产生一定的变形而不致使管材破裂，也有利于抵抗压力冲击，减少水流冲击破坏；不受各种酸、碱、盐所引起的化学反应的影响，防腐性能极强，无须做任何防腐处理，正常使用条件下材料寿命可达 50 年之久。塑料管内壁光滑（摩擦系数 0.009），与金属管、水泥管相比输送流体的水头损失小 30%；在同样输送能力状况下管径可减少 2%左右。由于管壁光滑，不易在管壁上结垢，因此塑料管不会出现随使用年限增加而使压力损失增大的现象。

塑料管单管长度长（柔性管每盘可达数十米，硬管直管达 4m 以上），管道敷设安装时，可减少连接接头的数量，且连接方法简便可靠，数量一般仅为同类金属管数量的 1/10～1/6，使安装工作量大大降低，又可提高管道运行的可靠性。

图 5-8　给水用普通硬聚氯乙烯管

一、聚氯乙烯类给排水用管

（一）给水用普通硬聚氯乙烯管

给水用普通硬聚氯乙烯管（图 5-8）由卫生级聚氯乙烯树脂与稳定剂、润滑剂等助剂配合后挤出成型制得。该管具有密度小、无毒、表面光滑、摩擦系数小、输水能力强、长期使用不结垢、耐腐蚀、安装方便等优点。

给水用硬 PVC 管典型配方见表 5-1。

表 5-1　给水用普通硬聚氯乙烯管典型配方

物料名称	配比（质量份数）	物料名称	配比（质量份数）
PVC	100	京锡 4432	0.8～1
CZ310	1～3	$CaCO_3$	8
硬脂酸钙	2～4	石蜡	1～1.5
巯基乙酸异辛酯二正辛基锡	2～3		

给水用硬 PVC 管生产过程见图 5-9。

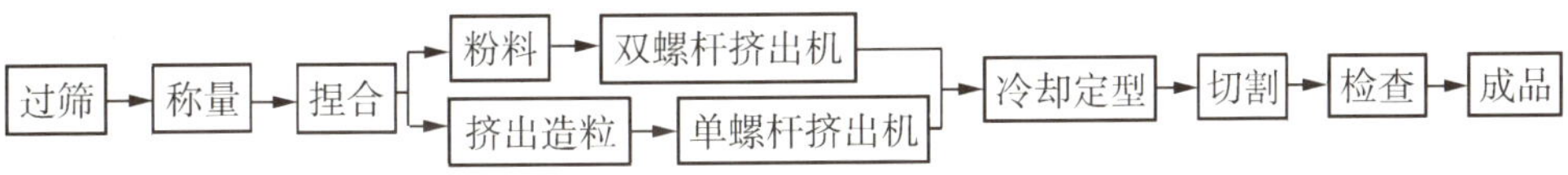

图 5-9　给水用普通硬聚氯乙烯管生产过程

（二）硬聚氯乙烯双壁波纹管

PVC-U 双壁波纹管（图 5-10）是一种新型结构壁塑料管材，其内壁光滑、重量轻、强度高、施工方便；且外壁工字钢型，具有优良的端面结构、较高的环刚度，能承受较强的外部载荷；尤其是与同等强度的光壁管相比，可节省原材料 40%左右。因此，PVC-U 双壁波纹管在通信光缆电缆护套、建筑排水、市政排水、农田低压灌溉等领域得到了广泛应用。

图 5-10　硬聚氯乙烯双壁波纹管

双壁波纹管由于具有双层、薄壁的结构特点和生产上的吹塑、吸塑等工艺特点，使其在配方设计和加工工艺方面与直壁管有诸多不同。

1. 聚氯乙烯树脂的选择

PVC 树脂是一种非结晶、极性高分子聚合物，软化温度和熔融温度较高，纯 PVC 树脂一般需要在 160～210℃温度范围内才可塑化加工，但当温度达到 120℃时，纯 PVC 树脂即开始发生热降解，因此必须加入各种助剂对 PVC 树脂进行改性。选择树脂时一方面应满足 PVC-U 双壁波纹管的强度要求，另一方面应满足成型加工性，故一般选用熔融流动性中等水平、聚合度为 1000 的树脂。

2. 加工改性

PVC-U 双壁波纹管由于壁比较薄（0.5~2.5mm），加工过程有吸塑和吹塑工艺，为避免熔体破裂，混合料需较高的熔体强度和较低的熔体温度，故需加入一定的加工改性剂。例如，丙烯酸酯类共聚物（ACR）加工改性剂能有效地改善 PVC 的加工性能，具有增大 PVC 分子间的内摩擦力，加速 PVC 树脂的凝胶化，降低熔融温度，促进塑化，提高熔体强度，促进离模膨胀和易分散等特点，并能改进 PVC 制品的拉伸强度、冲击强度、蠕变强度等。但 ACR 加工改性剂的品种牌号繁多，需要了解其结构组成，科学合理地选择使用，才能获得以上综合效果。如普通 ACR 加入量为 2%~3%，高黏度 ACR 加入量仅为 1%~1.5%。

3. 抗冲击改性

PVC-U 双壁波纹管要求冲击强度≤10%，需加入抗冲击改性剂对 PVC 树脂进行性能改进，一般选用物美价廉的氯化聚乙烯（CPE）树脂，CPE 是一种极性无规聚合物，具有橡胶特性，加入比例为 6%~8%。

也可选用丙烯酸酯类共聚物，作为抗冲击改性剂的 ACR 是具有核壳结构的高分子弹性体，与 ACR 加工改性剂的区别在于其核壳比例及结构。一般以交联的丙烯酸丁酯聚合物为核，以与 PVC 相容性好的甲基丙烯酸聚合物为壳。

但随着橡胶含量的增加，共混体系的抗冲击强度随之增加，但拉伸强度、弯曲强度及表面硬度等指标会下降，且共混材料的加工性能下降。故应根据 PVC-U 双壁波纹管实际生产、加工及产品质量综合平衡配方体系，一般加入比例为 4%~5%。

4. 填充改性体系

$CaCO_3$ 粉体在 PVC-U 双壁波纹管中的应用，不仅起到填充降成本的作用，随着无机粉体超细化、纳米化及其表面包敷、改性技术的进步，还起着增强、增韧的作用。目前主要使用的有活性轻质 $CaCO_3$ 和活性重质 $CaCO_3$。由于加工制作方法及表面特征的差异，在 PVC-U 波纹管应用中，尤其在相对分子质量较高的填充体系下，两者在加工性和产品性能上有一定的区别。活性重质 $CaCO_3$ 粒径分布相对较宽，流动性好，熔体压力低，有利于物料输送及生产速度的提高。活性轻质 $CaCO_3$ 粒径分布均匀，工艺及质量较为稳定。为了充分利用两者的特性，一般将它们以一定的比例配合使用。但对微米级 $CaCO_3$ 而言，随其含量的增加，管材冲击性下降。为了提升波纹管的性价比，可选用改性纳米 $CaCO_3$（粒径为 60~80nm），经过表面改性的纳米粒子，克服了由于表面能效应所带来的团聚现象，在树脂基体中分散效果好，粒子细微化，比表面积增大，与树脂基体之间的接触面增大，材料在受到冲击时会产生更多的微裂纹和塑性变形，从而吸收更多的能量而增韧。以一定的比例加入改性纳米 $CaCO_3$，可实现在保证管材冲击性能的前提下，同时提高管材的环刚度，加入比例一般小于 5%，能起到良好的效果。

5. 稳定与润滑体系

铅盐复合稳定剂兼有稳定和润滑作用，由于 PVC-U 双壁波纹管机头模具较长，具有较长的狭缝流道，复合稳定剂要满足 PVC-U 波纹管加工过程中前期、后期的稳定和润滑。这不仅关系到生产的可加工性、各组分的分散性、双层壁的可焊接性，还影响到管材的性能质量。波纹管常使用复合铅稳定剂，氧化铅的含量一般为 30%~40%。随着各企业 PVC 波纹管配方体系的差异及设备状况的区别，单纯的复合稳定剂已不能完全满足加工的要求，配方中应重点关注前后期及内外润滑体系的补充、平衡，一般补充适量的硬脂酸、聚乙烯蜡等，以调节配方的加工适应性。

PVC-U 双壁波纹管的典型配方（质量份数）为：PVC 树脂 100，加工改性剂 1~2，抗冲击改性剂 6~8，加工助剂 1~2，碳酸钙 30~50，复合稳定剂 4~6。

（三）硬聚氯乙烯径向加筋管

图 5-11　硬聚氯乙烯径向加筋管

PVC-U 加筋管是继 PVC-U 波纹管之后，经引进、消化、吸收国外技术，在国内发展较快的新品种，其局部性能甚至超过波纹管。这里仅对规格为公称通径 300mm、等级为 SN8 的 PVC-U 加筋管的生产技术及影响产品品质的因素进行阐述，以供读者参考。公称通径为 300mm 的 PVC-U 径向加筋管及其结构见图 5-11、图 5-12。

1. 生产过程及主要设备

PVC-U 径向加筋管生产过程见图 5-13。目前，PVC-U 加筋管国内成型机按传动方式可分为两种：第一种成型机的模块通过拉链牵引传动，其主要缺点是更换模具不方便，且生产大口径的管材困难；第二种是推进式定型机，其优点是可生产大口径管材，更换模具方便，但需经常加油。成型机按排列方式分为立式和卧式，有些公司采用立式拉链传动成型机。

机头是成型设备中最关键的部分之一，由于成型机结构的限制，要求有较长的成型段，为防止物料因停留时间过长、摩擦阻力过大而分解，建议适当加大口模间隙，同时保证模具具有较高的光泽度。由于采用拉链传动定型机，势必要配以较长的定径棒，而这样就会增加牵引负荷，负荷过轻则造成资源的浪费，负荷过重则烧坏牵引电动机，因此，建议将定径棒制成哑铃形状，以减小型坯与定径棒之间的摩擦阻力。

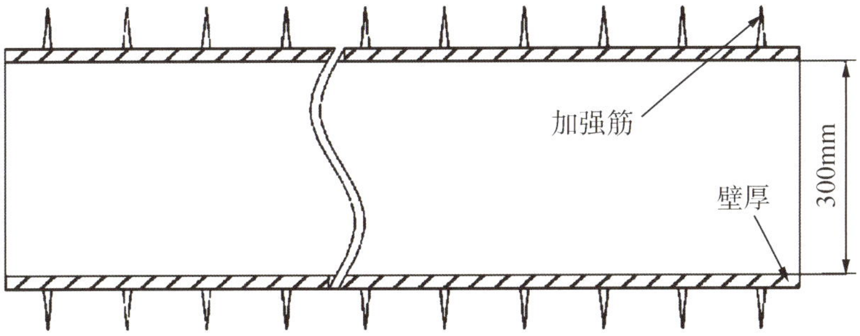

图 5-12　公称通径为 300mm 的硬聚氯乙烯径向加筋管的结构

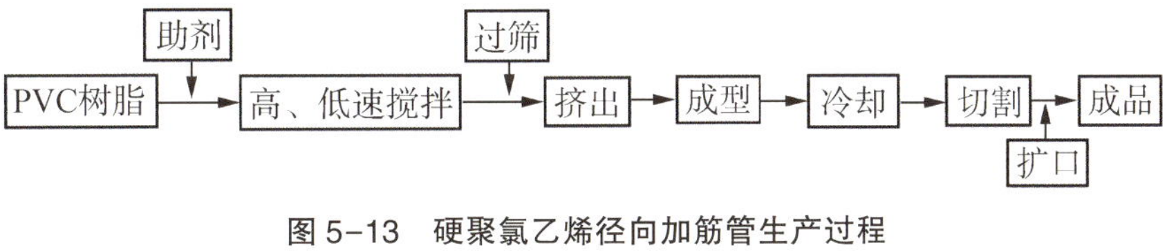

图 5-13　硬聚氯乙烯径向加筋管生产过程

其他生产设备主要有主机、切割机、扩口机、冷却系统和混料机等。

2. PVC-U 径向加筋管的参考配方

加筋管的参考配方（质量份数）为 PVC 树脂 100，复合稳定剂 CPE 8，ACR 6，碳酸钙 10，硬脂酸 0.4，石蜡 0.6，颜料适量。

3. 树脂的选用

PVC-U 径向加筋管属硬质 PVC 制品，选用 PVC-SG4～PVC-SG6 型树脂均可生产。PVC-SG6 型树脂易成型，但力学性能差；而 PVC-SG4 型树脂的力学性能优良，但加工困难；一般选用 PVC-SG5 型树脂较好。S-1000、WS-1000S 树脂的使用效果较好，能保证较高的开机率和稳定性。

4. 稳定剂及润滑剂

由于模具结构的限制，物料在模具内停留时间较长且所受到的摩擦阻力较大，因此在配方中对稳定剂与润滑剂的要求较高，如用量或选材不当，将直接影响产品的质量及生产稳定性。若采用复合稳定剂，建议 PBO（聚对苯撑苯并二噁唑）的含量不低于 55%，同时为减少对环刚度的影响，配方中应不加或少加增塑剂。

5. 加工改性剂和抗冲击改性剂

由于模具成型段较长，物料经充分取向，其韧性很好，对抗冲击改性剂的要求不是太高，同时为减少对环刚度的影响，抗冲击改性剂的用量尽量不要太大。为保证配方具有良好的加工性，应适当加大加工改性剂的用量。

6. 填料

在 PVC-U 加筋管中填充适量轻质活性碳酸钙，不仅可以降低成本，还能部分提高管材的刚性，但填充过多则成型困难，并会影响产品的性能。

（四）聚氯乙烯空心缠绕管

聚氯乙烯空心缠绕管又称大口径聚氯乙烯空心缠绕管或大口径 PVC 缠绕管，是 HDPE 缠绕管的改进和发展产品。它是一种全新结构和概念的管材，具有强大的市场竞争力，并且已经应用于诸如市政工程的供水、排水等诸多场合（图 5-14）。经配方改进制得的抗静电、阻燃大口径 PVC 缠绕管还可作为煤矿瓦斯管。新型大口径 PVC 缠绕管一经面市，即刻受到了多方的关注，特别是用于输水排污管道可以完全取代混凝土管、钢筋混凝土管、HDPE 缠绕管和玻璃钢管，该新型缠绕管以其质量轻、成本低的优势占领塑料管材的市场。

图 5-14　聚氯乙烯空心缠绕管

1. 聚氯乙烯空心缠绕管的特点

（1）管道现场卷制。PVC-U 缠绕管是将已成型的板材运输到施工现场一边卷绕一边施工。由于是现场生产，节省了运输、起吊等费用，也降低了损耗。

（2）重量轻。缠绕管重量只有钢筋混凝土管重量的 3%，施工不需要起吊设备下管，安装方便，施工速度快。

（3）接头少。长度根据现场情况自定，每节长度 8～12m 或更长，减少了接头数目，也进一步降低渗漏的可能性。

（4）水力摩擦系数小。管道内壁光滑，水力摩擦系数小，水力效益高。

（5）耐酸碱腐蚀，使用寿命长。由于耐酸碱及其他化学品能力优，故其在自然环境中的使用寿命在 50 年以上。

（6）环柔性好。在压扁 30%时，不破裂，除去压力后自然恢复原形。

（7）抗冲击性好。管材外表面有 T 形肋，耐冲击、耐压，在地基下沉时不破裂，变形后复原性强，对任何地基适应性强。抗震性能好，抗移位性能好。

2. 新型聚氯乙烯空心缠绕管的制备

新型聚氯乙烯空心缠绕管的制备工艺由两部分组成，即先用挤出机将不同配方的 PVC 原材料挤成特定形状的空心型材（毛坯），然后用专用缠绕设备和专用黏结剂将 PVC 型材缠绕成大型空心管材。

（1）制备过程。

1）型材加工。用普通挤出机将 PVC 挤成特定形状的空心板材，根据需要可调整配方。

2）型材缠绕。将型材放到管材缠绕设备上，在缝隙处涂上专用黏结剂，进行连续缠绕，加工成所需定长的 PVC 管材。该技术的核心是用专门的缠绕设备将挤出的特定形状的型材螺旋形地缠绕成各种口径的管材。型材的几何形状设计为方孔、工字形、封闭式结构，大幅提高了产品的环刚度。管材的长度及规格可现场定制。

（2）制备工艺的特点。

1）与 HDPE 缠绕管的直接缠绕工艺相比，PVC 缠绕管采用先挤出型材后缠绕的工艺能大幅降低模具的尺寸和成本，只使用缠绕型材模具即可生产。若要改变管材口径，采用直接缠绕需要整体更换模具，而采用两步工艺则相关的模具设计及其维修、运输都变得简单易行。

2）先挤出型材后缠绕的加工工艺可减小生产设备的功率。

3）缠绕机的缠绕装置可随意调节，因而用一台缠绕机可加工较大范围内的任意口径的管材。

4）基于单独缠绕的思路，加之缠绕机占地面积小，实际缠绕管材时往往可在现场完成。具体地说，根据用户的要求和所需管材的数量，可以预先准备缠绕型材，随同缠绕机一起运往用户所在地现场生产，降低运输成本。

5）该管材采用的原材料为 PVC，由于 PVC 分子链中存在氯原子因而其本身的表面张力比 HDPE 的高，当在缠绕过程中型材黏结、贴合及管材对接时使用糊状树脂作为黏结剂就可收到很好的效果。这种冷黏结操作省去了直接缠绕时为保持材料温度而设置的加热装置，可节省能量，并且型材可以不急于投入缠绕，在管材需求增大时可预先生产并储存。

（五）芯层发泡硬聚氯乙烯管

芯层发泡硬聚氯乙烯管（图 5-15）是采用三层共挤出工艺生产的，内、外两层与普通 PVC-U 相同，中间是低密度的低发泡层的一种新型塑料管材。PVC 排水管经历了实壁 PVC 管，单、双壁 PVC 波纹管的应用过程，到现在正趋向于大力发展和广泛应用 PVC 芯层发泡管。

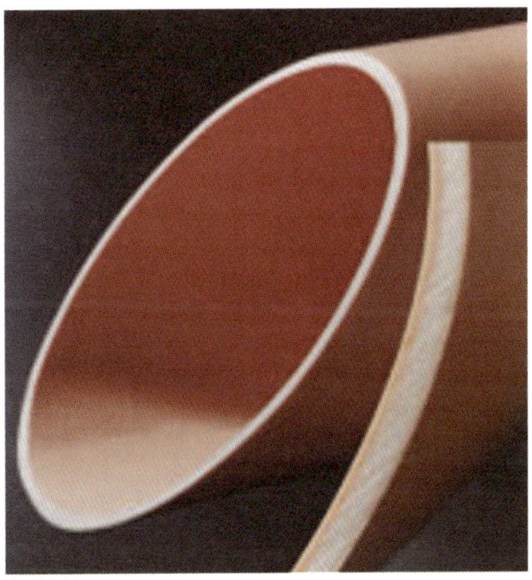

图 5-15　芯层发泡硬聚氯乙烯管

PVC 芯层发泡复合管也称为三层共挤发泡管，其内、外两层为硬质 PVC 皮层，可以保证管材有足够的强度及其他物理性能。芯层（中间发泡层）由特殊配方的 PVC 组成，其密度为 0.7～0.9g/cm^3（内、外层管材密度均为 0.9～1.1g/cm^3），芯层泡沫结构为细微封闭孔状，其发泡管比实壁管质量轻 20%～30%。正是由于这种结构，赋予了 PVC 芯层发泡管质轻的突出特点，并巧妙地利用了材料力学中的工字形结构原理，加上具有消能作用的发泡材料，从而使管材不但具有普通 PVC 实壁管材的所有优点，还具有隔热、隔音的效果，可显著地降低流水噪声，同时还在抗冲击性、防震、廉价、施工方便等方面具有显著的、优于实壁管的特点。因此，三层共挤发泡管广泛地用作工程及民用建筑的排水管，特别是高层建筑排水管更适合。

1. 硬聚氯乙烯芯层发泡复合管的特征

（1）抗冲击性能提高。其环向刚性为普通硬质 PVC 管的 8 倍。发泡 PVC 管的冲击能量为实壁 PVC 管的 2～4 倍，因此可大大减少施工应用中管材的意外损坏。

（2）使用温度范围广。可在-30～100℃温度范围内使用（而一般硬 PVC 管只能在-15～65℃温度范围内使用），并且温度变化时尺寸稳定性好。

（3）特殊的芯层发泡结构提高了管材的隔音性能，发泡芯层能有效地阻隔噪声传播，水流噪声大为降低，更适用于高层建筑排水系统。

2. 硬聚氯乙烯芯层发泡复合管的优点

（1）隔热性能好。比不发泡的实壁管材传热效率低 35%。表面不结露，用于冷热流体保温输送时，可节约保温费用。

（2）力学性能好。发泡芯层使其内壁抗压能力大大提高，这种管材的横截面力学特性更趋于合理，因而具有力学性能高、韧性好、抗折能力强等优点，减少了施工和使用中的破碎问题。

（3）较实壁管材可节省原材料 25%以上。

（4）具有优越的电气绝缘性能，适用于电线、电缆套管。

（5）在弯折状态下的使用寿命比实壁管材要长 10 年以上。

（六）硬聚氯乙烯消声管

PVC-U 消声管是在 20 世纪 90 年代初研制开发的一种新型的建筑用排水管材。

消声管的特点表现在管道内壁呈多条断面为三角形的凸出螺旋筋，筋高约 3mm，筋距大约以 50mm 的间隔曲线连续螺旋下降，一般都选择 PVC 树脂做成硬管，故称 PVC-U 消声管（图 5-16），常用的管径为 75mm 和 110mm。PVC-U 消声管与普通 PVC-U 排水管（包括 PVC-U 芯层发泡管）对比，PVC-U 消声排水立管在改善流态、稳定气压波动、增大通水能力方面具有显著的作用，是高层建筑排水系统更新换代的合适管道。

图 5-16　硬聚氯乙烯消声管

消声管之所以消声，是因为在直壁管的内管上设计若干条凸出螺旋线（类似炮膛），使流体沿着管壁切线方向自由连续地呈轻微螺旋流动，像弹头在炮膛里的运动一样，故对管壁不形成冲击。又由于流体仅沿管壁旋流，在管子内形成中央空的“流体管”，夹杂于流体中的空气可由此中央空间排出，从而使通排气能力提高，使流体中的空气流动相对规则。这样，就相对减少了流体在管子内流动时产生的不规则摩擦和碰撞，降低了流体流动的噪声。

PVC-U 消声管采用丝扣挤压胶圈密封接口，水密性好，安装维修非常方便，竖向能承受温度和建筑物的沉降变形，不用再另设伸缩节，在-30~60℃温度条件下可长期使用，是理想的排水管道。

二、聚乙烯类给排水用管

目前，用于城市给水的是 PE80 和 PE100 等级的中、高密度聚乙烯管。聚乙烯管的优点是耐腐蚀，熔接接头与管材一体化，不泄漏，具有较好的挠度。并且 PE 是环保型材料，可回收再利用，对环境破坏较少。

一般 PE 管材给水管道的应用范围为低于 40℃的温度，无法用于热水输送管道。PE 管材是一种结晶度高、非极性的热塑性树脂。原态 HDPE 的外表呈乳白色，在微薄横截面呈一定程度的半透明状。PE 具有优良的耐大多数生活和工业用化学品的特性。某些种类的化学品会产生化学腐蚀，例如腐蚀性氧化剂（浓硝酸）、芳香烃（二甲苯）和卤代烃（四氯化碳）。PE 给水管材的特性如下：

（1）长久的使用寿命。在正常条件下，最少寿命达 50 年。

（2）卫生性好。PE 管无毒，不含重金属添加剂，不结垢，不滋生细菌，很好地解决了饮用水二次污染的问题。符合《生活饮用水输配水设备及防护材料的安全性评价标准》（GB/T 17219—1998）安全性评价标准规定及其他相关的卫生安全评价规定。

（3）可耐多种化学介质的腐蚀。无电化学腐蚀。

（4）内壁光滑，粗糙系数极小，介质的通过能力相应提高并具有优异的耐磨性能。

（5）柔韧性好，抗冲击强度高，耐强震、扭曲。

（6）重量轻，运输、安装便捷。

（7）独特的电熔连接和热熔对接、热熔承插连接技术使接口强度高于管材本体，保证了接口的安全可靠。

（8）焊接工艺简单，施工方便，工程综合造价低。

（9）公称通径 20~90mm 的 PE 环保健康给水管材的颜色为蓝色，公称通径 110mm 以上的为蓝色或黑色带蓝线，其他颜色需定制，配件颜色与管材颜色相对应。

（10）水流阻力小。HDPE 管道具有光滑的内表面，光滑的表面和非黏附特性保证 HDPE 管道具有较传统管材更高的输送能力，同时降低了管路的压力损失和输水能耗。

（一）高密度聚乙烯缠绕增强管

HDPE 缠绕增强管（图 5-17）采用高密度聚乙烯为原材料，以聚丙烯波纹管为骨架管，通过热挤塑缠绕成型，属化学管材。它除了具有普通塑料管所具有的耐腐蚀性好、绝缘性高、内壁光滑、流动阻力小等特点以外，由于采用了特殊的中空工字形结构，还具有优良的强度与韧性、重量轻、耐冲击性强、不易破损、接头无渗漏等特点，广泛应用于城市污水和雨水的排放。在环境保护方面，HDPE 缠绕增强管因材质卫生、无污染、无毒害，在生产过程中无任何污染物产生，使用过的废旧管几乎可以 100%回收再利用，属环保安全绿色产品。所生产的产品可分为 PR、OP、SQ、VW 四种系列，其中：PR、OP 系列主要用作埋地排水管道，SQ 系列主要用于制造容器或窨井，VW 系列主要用于三通、弯头、二次加工成型的管件。产品中应用最多的是 PR 系列，该管材长度一般为 6m，管径为 0.13~3.15m，内表面光滑、外部为异型增强结构。

图 5-17 高密度聚乙烯缠绕增强管

HDPE 缠绕焊接增强管可根据用户提出的荷载情况和地层土壤类别及管道埋深等工程条件，采用静力学设计原理选用适合现场条件的最经济的规格管材，使管道工程做到既经济又安全。这种管材可用于覆土 0.15~20m 的埋地无压排水管道，设计使用寿命不低于 50 年。

1. 高密度聚乙烯缠绕增强管与传统混凝土排水管相比具有的优点

（1）连接简单，安装速度快，接头密封形式合理，安全可靠。管道连接采用承插口同材质电熔接连接技术，施工快捷，连接质量高，可做到 100%无泄漏。由于其重量轻，便于运输，基本上可以做到边开挖、边下管、边回填，简化了施工程序，缩短了工期，降低了施工费用。

（2）有较好的柔韧性，抗震性能好。HDPE 是高分子聚合物，属于黏塑性材料，具有很好的柔韧性，能较好地适应地震波的作用，从而提高了管道的抗震能力。

（3）卫生性能好，属绿色环保型产品。HDPE 缠绕增强管在加工过程中不加任何助剂填料，内外层使用 100%高密度聚乙烯材料，无任何毒性，不结垢，对任何微生物都是非营养源。生产全过程无任何污染物产生，使用过的废旧管道可 100%回收再利用，属于环保安全型绿色产品。

（4）抗腐蚀、耐老化，使用寿命确保 50 年。高密度聚乙烯具有极强的耐化学药品腐蚀和侵蚀的能力。在输送腐蚀性流体或在腐蚀性土壤中敷设时，无须防腐处理。HDPE 缠绕增强管在设计中，充分考虑了 50 年材质性能的衰减等因素，以长期特性为基准，可确保塑管的使用寿命在 50 年以上，并在使用寿命期内不用维护。

（5）内壁粗糙系数小，过流量大。管材内壁粗糙系数小，仅为 0.1009，在同等使用条件下输水量可提高 20%~30%。

2. 高密度聚乙烯缠绕结构壁管的生产

HDPE 缠绕结构壁管的生产过程见图 5-18。HDPE 中空壁缠绕管用的原材料是高密度聚乙烯。为确保中空壁缠绕管具有较好环刚度，宜采用 PE63、PE80 级管材用料。HDPE 中空壁缠绕管的生产工艺和其他结构的 HDPE 管材工艺基本相同。

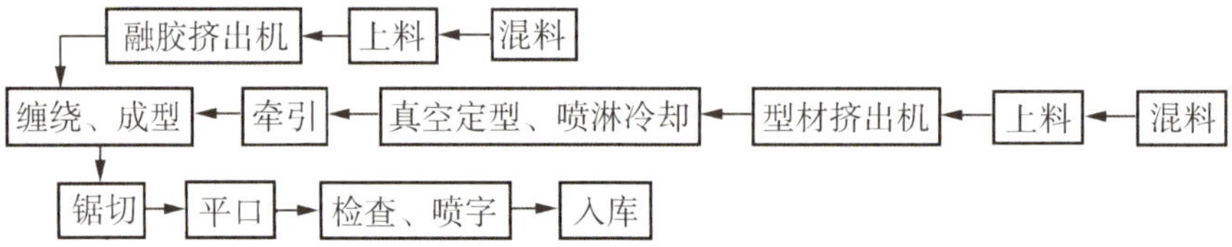

图 5-18　高密度聚乙烯缠绕结构壁管的生产过程

（二）高密度聚乙烯双壁波纹管

HDPE 双壁波纹管（图 5-19）是由高密度聚乙烯经同时挤出的波纹外壁和一层光滑内壁一次熔接挤压成型的。HDPE 双壁波纹管强度高、抗压、耐冲击性好、抗沉降性能好，可适用于软土流沙地基。它内壁光滑、摩擦阻力小、通水能力强、连接方便、接头无渗漏，适用于一般公共工程，住宅小区内雨水、污水排放，道路预埋管道，按用途分为排水管和排污管。足够长度的 HDPE 双壁波纹管具有略微挠曲特性，可不受地面细微且不均匀沉陷的影响，并且不用特殊管件就可直接铺在略为不平直的沟槽内。

图 5-19　高密度聚乙烯双壁波纹管

1. 高密度聚乙烯双壁波纹管的性能

（1）抗外压能力强。双壁波纹管是由 HDPE 同时挤出的波纹外壁和一层光滑内壁一次熔结挤压成型的，管壁截面为双层结构，内壁光滑平整，外壁为等距排列的具有梯形中空结构的管材。因此，该种管材属柔性管道，它独特的波纹管壁结构设计，大大增强了管材的环刚度，从而增强了管道对土壤负荷的抵抗力，使其和周围土壤共同承受负载。刚性管对地基基础的要求高，且重量大，施工工具及人力多，很难适应较复杂的地理环境。HDPE 管道为一次熔结挤压成型，抗地质沉降能力强，对基础要求低，管道可弯曲性良好；但由于 HDPE 双壁波纹管（外壁无金属增强）环刚度最高只能达到 $8kN/m^2$ 的等级，最大管径不超过 1200mm，这种管材一般只用于管道支线，而不宜用于主干道管材。而 HDPE 金属增强螺旋波纹管，因其将钢的刚性和塑料的柔性两者巧妙地结合，有效解决了上述两种管材存在的或没有柔性或刚性不足的问题，其同等长度管道的重量仅为混凝土管的 10%。因此，在同等条件下 HDPE 双壁波纹管不需要有和“刚性管道”——混凝土管相同的刚度和强度。

（2）摩阻系数小，流量大。HDPE 双壁波纹管内壁光滑，管内液体流动阻力明显小于混凝土管。经对管道的水力性能调查，钢筋混凝土管的粗糙系数为 0.013~0.014，HDPE 双壁波纹管的粗糙系数为 0.009~0.01。有关实践证明，在同样坡度条件下，采用直径较小的 HDPE 双壁波纹管就可以达到要求的流量。换句话说，在同样的直径下，采用 HDPE 双壁波纹管可以减小坡度，从而减小铺设长度。

（3）抗腐蚀性强，使用寿命长。排污管道中排出的生活污水常常带有腐蚀性，或呈酸性或呈碱性。由于 HDPE 分子没有极性，除少数的强氧化剂外，大多数化学介质对其不起破坏作用。一般使用环境的土壤、电力、酸碱因素都不会使该管道破坏，不滋生细菌，不结垢，其流通面积不会随运行时间增加而减少。

（4）施工方便。HDPE 双壁波纹管重量轻，搬运和连接都很方便，管径小于 900mm 的管道采用承插口方式连接，管径大于 900mm 的管道采用热熔方式连接。HDPE 双壁波纹管管道施工快捷、维护简单，在工期紧和施工条件差的情况下，其优势较混凝土管更加明显。

2. 产品主要质量指标

在发达国家，对排污用的 HDPE 双壁波纹管要求管材的刚度≥4kN/m^2。如果 HDPE 双壁波纹管用在排污管道上，材料应使用 PE80 或 PE100 级料。

（1）材料选用。生产双壁波纹管所用的材料应以 HDPE 树脂为主，根据使用需求，其中加入利于管材性能的其他材料，而高密度聚乙烯树脂含量应在 80%以上。

（2）技术要求。

1）颜色。管材的每个分层应该均匀一致，外层最好是黑色，其他颜色也可以。

2）外观。管材内外壁不允许有气泡、砂眼、明显的杂质和不规则波纹。管材的两端应平整并与轴线垂直。管材凹部内外壁应紧密熔接，不应出现脱开现象。

（三）高密度聚乙烯钢肋复合螺旋管

HDPE 钢肋复合螺旋管（图 5-20）属于埋地重力流管。HDPE 缠绕结构壁管是以 HDPE 为原材料，挤出机把原材料熔融后挤出成组成结构壁一部分的型材，把此型材缠绕在一个柱形胎具上通过型材间的熔接形成结构壁管，可生产公称通径为 300~3000mm 的埋地 HDPE 钢肋复合螺旋管。

图 5-20 高密度聚乙烯钢肋复合螺旋管

HDPE 钢肋复合螺旋管属于二次成型。首先，车间生产热熔挤压形成带有 T 形肋翼的板材，然后将板材运抵工地，并通过专用的卷管设备进行锁定，卷制成管。在制管过程中，将钢肋夹在其中（钢肋的形状和数量需通过计算）。

HDPE 钢肋复合螺旋管主要优点如下：

（1）现场成管。免去管道的运输，并可卷制任意长度和任意管径的管道，减少或不用管道接头。

（2）管道重量轻。公称通径为 1800mm 的 HDPE 钢肋复合螺旋管管道重 60kg/m，仅为混凝土管的 3%~4%，施工时不用吊车。

（3）内壁粗糙系数小，仅为 0.009。由水力计算可知，使用螺旋管的排水坡度是混凝土管的 50%以下，可大大减小管沟的开挖深度和回填工程量，节约工程总投资。同时管径比混凝土管减小 20%，可以大大降低工程造价。平时排水中，承体里固体颗粒不易沉淀淤积，降低了管道疏通维护费。

（4）施工快捷。生产设备简单，在现场每分钟可生产 2~8m 管道，可大大加快工程进度。

（5）不用混凝土基础。柔性管不需要刚性基础。HDPE 钢肋复合螺旋管施工时，沟底仅需少铺垫些柔性材料做管座即可。不需要混凝土基础与管座，可节约大量的人力、财力和时间。

（6）管道连接性能好。采用同质材料的热熔焊连接。管道同检查井连接时，由于管材外侧带有 T 形肋翼，所以比光壁管连接效果更佳。

（7）适用性能强。管道材质耐酸碱，抗腐蚀，耐磨损，使用寿命较长。

（8）抗外荷载能力强。有关规程规定，HDPE 钢肋复合螺旋管的最小覆土厚度为 0.8m，最深可达 6~9m。

（9）综合造价低。由于 HDPE 钢肋复合螺旋管的特殊工艺，在大口径塑料管系列中，该管的造价最低。根据与混凝土管的测算比较，一般其综合造价要降低 10%~25%。

（四）高密度聚乙烯铝塑复合管

HDPE 铝塑复合管（图 5-21）或中密度聚乙烯（MDPE）铝塑复合管的基本特征和交联聚乙烯铝塑复合管基本相同。它们的不同点有：①HDPE 或 MDPE 铝塑复合管的长期使用温度较交联聚乙烯铝塑复合管低 30~40℃；②HDPE 铝塑复合管的耐燃性较交联聚乙烯铝塑复合管差；③交联聚乙烯废品塑料不能回收利用，而 HDPE、MDPE 废品塑料能回收再利用。

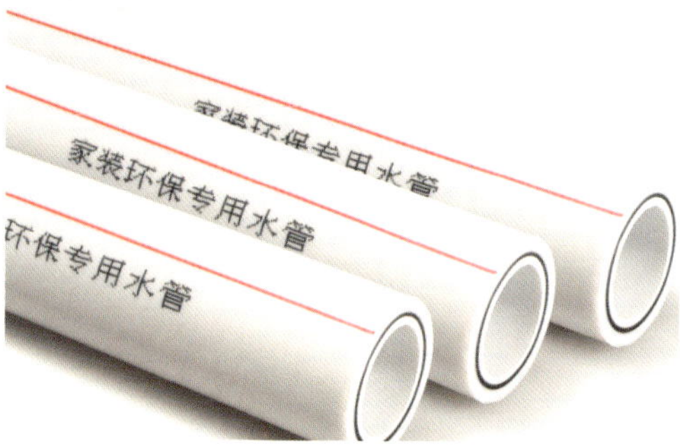

图 5-21　高密度聚乙烯铝塑复合管

1. 原材料与配方

生产 HDPE 铝塑复合管多用的原材料有三种，即 HDPE、铝片材和热熔胶。

热熔胶为低相对分子质量的聚乙烯，其密度应当≥0.915g/cm^3，熔点不低于 100℃。

铝片材（铝带）的性能要求是：各种厚度的铝带最小伸长率 20%，最小拉伸强度 100MPa；各种厚度的铝带的伸长率至少 35%，拉伸强度至少 60N/mm^2。

2. 产品质量要求

由于 HDPE 铝塑复合管中铝管成型焊接时采用超声波振动焊接和钨极针惰性气体保护氩弧焊两种工艺，这两种工艺生产的铝塑复合管存在很大的差别，使用性能也不同。超声波振动焊接适用于铝带厚度为 0.8mm 以下的小口径铝塑复合管生产，属于搭接焊成型；钨极针惰性气体保护氩弧焊适用于对焊接成型。

3. 成型流程

HDPE 铝塑复合管的成型流程见图 5-22。

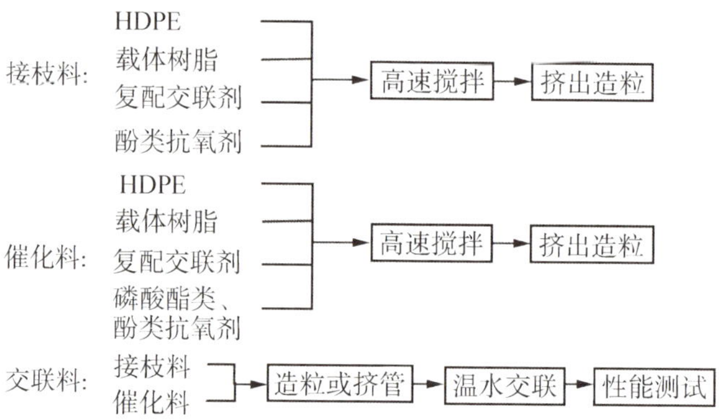

图 5-22　高密度聚乙烯铝塑复合管的成型流程

三、聚丙烯类给排水用管

PP 具有密度小、强度高、耐磨、耐腐蚀、易成型加工及热并行温度高等突出特点，属烯烃类通用塑料，产量大，价格较低，应用广。PP 用于制造管材已有几十年的历史。但由于 PP 的熔融黏度低及存在低温脆性、抗老化性能差等缺陷限制了在管道工程上的大量应用。用普通 PP 制作的管材只能用于输送介质温度低于 40℃的场合，并且因耐环境应力开裂性较低，即使在室内其使用寿命也不长。

（一）无规共聚聚丙烯管

无规共聚聚丙烯（PP-R）管材（图 5-23）和管件是 20 世纪 80 年代末 90 年代初开发应用的新型塑料管道产品。该产品采用无规共聚聚丙烯（也可称为三型聚丙烯）为原材料经挤出成型，被广泛应用于冷热水输送工程。

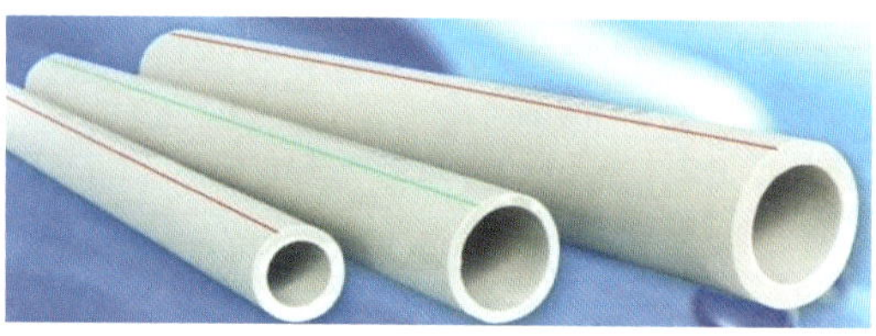

图 5-23　无规共聚聚丙烯管

均聚聚丙烯（PP-H）具有优良的刚性强度，但其低温冲击性能差，易脆化；嵌段共聚聚丙烯（PP-B）具有较好的柔韧性，特别在低温下抗冲击性能优良，耐高温性能比 PP-R 差；PP-R 既有良好的刚性强度，但低于 PP-H，低温下又具有一定的抗冲击强度，但不如 PP-B，同时 PP-R 还具有突出的抗蠕变性能。由于 PP-H 管材在低温下的脆性限制了它的使用，在一些应用领域逐渐被 PP-B、PP-R

管材取代。

PP-B、PP-R 管材除了具有一般塑料管质轻、耐腐蚀、不结垢、使用寿命长等特点外，还具有以下特点：①卫生、无毒；②耐热、保温、节能；③连接安装简单可靠；④防冻裂；⑤原材料可回收、加工成本低；⑥管道铺设时明敷、暗敷均可。

（二）嵌段共聚聚丙烯管

PP-B 管（图 5-24）的性能特征与 PP-R 管的性能特征基本相似，但又有其特点。

图 5-24　嵌段共聚聚丙烯管

1. 嵌段共聚聚丙烯管和无规共聚聚丙烯管的共同特性

（1）PP-B 管和 PP-R 管的基本材料都是丙烯，并且在共聚物中所占的比重都在 90% 以上。同时，在两种共聚物中基础材料的成分结构，又都是等规度和平均相对分子质量很高的丙烯共聚物 PP-H，因而两者都具备 PP-H 的热稳定性能良好的这一特征。

（2）PP-B 和 PP-R 都是为克服 PP-H 低温下易脆裂的弱点，通过加入乙烯共聚改性的。因此，用这两种材料生产的管材都具有乙烯的抗冲击特性，使其低温脆性得到了改善。

（3）PP-B 管和 PP-R 管在标准规定的温度、压力等实验条件下，都具有抗蠕变和寿命长的突出特征。

（4）PP-B 管和 PP-R 管都保留了 PP-H 管的高强度、抗歪曲、耐疲劳、耐腐蚀、无毒卫生等优良性能。

2. 嵌段共聚聚丙烯和无规共聚聚丙烯的性能差别

（1）PP-B 和 PP-R 的乙烯加入量不同，使两者的耐低温、抗冲击、耐高温、抗蠕变性能出现差异。在 PP-B 中，比 PP-R 较多地加入了乙烯成分，因而 PP-B 较 PP-R 更多地具备了乙烯的耐低温、抗冲击特性；而在 PP-R 中较少地加入了乙烯成分，因此 PP-R 较 PP-B 更多地保留了 PP-H 耐高温、抗蠕变能力强的特点。

（2）“嵌段”和“无规”共聚物分子结构不同，表现出的特性存在差别。在“嵌段”共聚物 PP-B 分子链中，由一些乙烯、丙烯单体共聚生成的具有高抗冲击性能的弹性短链段，同主体材料 PP-H 较长链段再均匀地进行嵌段共聚而生成大分子链的嵌段共聚物 PP-B，因而 PP-B 具有很高的抗冲击强度，它的分子链是按照“链段”式增大的。而在 PP-R 无规共聚物中，它的分子链是按照“单体-链段”式增长的，PP-R 链中乙烯单体的抗冲击特性不如 PP-B 中弹性链段那样突出，因而 PP-R 在低温下的抗冲击性能远不如 PP-B，而在较高温度下的抗蠕变能力更接近于 PP-H 而优于 PP-B。

由于 PP-B 和 PP-R 存在上述相同而又有差别的特性，所以，它们既可以同时应用于冷热水输送管道系统，又要根据它们不同的特性和具体的使用条件有区别地选择。

3. 嵌段共聚聚丙烯管和无规共聚聚丙烯管在选择应用上的区别

在一般情况下，当使用温度在 60℃以下，设计工作压力在 0.6MPa 以下，PP-B 管材更具有应用优势；而当使用温度在 60℃以上，设计压力在 0.6MPa 以上，PP-R 管材更具有优势。

从我国的冷热水管道应用领域来看，热水输送、高温采暖领域宜选用 PP-R 管材，冷水输送、低温采暖领域宜采用 PP-B 管材。

四、丙烯腈-丁二烯-苯乙烯共聚物管

ABS 管（图 5-25）是以丙烯腈-丁二烯-苯乙烯共聚树脂为原材料经挤出加工而制得，具有良好的抗冲击性和热稳定性、耐低温性、耐化学药品性及电学性能优良，还具有易加工、制品尺寸稳定、表面光泽性好等特点，容易涂装、着色，还可以进行表面喷镀金属、电镀、焊接、热压和黏结等二次加工，广泛应用于机电设备、汽车、电器、仪器仪表、纺织和建筑等领域，是一种用途极广的热塑性工程塑料。

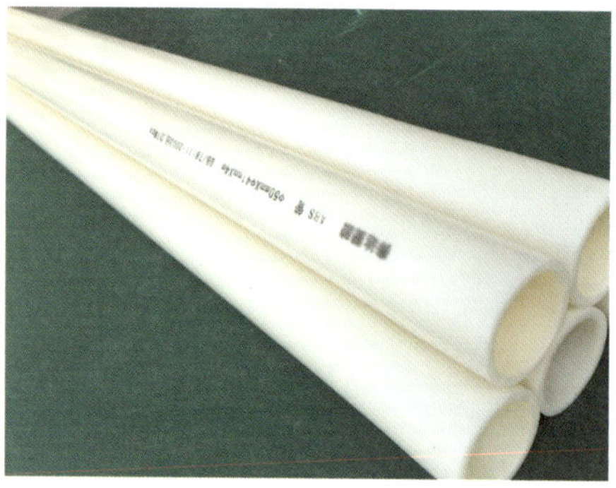

图 5-25　丙烯腈-丁二烯-苯乙烯共聚物管

ABS 管具有优良的韧性和强度，并且具有耐腐蚀性，重量较轻，具有很高的溶剂黏结强度，耐热级的 ABS 树脂还具有很高的热稳定性能。因此，ABS 管是卫生洁具系统的下水、排污、放空和冷水（包括饮用水）供给输送系统的理想用管。

ABS 管材的性能取决于 ABS 材料的性能，ABS 材料的性能又与其单个组分含量有关。每一种在其中都起着固定的作用。ABS 树脂中的三组分不是固定不变的，而是根据需要调整它们的配比。每种单体的含量的增减会直接影响到树脂的性能。

ABS 管材具有的特性是：①优良的物理特性；②耐多数化学品腐蚀；③优良的抗老化性能；④优良的卫生性能；⑤保温性能优异；⑥质量轻，刚性好；⑦内壁光滑，水流阻力小，不生管垢；⑧连接方便、快捷。

五、其他给排水用管

（一）夹砂玻璃钢管

玻璃纤维增强塑料夹砂管（RPMP 管）是一种以玻璃纤维为增强材料、树脂为基体材料制成的新型复合管，属高科技新材料管，具有质量轻、强度高、耐腐蚀、无毒、抗老化、寿命长、节能、综合造价低、安装方便、免维修等特点，是目前能生产的最大口径的塑料管材。夹砂玻璃钢管（图 5-26）内衬采用耐腐蚀性能优良的树脂，在使用过程中不结垢、不生锈、不滋生藻和其他微生物，对水质无二次污染。夹砂玻璃钢管质轻，相对密度小，仅为钢管的 1/4，物理力学性能优异，轴向拉伸强度超过 150MPa。管道内表面光滑，粗糙度和摩擦阻力都很小，与混凝土管相比，输水能力能提高 20%以上。

图 5-26　夹砂玻璃钢管

1. 玻璃纤维增强塑料夹砂管的性能特点

（1）优良的强度性能。RPMP 管最大容许工作压力可达到 6.4MPa，而混凝土管是脆性材料，其最

大工作压力为1.2MPa。RPMP管的抗弯强度根据纤维铺设与含量的不同，其表观环向抗弯强度为154~340MPa，混凝土管的抗弯强度远低于RPMP管。RPMP管具有良好的抗冲击强度，为3.0kN/cm^{2}以上。而混凝土管是一种脆性材料，抗冲击强度很低。

（2）具有良好的刚度。RPMP管是在承受弯曲应力较小的管壁中间层嵌入夹砂层来提高刚度的，且在很大的载荷下，可以通过自身的弹性变形来承担一些应力，在卸去载荷后能自动回复原状。而混凝土管在一定的载荷下就会产生断裂现象。

（3）耐腐蚀性能好。RPMP管具有无与伦比的耐腐蚀性能，耐酸、碱、盐和各种气体的腐蚀，而混凝土管却受到混凝土对钢筋、外部介质对混凝土的双重腐蚀。

（4）使用寿命长。RPMP管的破坏压力是按工作压力的6倍进行设计的，可确保50年的使用寿命。混凝土管是按工作压力的2.5倍进行设计的，在内、外双重腐蚀的影响下，使用寿命只有10~20年。

（5）内表面光滑，输送能力强。RPMP管的内表面比钢管光滑得多，因此流体阻力小，流通量大，在同等条件下，PRMP管的管径可比钢管管径小1~2个管径等级而达到同样的流通量。混凝土管则无法与之相比。

（6）重量轻，方便施工。RPMP管是一种轻质高强材料，其质量仅为钢管的25%，在施工中搬运方便，降低劳动强度。混凝土管的质量就更大了。

（7）防渗性能优。RPMP管接头采用双环橡胶密封胶圈连接，密封性能好。管身致密性很高，根本不可能产生渗漏。相比之下，混凝土管道的渗漏问题至今尚未解决，而且还很严重。

（8）RPMP管的内衬采用食品级树脂，管道内不结垢，不会滋生微生物，可确保水质，可用于输送和储存含氯的饮用水及生活用水。混凝土管由于内表面很不光滑，易结垢，易滋生细菌，从而污染水体。

2. 夹砂玻璃钢管的结构

（1）内衬层。内衬层由内表层和次表层组成。树脂含量≥65%。其中，内表层由玻璃纤维表面毡和树脂组成，树脂含量≥80%；次表层由玻璃纤维编织毡和树脂组成，树脂含量≥60%。内衬层为富树脂层，是管道的主要工作面，按不同的使用条件，可以满足防渗漏、耐腐蚀、输送食品级介质等要求。

（2）结构层。RPMP管的结构层被树脂砂浆层分割为内层结构和外层结构。结构层形成高强度的玻璃钢，承担主要的力学增强作用。

（3）树脂砂浆层。树脂砂浆层介于内、外结构之间，是一种被树脂浸透的砂浆层，砂粒之间被树脂胶粘牢，增加了管材的壁厚，增强了管材的断面系数，提高了管材的抗弯曲能力。该层是夹砂玻璃管材的关键，它的质量如何直接影响管材的整体质量，是管道生产的主要控制点。

（4）表面层。表面层又称外保护层，用的材料与内表面层基本一致，树脂含量≥80%，是光滑的外保护层，具有抗老化、抗紫外线照射的功效，还具有防外部介质内渗的作用。

3. 夹砂玻璃钢管生产工艺

其中缠绕工序最为关键，包括夹砂工艺和铺层设计两个主要控制点。按夹砂布的宽度和工艺要求选用砂子的粒度和粒度配比，调整夹砂盒确定砂层的宽度和厚度。夹砂布的松紧度要调整适当，如过紧则夹砂面易勒出沟，过松则不利于夹砂。检查导砂辊转动应灵活，否则，影响夹砂质量。将导砂辊向前延伸至距模具80mm左右，夹砂时先在脖颈处缠绕一周兜砂布，再放砂，小车向插口半自动运动，用压砂辊压紧并向插口方向缠绕，承口、插口处不夹砂。夹砂结束时，断砂后夹砂布还要再缠绕一周。夹砂时树脂一定要浸透，不许有白茬。夹砂完成后，按设定工序进行第二层缠绕，缠绕到最后一层时要特别注意夹砂布平整，刮树脂时表面要留有少量树脂，并且要均匀。最后，按工艺要求缠好插口形状并保证外径尺寸，完成制管过程。在夹砂和缠绕过程中，注意固化剂加入量，要控制好量的大小，避免断流造成管不固化。

（二）玻璃纤维增强聚丙烯管

玻璃纤维增强聚丙烯管（FRPP）（图5-27）作为新型的绿色环保建筑材料，因其具有比其他排水管的优越性能，诸如耐温比普通管高 40℃，强度增强 20%，具有耐磨性、抗渗性、内外光滑、抗拉、抗弯、造价低、寿命长、安装维修方便等特点。FRPP 管材、管件产品规格齐全（公称通径的范围为 1.5~500mm），承受压力范围为 0.4~1.0MPa，与配套的三通、弯头、法兰、异径管、阀门、补偿器、焊条等一起使用。FRPP 管材的优点如下：

图 5-27　玻璃纤维增强聚丙烯管

（1）管材轻，施工方便。FRPP 管材、管件的密度为 0.95~1.00g/cm^3，是铸铁管的 1/7，运输和安装劳动强度得到一定降低，非常方便。

（2）安装效率高。FRPP 管切割容易，黏结简单，使用的焊条材质与管材原材料配方相同，切割后剩余管段仍能利用，方便灵活。

（3）外表美观，耐腐蚀，耐老化。FRPP 管内、外壁光滑，色泽鲜艳；耐腐蚀，对污水处理、酸碱液、氯碱和雨水等流体的抗腐蚀性好，安装后不需要防腐。其寿命可达 50 年。

（4）水流阻力小，通水能力强。FRPP 管的内壁光滑，水流阻力小，不易堵塞，其排水能力比同管径的铸铁管提高 35%以上。

（5）工程造价低。FRPP 管的综合安装及维修费用等比金属管道低，具有明显的经济效益。

（6）强度高，抗拉、抗弯性能好。FRPP 管比目前使用的不含增塑剂的聚氯乙烯管（UPVC 管）强度高，抗拉强度在 35MPa 以上，抗弯强度在 45MPa 以上，在运输、装卸、储存、施工中都比较方便。

第三节　农业用管材

农业节水灌溉包括低压管道输水灌溉、喷灌及微灌等灌溉技术，采用塑料管道是推广农业节水灌溉最重要的技术措施。低压输水塑料管道的主要原材料为 PVC，也有部分为 PE 和 PP。喷灌埋地管用料以 PVC 为主，有时也使用 LDPE、HDPE 等原材料。为改善管材的耐应力开裂性能，通常在 LDPE 中加入 E/VAC。微灌系统包括地下主管、支管、田间支管、喷灌头和滴头等。这些管材都用于田间，使用环境非常苛刻，因此要求材料具有良好的抗紫外线性、耐环境应力开裂性及高爆破强度等。如主支管和滴灌管一般都要求抗老化（需加入炭黑），同时要求材料有良好的耐环境应力开裂性能及耐磨性能，因此多采用 HDPE、LDPE 和 LLDPE 的共混改性料生产。

微喷头和滴头是组合件，每个部位用料不一样，对原材料性能要求高，且需加工性能好，要求成型的制品力学性能高、耐磨损、耐老化。所用原材料主要为聚甲醛、聚酰胺等工程塑料，其次为 PP 和 PVC 等通用塑料。输水管道的成型上宜为挤出成型；微喷头和滴头多采用注塑加工，如果对强度要求很高，还可采用长丝缠绕成型等。

渠道防渗是节水灌溉的另一项重要措施，在以前的渠道防渗中多选用 PVC 薄膜、LDPE 薄膜、LLDPE 薄膜。一般选用厚度为 0.18~0.22mm 的深色薄膜。在寒冷地区选用 PE 薄膜；在芦苇等穿透性植物丛生地区可优先选用 PVC 薄膜。

一、喷灌及机井聚丙烯管

聚丙烯喷灌管（图 5-28）用于农业灌溉，一般采用移动式或半移动式，要求能承受 0.4～0.6MPa 的压力和冲击负荷，并能承受弯曲、拉伸应力的作用，有一定的韧性和刚性，耐低温、能承受冷热交替作用及耐老化，而且质量要轻，以便安装和移动。与硬聚氯乙烯管材相比，聚丙烯管材具有质轻、热稳定性好、无毒及节省管接头等优点，为此，选用改性聚丙烯并加入一定量抗氧化剂和紫外线吸收剂以生产喷灌管材。聚丙烯管材的最大特点是热稳定性优良。聚氯乙烯管材和聚乙烯管材一般的使用温度均局限于 60℃以下，但聚丙烯管材在短期内使用温度可达 100℃以上。正常情况下可在 80℃条件下长时间使用，它的软化温度约为 150℃。但聚丙烯管材的脆化温度较高，尺寸收缩率较大，尤其对低温的敏感性较强，随着温度的降低，力学性能下降明显，从而限制了它的使用范围。此外，它的耐老化性能也较差。因此，用于农业喷灌管道的聚丙烯材料需要进行改性处理，以提高管材的耐低温及耐老化性能。

图 5-28　聚丙烯喷灌管

聚丙烯喷灌管的典型配方见表 5-2。

表 5-2　聚丙烯喷灌管的典型配方

原材料名称	配方（质量份数）
聚丙烯粉末（熔体流动速率=0.5～1g/10min）	100
低压聚乙烯粉末（熔体流动速率=1g/10min）	15
顺丁胶	15
紫外线吸收剂 UV-327	0.3
抗氧化剂 1246	0.3
高色素炭黑	适量（一般 0.3～0.5）
苯甲酸钠	0.5

由于配方中含有 15 份的顺丁胶，所以配料操作较一般粉料混合困难。这种橡胶共混可以分别采取辊压共混挤出成型生产工艺、挤出共混挤出成型生产工艺路线，生产过程见图 5-29。

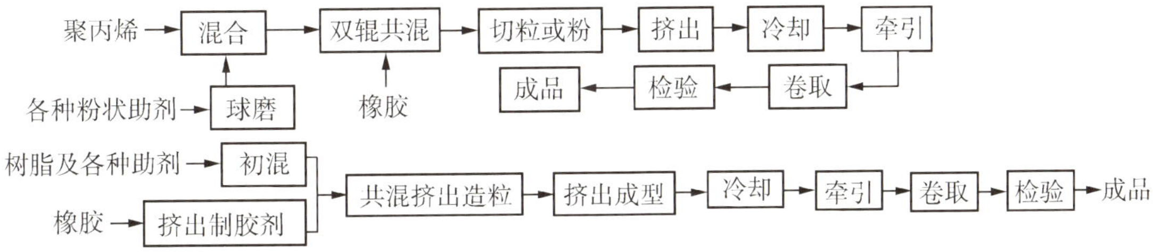

图 5-29　喷灌及机井聚丙烯管生产过程

辊压共混挤出成型生产工艺路线是：首先将助辊压共混剂放入球磨机研磨，然后将研磨好的物料称量后与树脂按比例放入捏合机中捏合 0.5～1h，随后将混合料与一定量的橡胶经双辊塑炼（前辊 170℃），再拉片切粒。共混粒料经单螺杆挤出机挤出成型、冷却、卷取而制得喷灌管。

挤出共混挤出成型生产工艺路线是：先将原材料造粒，开车前将挤出温度升至 50～60℃，然后加胶条，正常出粒后关闭电源，靠摩擦热维持正常挤出造粒。聚丙烯及助剂初混是将粉料按配方计量，放入捏合机捏合 0.5~1h，将捏合好的物料与胶料按质量份数比例放入捏合机，捏合、混合均匀后造粒，采用冷却法切粒，将挤出物引入水中，拉伸过程中经加热、除水、风冷，将粒料干燥后经单螺杆挤出机挤出成型、冷却、卷取而制得喷灌管。

二、滴管及排灌管

（一）微孔滴灌

这是简单的、投资少的滴灌方式。该系统由泵、文丘里施肥器（一种施肥装置，又称文丘里吸肥器）、输水主管、微孔支管及接头、管件组成。水由水泵输送到主管道，主管分出支管，根据作物需要在支管上开出微孔（分双上孔及单孔）。在灌溉的同时，也可给作物施肥。

微孔滴灌用水量较大，滴水不均匀，抗堵塞能力较差。尽管有诸多缺点，但因其简单、投资小，农民还是接受的。

（二）毛细（发丝）滴灌管——燕山滴灌管

这种滴灌管不用专门的注射成型滴头，而是在外径为 10mm 的滴灌支管上螺旋式缠绕上外径为 1.8mm、内径为 0.5~0.6mm 的蛇形毛细管（或称发丝管、蛇管）。蛇管一头插入外径为 10mm 的支管形成进水口，另一端固定在支管上形成出水口。这种组合形式的滴灌管称为毛细（发丝）滴灌管。燕山滴灌管滴头结构如图 5-30 所示。

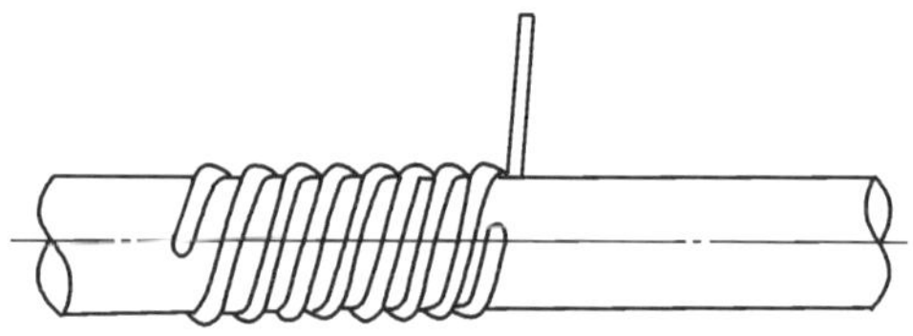

图 5-30 燕山滴灌管滴头结构

这种滴灌管有独到的技术特点，它的调压是借用毛细管本身的管程阻力来实现的。支管内水压是随水源的远近而变化的，距水源越远，管群阻力越大，水压越小。

（三）内镶片状迷宫滴水器式滴灌管

内镶片状迷宫滴水器式滴灌管内部结构见图 5-31。这种灌管（图 5-32）是指将滴水器锻于管子内壁的一体化滴灌管。当管子冷却成型后，在管外侧对应滴水器出水口处，经打孔机打出直径为 1.5~2mm 的出水口。这种滴灌管内壁光滑，外观平整美观，安装方便，具有如下特点：

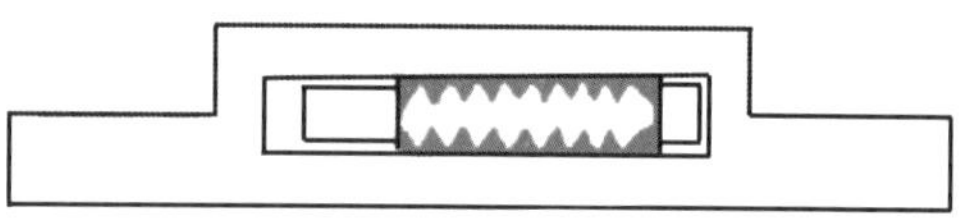

图 5-31 内镶片状迷宫滴水器式滴灌管内部结构

（1）滴头有过滤窗，抗堵塞性能好。

（2）采用紊流流道，有一定压力补偿作用，在平地上单管铺设长度可达 80m 左右。

（3）滴头间距可根据需要加工，一般有 0.3m、0.4m、0.5m、1.0m 几种规格。

图 5-32 内镶片状迷宫滴水器式滴灌管

（四）内镶圆柱状迷宫式滴灌管

内镶圆柱状迷宫式滴灌管内部结构见图 5-33。

这种滴灌管（图 5-34）不仅具有内镶片状迷宫式滴灌管的优点，而且由于水走的迷宫路线较长，抗阻塞性能、压力补偿性能更好。

利用塑料管（滴灌管）道将水通过直径约为 10mm 管子上的孔口或滴头送到作物根部进行局部灌溉。出流孔口非常小的滴头或滴灌带，把水一滴滴地均匀而缓慢地滴在作物根部附近的土壤中。

（五）重力微滴灌管

“微滴灌”是指滴灌系统可产生极小的滴头流量，它的滴头流量大约是目前国内现有滴头流量的 1/10。重力微滴灌管是专门针对中国农业现状而特别研制的、适合中国国情的节水灌溉产品。它将先进的灌溉技术与原始的灌溉条件相结合，整套系统运行时无须用电、用泵，靠 20cm 落差的大气压就可驱动整套系统运行，非常简单。据厂家介绍，使用重力微滴灌管可以增产 40%，并能提高作物的平均品质，降低病虫害的发生率，减少化肥和杀虫剂的使用量，使作物达到绿色等级。

图 5-33　内镶圆柱状迷宫式滴灌管内部结构

图 5-34　内镶圆柱状迷宫式滴灌管

重力微滴灌是不靠电和泵驱动运行的滴灌设备，特别适用于不通电的山区和贫困地区农村，只需自备一只汽油桶，将桶垫高 20cm 以上，作为水源，即可使系统运行。该系统还有以下特点：

（1）比普通滴灌系统节省用水 50%。

（2）滴头流量小（只有普通滴头流量的 1/10）。

（3）为土壤提供适当的水、气比例，便于作物根系活动及吸收微量元素。

（4）容易与现有温室结构配合，可安装于各种大小温室。

（5）明显降低了温室内的温度，同时减少了病虫害的发生。

（6）该系统本身运转不需要另加动力，但也可以接在有动力的水管上。

（六）压力补偿式滴灌管

在滴灌系统的支管上安装压力补偿式滴头，从而组成滴灌管。这是近几年从国外引进的产品，在设计上主要解决滴灌系统各滴头流量均衡的问题，尽管各厂家生产的滴定头外形有所不同，但原理是一样的（图 5-35、图 5-36）。

图 5-35　压力补偿式滴灌管滴头

将滴头安装在系统的支管上，当支管的水从上方流入滴头，经过滴头内橡胶体的间隙，流向滴头下方的出水口滴出。如果支管的压力增大，橡胶片变形加大，使流水间隙变小，通过的滴水量变小，达到调节滴水流量的目的。此种滴头堵塞后需拆开清洗，工作量增加。另外，制作滴头较复杂，成本提高。

压力补偿式滴灌管是灌溉果树、苗圃和蔬菜的理想产品，特别适用于下列条件下的灌溉：①系统压力不稳定；②需要增加滴灌管长度；③地形复杂；④地块不规整。

（七）脉冲式滴灌管

脉冲式滴灌管是指在滴灌系统支管上安装脉冲式滴头。另外，还有脉冲发生器，使滴头能断续地、较均匀地滴出水。

该种滴灌管滴水均匀，抗堵塞性能好，但滴头制作较复杂，清洗不方便，滴水管长度短，使用受到限制。

（八）可调式滴头滴灌管

可调式滴头滴灌管是指在滴灌管支管上安装可调式滴头，每个滴头像阀门一样，可根据需要调节流量。当前产品有五位可调式滴头，其特点是适应于不同的压力范围、在不同压力下可得到相同的出水量。滴灌系统用管材大多数用聚乙烯材料。刚度要求大些的大口径管材，多采用低压高密度聚乙

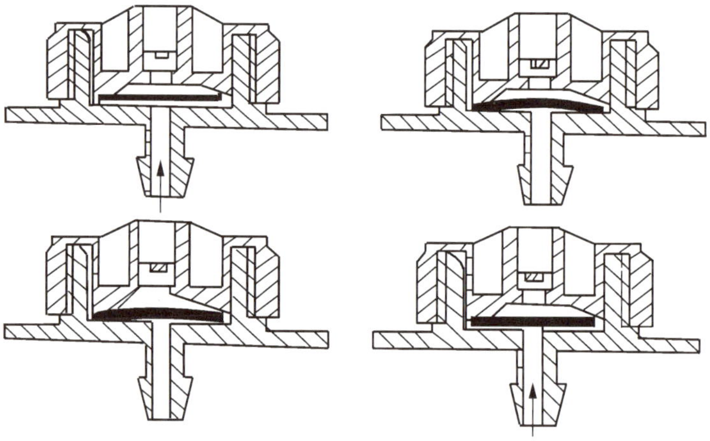

图 5-36　压力补偿原理

图 5-37　聚乙烯农用暗管

烯；直径小的要求柔性好一些的管子，多采用高压低密度聚乙烯或线型低密度聚乙烯。

三、聚乙烯农用暗管

暗管泛指埋于地下的管路，最常用的是聚乙烯农用暗管（图 5-37）。该产品无国家标准，但喷灌用低密度聚乙烯管材执行标准《喷灌用低密度聚乙烯管材》（QB/T 3803—1999）。

这种管是通过挤出、吹胀，然后进入带有波纹定型夹具的履带式牵引装置，经风冷定型制成，其生产过程见图 5-38。

高压聚乙烯→挤出→压缩空气连续吹胀→牵引→风冷定型→卷取→切割→检验→成品

图 5-38　农业聚乙烯暗管的生产过程

成型加工过程为：成型时，熔融状态的 PE 塑料管从挤出机挤出，压缩空气通过机头分流梭支脚进入塑料管，起吹胀作用，为防止空气泄漏、管子瘪陷，用一个气塞连接在机头模芯上。

四、农用普通聚乙烯管

农用普通聚乙烯管（图 5-39）执行标准《给水用低密度聚乙烯管材》（QB/T 1930—2006）。生产普通聚乙烯管材一般不需要加入其他助剂，而采用聚乙烯作为单一原材料生产。适宜材料为高压聚乙烯，其熔融指数应为 0.2～7g/10min。

图 5-39　农用普通聚乙烯管

普通聚乙烯管材成型加工过程为：挤出机挤出聚乙烯管材时，螺杆一般不需要冷却。高压聚乙烯挤出管材的冷却速度应缓慢，否则管子无光泽，造成内应力集中，管内壁呈竹节状。压缩空气压力 0.02～0.04MPa，压力过大会使成品管强度明显降低。为了提高聚乙烯管材的耐老化性能，配方中可加入适量炭黑，但是炭黑有较大的吸湿性，会使管子的内、外表面无光泽，并易产生缺陷、空洞。若发现有此现象，将原材料预热干燥即可改善。

五、线型低密度聚乙烯管

LLDPE 管（图 5-40）是以 LLDPE 树脂为原材料，经挤出加工制得的。LLDPE 管具有良好的经济性、优良的耐环境应力开裂性与较高的刚度和热变形温度。LLDPE 管的生产工艺与 LDPE 管的生产工艺基本相同，但两者分子结构有一定的差异，在相同的密度下，LLDPE 管显示出较高熔点及熔化温度。因此，加工温度稍高，不过最高不得高于 195℃。

六、维塑管

维塑管（图 5-41）是以聚氯乙烯为原材料，加入稳定剂、润滑剂、防老化剂等配合后，以高强度的维尼纶纤维织成的筒带作为承压骨架，经挤出复合制成的，故又被称为织物增强聚氯乙烯水龙带。经过发展改进，已有用聚酯纤维、尼龙纤维等合成纤维或植物纤维织成的布作为维塑管的承压骨架。维塑管具有强度高、流体阻力小、比帆布管轻、不吸水、移动方便等特点，可作为移动式或半移动式喷灌管道。此产品的一般技术要求为：内、外壁表面光滑、无破损，无露线处，壁厚为 2.0~2.2mm，正常使用时耐压约 0.39MPa、纵向拉伸强度 35MPa、横向拉伸强度 25MPa。

图 5-40　线型低密度聚乙烯管

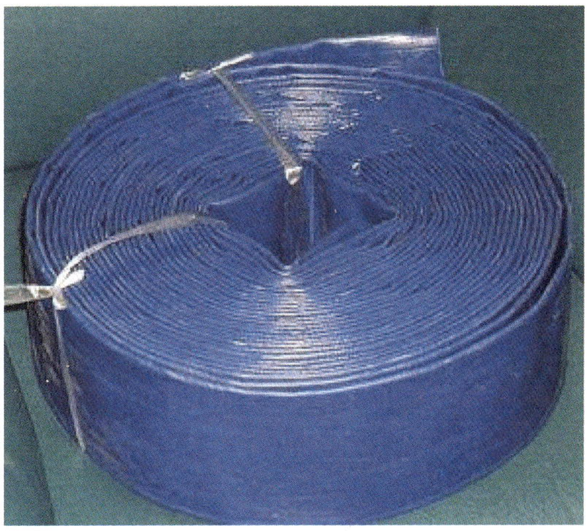

图 5-41　维塑管

维塑管所用聚氯乙烯混合料的典型配方见表 5-3。

表 5-3　维塑管所用聚氯乙烯混合料的典型配方

物料名称	配比 1（质量份数）	配比 2（质量份数）
PVC 树脂	100	100
邻苯二甲酸二丁酯	30	50
邻苯二甲酸二辛酯	50	25
癸二酸二辛酯	适量	15
环氧硬脂酸辛酯	5	适量
三盐基硫酸钡	1	1.5
二盐基磷酸钡	0.5	1.2
硬脂酸钡	0.75	2.5
硬脂酸镉	0.75	适量

续表

物料名称	配比 1（质量份数）	配比 2（质量份数）
硬脂酸	适量	0.3
硬脂酸铅	适量	0.15
亚磷酸三苯酯	0.5	适量
酞菁蓝	0.3	适量
$CaCO_3$	适量	5
炭黑	适量	适量
石蜡	0.3	

图 5-42 滴灌带

七、滴灌带

（一）滴灌带的特点

滴头与毛管制成一体，兼有配水和滴水功能，按其构造可以分为片式滴灌带、内镶式滴灌带、薄壁迷宫式滴灌带等。

滴灌带（图 5-42）是一种厚 0.1~0.6mm 的薄壁塑料带，充水时胀满管形，泄水时为带状，运输、储藏都十分方便。单侧压边迷宫式滴灌带，具有紊流流态压力补偿特性，迷宫流道及滴孔一次真空整体热压成型，制造精度高，有多个进口，能有效地防止堵塞，出水量一致，可用于温室、大棚、大田，沿作物植行铺设，平地最大铺设长度 194m。

（二）与滴灌带配套的各类管材和管件

1. 聚氯乙烯管材和管件

这类管材规格品种较多，工作压力也从 0.2~1.2MPa 不等，管道公称外径变化范围为 20~710mm，以适应不同作物的需要，也可根据作物滴灌流量选择不同的管径。PVC 管材规格齐全、通用性强、抗压、抗老化性强。

2. 聚乙烯管材和管件

PE 管材内径变化范围为 0.95~80mm。ϕ4mm 以下规格的 PE 管可用作灌水器，即微孔管和小管；ϕ10mm 及以上规格的 PE 管主要用作滴灌的毛管和支管。PE 管件目前较多但通用性差，其柔韧性也比不上 PVC 管，容易破裂，使用中应特别注意。

3. 复合增强型软管

复合增强型软管主要有锦纶塑料管和维塑软管两种，主要用于农田简易滴灌技术，实用性强、安装方便、维修方便，对那些生产期较短的作物最合适，并且投资较少。

4. 农用大口径双壁波纹管及配套管件

其管道内径变化范围为 110~1000mm，主要用于大规模农作物滴灌用的给水管，坚固耐用，耐老化性好，但投资较大，适用于长期需要滴灌的地块。

（三）滴灌带的生产工艺

滴灌带典型配方见表 5-4。

滴灌带生产设备包括单螺杆挤出机、滴头自动选位送料系统、真空冷却定位系统、打孔系统、印字机组、牵引设备、收卷设备。滴灌带生产过程见图 5-43。

表 5-4 滴灌带典型配方

原材料名称	配比（质量份数）	原材料名称	配比（质量份数）
PVC 树脂	100	钛白粉	2~5
复合稳定剂	2.5~4.0	丙烯酸酯加工活性剂 ACR	1~3
CPE	4~10	碳酸钙	2~6

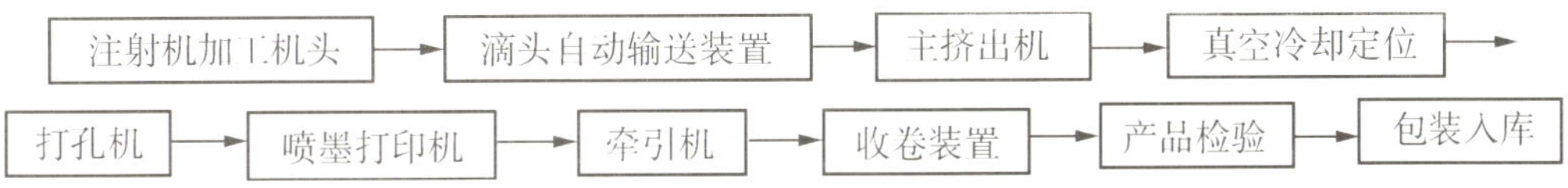

图 5-43 滴灌带生产过程

八、聚氯乙烯钙塑管

图 5-44 聚氯乙烯钙塑管

聚氯乙烯钙塑管（图 5-44）是将 PVC 树脂、稳定剂、改性剂、润滑剂及 $CaCO_3$ 填料等材料配合后经挤出而制成的。由 $CaCO_3$ 填充的硬聚氯乙烯钙塑管可增加冲击强度、降低成本，但耐酸性降低。它主要用于输送碱性液体、农业排灌、建筑排水及电线穿线等。

聚氯乙烯钙塑管的外观要求与普通硬聚氯乙烯管相同，相对密度为 1.5~1.65，盐酸腐蚀度小于±5g/m^2。与普通硬聚氯乙烯管配方相比，主要增加了大量 $CaCO_3$ 填料，为使 $CaCO_3$ 与 PVC 均匀混合，增加界面黏合力和物料流动性，最好采用经过活化处理的 $CaCO_3$。为了提高聚氯乙烯钙塑管的韧性，还需加入高分子增韧剂 CPE（含氯量为 36%~40%）。CPE 也起到高分子增塑剂的作用，它可降低聚氯乙烯钙塑管的挤出成型温度。所用 CPE 的含氯量约为 35%。

聚氯乙烯钙塑管的典型配方见表 5-5。

表 5-5 聚氯乙烯钙塑管典型配方

原材料名称	配比（质量份数）	原材料名称	配比（质量份数）
PVC 树脂	100	硬脂酸钡	1.5
CPE	5~10	石蜡	0.8
三盐基硫酸铅	5	炭黑	0.2
硬脂酸铅	1.0	活性 $CaCO_3$	30~80

聚氯乙烯钙塑管的生产过程是：各种物料→称量→捏合→挤出造粒→挤出成型→冷却→定型→切割→检验→成品。

九、低发泡聚氯乙烯管

低发泡聚氯乙烯管（图 5-45）是近几年发展起来 PVC 管材的新品种，由 PVC 树脂、稳定剂、润滑剂、发泡剂、填充剂及其他加工改性剂经捏合、挤出成型制得。低发泡 PVC 管具有聚氯乙烯硬管的基本性能，但比其相对密度小，有易于二次加工、价格低廉等特点。本产品的一般要求为：管材外壁应光滑，内壁应平整，不允许有裂口、颜色不均、分解线、杂质等。

图 5-45　低发泡聚氯乙烯管

（一）原材料

1. 聚氯乙烯树脂

相对分子质量小的 PVC 树脂，其黏度较低，易成型但热稳定性差，制品的机械强度欠佳；相对分子质量大的 PVC 树脂则黏度大，对泡孔形成不利。因此，多选用 SG-5 型 PVC 树脂，平均聚合度 800~1000 为宜。

2. 稳定剂

铅系稳定剂稳定效果好、价格低廉，在加工过程中除稳定效果外，还兼有对发泡剂的活化作用。可以降低发泡剂的分解温度，调节其用量可使发泡剂的分解温度和物料的塑化温度相适应，有利于发泡的进行。另外，钙锌复合稳定剂及钙锌复合稳定剂和铅系稳定剂混合使用，亦可收到较好的效果。

3. 润滑剂

加入润滑剂可使低发泡 PVC 管材易于加工，提高加工速率，改善制品表面光洁度，同时防止由于强烈的内摩擦而导致物料过热的现象产生。低发泡 PVC 管可选用石蜡和金属皂类作为润滑剂。

4. 填料

填料可降低成本，改进制品的某些性能，赋予材料新的性能或降低成本。低发泡 PVC 管的填料可选用轻质碳酸钙、二氧化硅及三氧化二铝等。

5. 发泡剂

因为活性炭的发气量高、无毒，在助剂作用下能降低其分解温度，使其与 PVC 熔融加工温度相适应，所以活性炭是生产低发泡 PVC 管较理想的发泡剂。

（二）低发泡聚氯乙烯管的典型配方和生产过程

1. 典型配方（质量份数）

PVC 树脂 100，稳定剂 4~5，润滑剂 2~2.5，填料 5~10，发泡剂 0.4~0.6，其他助剂 5~10。

2. 生产过程

低发泡 PVC 管的生产过程与 PVC 钙塑管基本相同。

第四节　电工用管材

建筑工程中电工套管用来穿绝缘导线和电缆，以免绝缘导线和电缆受到外来机械损伤。它有硬聚氯乙烯管、半硬聚氯乙烯管、焊接钢管、电线管、金属软管、普利卡金属管、镀锌电线钢导管（包括套接扣压式薄壁钢导管、紧定式镀锌电线钢导管两种）等类型。本节主要介绍塑料电工用管。

一、聚氯乙烯类电工用管材

聚氯乙烯是含氯聚合物，有较好的阻燃性能，其物理性能和电学性能满足一般使用要求，而且价格低廉，因而是世界上使用最广泛的塑料之一。传统上多以聚氯乙烯或其他含卤材料作为电线电缆的绝缘或护套。聚氯乙烯绝缘电线电缆的线芯适用温度范围为 -15 ~ 60℃，短路热稳定允许温度：185mm^2 及以下横截面积的为 160℃；240mm^2 及以上横截面积的为 140℃。敷设时温度不能低于-5℃，温度低于 0℃时，宜先对绝缘电线电缆加热。对于温度在-15℃以下的严寒地区应选用耐寒聚氯乙烯电缆。在高温或日光照射下，由于增塑剂易挥发从而导致绝缘层快速老化。

普通型聚氯乙烯绝缘电线电缆虽然具有一定的阻燃性能，但在燃烧时会散发大量含有氯化氢气体的浓烟，故对于相对封闭或人员集中的重要建筑和设施（如地下客运设施、地下商业区、高层建筑、特殊重要公共设施等）不宜采用聚氯乙烯绝缘或聚氯乙烯护套电缆，以防在火灾中造成二次灾害。另外，由于技术上的原因，这些材料中含有对环境和人体有害的铅、溴化物等物质，在正常使用情况下也会对人体带来伤害。

（一）低烟阻燃聚氯乙烯电缆料

1. 聚氯乙烯树脂的阻燃特性

PVC 树脂本身具有高阻燃性，氧指数达 45%，可以认为是阻燃性能优良的材料，但作为电线电缆，常在其加工过程中加入 50~60 份增塑剂用来提高柔软度，而增塑剂一般为易燃物，从而大大降低了软质 PVC 的阻燃性，使 PVC 混合物氧指数为 24%左右，成为易燃材料。

因此，可以通过调整配方达到阻燃，也可以选用氯化 PVC 树脂，后者含氯量 62%~65%，具有一定阻燃性。PVC 电缆料体系中选择合适增塑剂十分重要。在 70℃PVC 电缆护套料中，通常选用邻苯二甲酸二辛酯（DOP）与对苯二甲酸二辛酯（DOTP）、氯化石蜡等。

2. 聚氯乙烯电缆料的生产过程

PVC 电缆料的生产过程要经过以下几步：首先是 PVC 树脂过筛、增塑剂的过滤及磨浆料；其次是计量配比这几种材料，在高速搅拌下混合；再次就是冷混和用螺杆挤出机进行造粒；最后是产品的处理及包装。经过这几步我们就可以得到合格的 PVC 电缆料。

随着人们环保意识和安全意识的增强，阻燃抑烟的 PVC 电缆料的研究和生产引起了世界各国的普遍关注。人们纷纷寻找能够提高 PVC 电缆料的阻燃性能的方法，并取得了突破性的进展。对 PVC 电缆料中加入的增塑剂、阻燃剂及填充剂的量能够做到很好的控制，这是开发优异性能的电缆料的前提。并且利用共混等方法将会开发出更多的集无毒、高效于一体的新型环保阻燃的 PVC 电缆材料，如低烟阻燃 PVC 电缆（图 5-46）等。

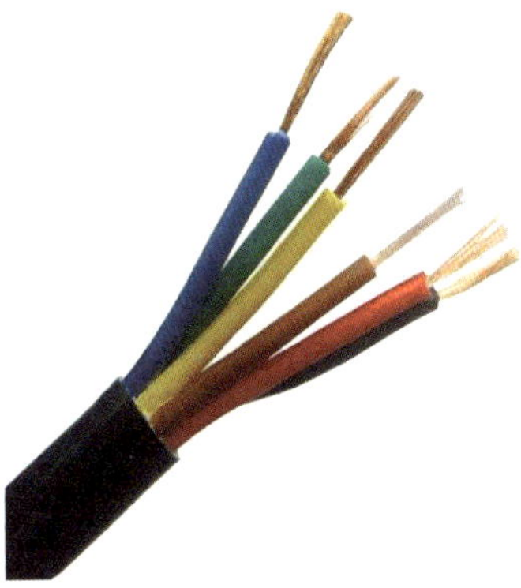

图 5-46　低烟阻燃聚氯乙烯电缆

（二）高聚合度聚氯乙烯电缆料

高聚合度聚氯乙烯（HPVC）树脂是指平均聚合度一般在 1700 以上或其分子间具有轻微交联结构的 PVC 树脂，其中以平均聚合度为 2500 的 HPVC 最为常见。HPVC 树脂的特性是：PVC 树脂由于其特殊的结构，具有优良的阻燃性、机械性能和良好的电学性能。而 HPVC 树脂因为其相对分子质量比普通 PVC 树脂高得多，分子链明显增长，因此，与普通 PVC 树脂相比，又具有以下特征：较高的热稳定性，较好的耐寒性，高的机械性能，小的热变形，较好的柔软性和弹性。

虽然普通 PVC 电缆料性能可满足 105℃以下使用环境要求，但其耐寒性、耐油性、低温柔软性、耐磨性、热稳定性均较差，且老化后表面光洁度明显变差，不能满足高性能电线电缆的要求，采用 HPVC 生产的 105℃电缆料（图 5-47）性能完全符合标准《电线电缆用软聚氯乙烯塑料》（GB/T 8815—2008）要求，而且老化前后的强度及伸长率变化小，耐寒性、耐油性、低温柔软性优越。

图 5-47　高聚合度聚氯乙烯电缆

（三）105℃阻燃聚氯乙烯电缆料

由于经济建设的发展，家用电器、高层建筑、船舶运输、钢铁及化工等行业，迫切需要使用耐高温阻燃电缆料，为此研制和生产了 105℃绝缘级阻燃 PVC 电缆料（图 5-48）。

用于电缆料的 PVC 树脂，要从外观质量、内在质量、相对分子质量及颗粒结构等方面加以综合考虑，以获得高

图 5-48　105℃阻燃聚氯乙烯电缆料

性能的产品。杂质和水分对电缆料绝缘性能有影响，如内部有水分，即便是环境湿度很小，其表面也有水分子膜形成。此外，分子结构、相对分子质量及其分布对电缆料热稳定性、力学性能也有影响。

增塑剂对 PVC 电缆料的热稳定性，在很大程度上取决于它的种类和用量。通用电缆料的工作温度为 70℃，所用增塑剂如 DOP、DOTP、邻苯二甲酸二异癸酯等。为使工作温度提高到 105℃，必须用更高热稳定性、耐挥发性、相对分子质量更大的增塑剂。偏苯三酸三辛酯增塑剂兼具热稳定性和耐久性两种特性，其挥发性和热稳定性比苯二甲酸酯类增塑剂好得多，特别在 105℃以上，因此是 PVC 电缆料优良的高温增塑剂。

PVC 电缆料宜选用添加型阻燃剂。稳定剂宜采用耐高温、电学性能及热稳定性能优良的盐基性铅盐和二盐基性亚磷酸铅。为防止 PVC 树脂及增塑剂在高温下工作，由于氧化引起老化这一现象发生，还需加抗氧化剂、氢过氧化物分解剂硫代二丙酸双月桂酯等。

PVC 电缆料的基本配方（以质量份数为单位）见表 5-6。

表 5-6　105℃阻燃聚氯乙烯电缆料基本配方

名称	PVC 树脂	增塑剂	稳定剂	阻燃剂	抗氧化剂	润滑剂	色料
配比	100	45～50	8～10	13～15	0.5～1	0.05～0.1	0.3～0.5

图 5-49　辐照交联聚氯乙烯绝缘线缆

（四）辐照交联聚氯乙烯绝缘线缆

辐照交联聚氯乙烯（XLPVC）绝缘线缆（图 5-49）在辐照交联特种线缆产品中占有一定分量。辐照交联的 PVC 绝缘电线电缆，其绝缘或护层材料的热稳定性、电气绝缘性、耐磨性、机械性能等明显优于通常的 PVC 绝缘电线电缆。辐照交联后的 PVC 绝缘电线电缆耐变形、耐电烙铁焊接性和承受过载电流的能力都会显著提高。辐照交联的主要目的不是提高耐温等级，而是为了改善热变形（包括耐电烙铁焊接性）性能，降低热收缩率。这一特性对电子产品连接线颇为重要。

1. 辐照交联聚氯乙烯绝缘线缆的特点

（1）短路温度有所提高（非交联为 160℃，交联后为 250℃），从而提高了运行安全性。

（2）机械性能提高了 20%～50%，永久变形降低 30%～50%。

（3）通过配方调整，可制得与橡胶绝缘线缆一样柔软而富有弹性的 XLPVC 绝缘线缆。

（4）阻燃性能提高，易制得高氧指数绝缘材料。

（5）表面硬度提高，使电线耐刮磨性能提高。

（6）具有良好的高压切通性能，这一特性对电视机高压引接线尤为重要。

2. 辐照交联聚氯乙烯绝缘线缆的主要应用场合

（1）装置和机器配线。XLPVC 绝缘线缆可应用于计算机、复印机、仪表、军用电子仪器等。

（2）高压引接线。XLPVC 绝缘线缆在额定温度（105℃）及直流高压（20～50kV）条件下，具有良好的抗切通性能和阻燃性能，适用于电视机高压引接线的护套甚至绝缘套。

（3）汽车用线。现代的汽车要求电线采用薄绝缘层，并要求耐油、阻燃、焊接操作时不熔等。使用 XLPVC 绝缘线缆可满足 105℃等级以上的使用要求。

（4）建筑用线。XLPVC 绝缘和护套线缆完全可以满足建筑用线对阻燃和耐刮磨性能的基本要求。

(5) 轻型特软电线电缆。用 XLPVC 可以做出类似橡胶软线的轻型特软电线电缆。

(五) 聚氯乙烯热收缩电缆套管

PVC 热收缩电缆套管如图 5-50 所示，专门用于电力电缆、通信电缆等电缆接头的热收缩包装，起到密封、绝缘的作用，由于可用简单加热设备在施工现场即时操作，非常方便、实用。此制品性能尚无统一标准，一般要求它的横向热收缩比为20%~30%较好。

图 5-50 聚氯乙烯热收缩电缆套管

PVC 热收缩电缆套管的参考配方见表 5-7。

表 5-7 聚氯乙烯热收缩电缆套管参考配方

原材料	配比（质量份数）	原材料	配比（质量份数）
PVC 树脂	100	ACR	4
三碱式硫酸铅	3	CPE	3
二碱式硫酸铅	2	石蜡	0.5
硬脂酸铅	1	硬脂酸	0.3
DOP	5	丁腈橡胶	3~5

PVC 热收缩电缆套管的生产工艺主要采用挤出吹塑厚管膜双向拉伸法，具体流程为：备料→计量→加料→高速混合→挤出厚管膜→吹胀横向拉伸→牵引纵向拉伸→冷却定型→盘卷→包装→入库。

(六) 聚氯乙烯电线、电话线导管

随着城市建设、工农业电气化、通信业等的迅速发展，电线及电话线的铺设量急剧上升，相应地需求大量的入室电线、电话线导管（图 5-51）。将电线或电话线穿入导管内，主要有以下原因：①穿管布线是布“活线”的基础，为以后线路维护、更换和家庭智能化打下基础。②防止电线的绝缘层受损。如果直接埋进水泥砂浆中，硅酸盐可能会腐蚀电线的绝缘层，导致电线绝缘层绝缘性能下降而造成短路。③防止火灾。万一电器短路造成电线绝缘层着火，线管能起到阻止火苗蔓延的作用，因为线管多数是用阻燃材料做的，本身不会燃烧，通常称为“阻燃管”。如果没用线管，电线旁边还有其他线料或易燃物就有受热燃烧的危险。④散热作用。因为导线的横截面积是由负荷决定的，布线时一般都留有富余量，但是还是可以缓解特殊情况引起的线材发热。

图 5-51 电话线导管

以 PVC 树脂为基材制造此类导管，具有理想的强度、电气绝缘性，良好的施工性及较低的价格。此类导管不同于一般 PVC 硬管之处，在于其柔韧性要求好。综合对制品强度、韧性及树脂加工性等因素考虑，PVC 树脂一般应选用 SG-5 型的。为了提高管材的韧性，配方中需添加一定量的全丙烯酸型抗冲击改性剂或 3~5 份 CPE；由于降低成本等方面的需要，配方中可加入大量的轻质碳酸钙为填料，这样就有必要加入润滑型加工改性剂。

二、聚乙烯类电工用管材

(一) 交联聚乙烯电缆

交联聚乙烯（XLPE）电缆（图 5-52）用绝缘料是以电缆专用 LDPE 为基础树脂，加入过氧化物体系、抗氧化物体系等，经特殊的工艺制成的电缆绝缘料。经过交联改性的聚乙烯可使其性能得到大

图 5-52　交联聚乙烯电缆

幅度的改善，不仅显著提高了聚乙烯的力学性能、耐环境应力开裂性能、耐化学药品腐蚀性能、抗蠕变性和电学性能等综合性能，而且交联聚乙烯电缆因其结构轻便、施工简单、运行维护容易等原因迅速发展起来，交联聚乙烯绝缘料在我国电力电缆生产中是主要的绝缘料，因此有着较大的发展空间。

它的生产工艺分五种：过氧化物交联法、辐照交联法、硅烷交联法、紫外光交联法和盐交联法。目前，我国大多数电线电缆绝缘料的生产企业采用辐照交联法和硅烷交联法。

（二）高速挤出聚乙烯通信电缆

高速挤出聚乙烯通信电缆（图 5-53）是采用 HDPE 专用树脂加入相应的助剂加工而成的，具有拉伸强度高、耐磨、耐热、耐低温和优良的电学性能。在电缆生产线上，电缆的挤出速度高达 2200m/min，且要求在高速挤出时机头压力低，线缆表面光滑，因此，用于包覆层的电缆绝缘料必须具有合理的分子结构参数，才能满足电缆高速挤出的生产需求。

（三）高密度聚乙烯电缆护套

HDPE 电缆护套（图 5-54）是在 HDPE 中加入 EVA 改性树脂、光屏蔽剂炭黑、抗氧化剂等助剂后加工而成的一种黑色护套，多用于通信电缆。由于通信电缆经常使用在一些比较苛刻的环境中，因此对高密度聚乙烯的各项性能要求较高，需要做许多改性来提高性能，增加电缆护套的使用时间。目前市场上出现过的电缆护套原材料有 LDPE、LLDPE、HDPE，但用作护套料时都需添加其他改性剂。EVA 树脂具有良好的柔软性、耐冲击性、耐环境应力开裂性、光学及耐低温特性，可广泛应用到电缆、包装膜上，但还需进一步提高它的阻燃、拉伸等性能。在 HDPE 中加入适量 EVA，可以改良电缆护套的机械性能，特别是耐环境应力开裂、拉伸强度、断裂伸长率都得到很好的改善。

图 5-53　高速挤出聚乙烯通信电缆

图 5-54　高密度聚乙烯电缆护套

电缆料的加工方法及工艺条件见图 5-55。

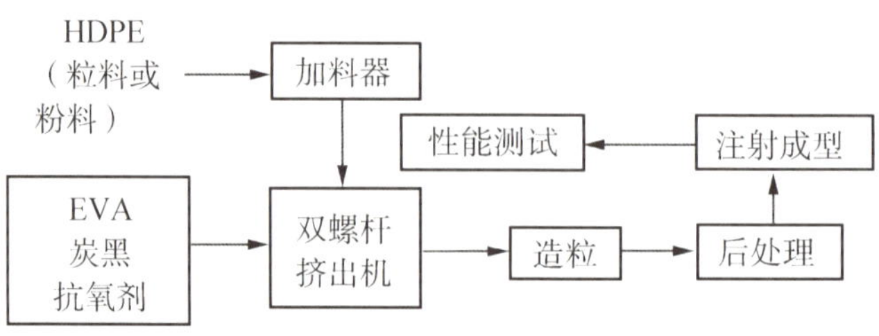

图 5-55　高密度聚乙烯电缆料的加工方法及工艺条件

(四) 低密度聚乙烯（LDPE）光缆护套

黑色 LDPE 光缆护套（图 5-56）的原材料是以 LDPE 为基础材料制备而成的，虽然其加工性能很好，但成缆后机械强度、耐磨性、耐环境应力开裂性和与光缆防水用石油膏的相容性较差，难以满足高性能光缆的质量要求。

目前，国内采用物理共混的方法（如 LDPE 与 EVA、HDPE 等共混）来改进 LDPE 护套料性能，但为提高 LDPE 耐环境应力开裂，仅靠物理共混的方法难以达到，目前国内外多采用 LDPE-EVA 共聚的方法生产高抗开裂性光缆护套料。

(五) 线型低密度聚乙烯绝缘料和护套料

聚乙烯（PE）电缆料，无论是绝缘料还是护套料，都要求有一定的力学性能、电学性能等。为了降低成本，国内不少通信电缆厂不得不采用 DFDA-7042 等型号的 LLDPE 进行改性来生产，但是，由于其相对分子质量分布较窄，加工过程中因螺杆扭矩大而严重限制了出料速度，并且耐环境应力开裂性无法达到 500h 以上，护套料性能一直达不到进口料的性能要求。通信电缆用黑色 LLDPE 护套如图 5-57 所示。

图 5-56　黑色低密度聚乙烯光缆护套

图 5-57　通信电缆用黑色线型低密度聚乙烯护套

LLDPE 护套料是由炭黑母料、聚烯烃助剂（或聚烯烃含氟助剂）、LLDPE 树脂、分散剂、抗氧化剂等助剂构成的。其中，炭黑母料的技术性能及质量性能将直接影响制成的 LLDPE 护套料的机械及电学性能和加工性能。

制备通信电缆光缆 LLDPE 护套料用黑色母料的工艺路线见图 5-58。

炭黑、PE（熔融）、偶联剂 → 润湿 → 高速混合 → 挤出成型 → 水冷却 → 切粒 → 干燥 → 检验 → 成品包装

图 5-58　通信电缆光缆线型低密度聚乙烯护套料用黑色母料的工艺路线

(六) 交联乙烯-四氟乙烯绝缘电线电缆

交联乙烯-四氟乙烯（XETFE）绝缘电线电缆（图 5-59）具有耐温等级高、机械性能好、耐老化、耐化学溶剂等优异性能，及体积小、重量轻等特点，主要应用于可靠性要求高、安装空间小、重量要求轻的各种特殊场所，尤其在航空航天上的应用日益广泛，但长期以来国内市场全部依赖进口，价格昂贵。随着技术进步和国产化的进展，近几年来国内企业生产的 XETFE 绝缘电线电缆已逐渐进入航空领域，但是目前一些设计人员及用户对国内生产的电缆产品质量及可靠性仍心存疑虑。

实际上，国产 XETFE 绝缘电线电缆在 2004 年已开始在飞机上小批量使用，随着国产化的需要和国内技术的不断提高及完善，该产品国内使用量逐渐增加。目前国内生产厂家多采用专用高温挤出设备，基本可以满足要求。对于双层绝缘的需求，通常只能采用二次挤出。国外采用的是先进的串列式高温挤出生产线制造，可一次挤出双层绝缘，并实现在线检测与控制的精确制造。

其主要的结构特点及性能如下：

1. 绝缘单线

XETFE 绝缘电线电缆有轻型和普通型两种，因此绝缘单线的绝缘层相应有单层绝缘和双层绝缘两种结构。轻型绝缘单线的绝缘标称厚度为 0.13mm，普通型绝缘单线的绝缘标称厚度为 0.20mm。

绝缘单线直径与重量有严格的要求。

图 5-59　交联乙烯-四氟乙烯绝缘电线电缆

2. 电缆

电缆包括单芯、多芯、单层绝缘、双层绝缘、带或不带屏蔽、有或无护套等，通常由 1~4 根绝缘单线组成，绝缘及护套均采用 XETFE 共聚物材料挤出并经辐照交联而成，屏蔽层采用镀锡铜线或镀银铜线、镀镍铜线编织，其编织密度至少为 85%。

三、聚四氟乙烯类电工用管材

（一）聚四氟乙烯/聚酰亚胺绝缘电线电缆

聚四氟乙烯/聚酰亚胺绝缘电线电缆（图 5-60）具有优异的电学性能，耐开裂、耐水解、耐磨、耐辐射、化学性能稳定，且有外径小、重量轻等特点，是当今航空航天飞行器用两大高端线种之一。

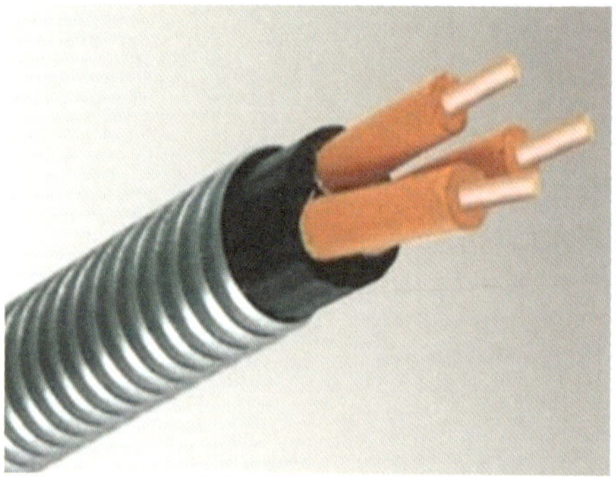

图 5-60　聚酰亚胺绝缘电线电缆

聚四氟乙烯/聚酰亚胺绝缘电线通常是在绞合导体外绕包规定层数的绝缘薄膜带而制成的。聚四氟乙烯/聚酰亚胺绝缘电缆是由一根或多根电线（绝缘线芯）构成的，其外部可以加屏蔽或护套，包括以下几种类型：

（1）无屏蔽无护套电缆。由 2 根及以上电线绞合而成。

（2）无屏蔽有护套电缆。由 2 根及以上电线绞合，外加护套组成。

（3）有屏蔽无护套电缆。由 1 根或 2 根及以上电线绞合，外加金属屏蔽组成。

（4）有屏蔽有护套电缆。由 1 根或 2 根及以上电线绞合，外加金属屏蔽和护套组成。

（二）全氟乙丙橡胶电线电缆

图 5-61　全氟乙丙橡胶绝缘电线电缆

EPR 具有优异的电学性能，其体积电阻率高，还有出众的抗水性和耐电晕性能，稳定的抗电脉冲强度。EPR 有很宽的使用温度、低的热膨胀系数，可防止绝缘层分离、接头或端部回缩、中性线嵌入绝缘，提高了电缆与预制接头的匹配性。EPR 有优异的柔韧性能，使电缆具有很小的弯曲半径，安装、接头和封端更容易，主要用于中高压电缆，如全氟乙丙橡胶电缆。

全氟乙丙橡胶电线电缆（图 5-61）的线芯长期允许工作温度可达 90℃，短路热稳定允许温度为 250℃。由于 EPR 分子链具有高度的饱和性，使得其具有卓越的耐臭氧性、耐老化性、耐气候性、耐化学品腐蚀性，优异的电气绝缘性能等。此外，EPR

具有优异的耐水蒸气性能（并优于其热稳定性），在230℃过热蒸汽中，近100h后外观无变化。加之单体廉价易得，因此EPR广泛应用于汽车部件、润滑油添加剂、建材用防水卷材、轮胎、胶带、电线电缆护套及聚烯烃改性等方面。

（三）聚四氟乙烯热收缩管

聚四氟乙烯（PTFE）热收缩管（图5-62）具有受热能收缩的特性，因而能紧密地包覆在其他工件外表，使该工件具备耐腐蚀、电绝缘及防黏性。此种热收缩管被广泛应用于化工、印刷、电气及机械工业。

图5-62　聚四氟乙烯热收缩管

产品一般以长度为1m的管子供应，使用时在高于330℃环境下进行热收缩包覆在工件表面。其主要性能为：最大收缩率为75%，相对伸长率为250%左右，相对密度约为2.2，拉伸强度为20～40MPa。PTFE热收缩管是用乳液聚合PTFE加工制成，其原理是PTFE在加工中受到应力后产生强迫高弹形变，这种形变具有可逆性，低温使之冻结，若重新加热，冻结的强迫高弹形变就会逐渐消失并回复到原状态。

PTFE热收缩管的典型配方（质量份数）为乳液聚合PTFE树脂100，助剂20～22。其生产过程见图5-63。

图5-63　聚四氟乙烯热收缩管生产过程

（四）微孔聚四氟乙烯绝缘柔软射频电缆

微孔聚四氟乙烯绝缘柔软射频电缆（图5-64），通常用于通信、电子跟踪、警戒、电子对抗、导航、高频连接线等军用电子设备及相关的民用微波设备。它由内至外依次包括内导体芯线、绝缘层、外导体屏蔽层及护套外层。

微孔聚四氟乙烯绝缘柔软射频电缆的绝缘层采用微孔PTFE多层绕包，外导体屏蔽层采用镀银扁线内层与镀银单线外层双层编制而成。这种电缆较之同类型的射频电缆具有低损耗、宽频带、低驻波、高屏蔽等特性。

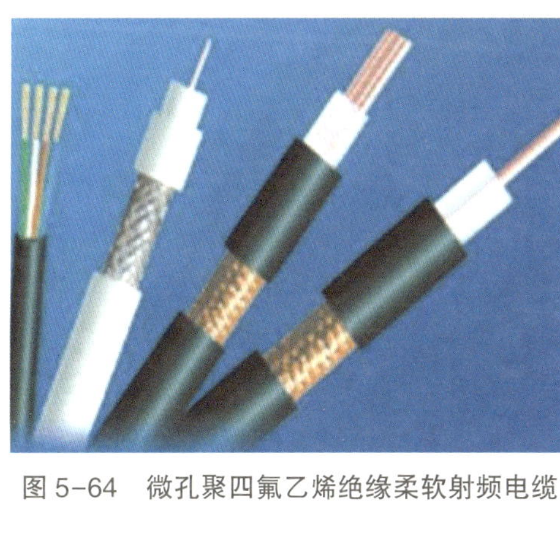

图5-64　微孔聚四氟乙烯绝缘柔软射频电缆

通信电缆绝缘料、通信电线护套料、光缆护套料和光缆填充料是以不同的聚乙烯品级通过共混改性、熔融挤出的方法制造的。通信电缆生产线都是采用高速生产线挤出超薄层绝缘的，其牵引速度高达2400m/min，因此对这种用途的聚乙烯绝缘料有特殊的要求：应具有优良的低温挠曲性、耐磨性、耐环境应力开裂性、加工性，适宜于高速薄层挤出，并可广泛用于架空或埋设电话电缆。通信光纤一般直径较小，易于弯曲，需用高密度聚乙烯护套料，以提高光缆表面的耐磨性和耐环境应力开裂性。为了使光缆的填充物不致太硬，大多采用改性的低密度聚乙烯作为光缆的填充料。

四、聚丙烯电缆

PP因其机械性能、电学性能、耐磨性、耐化学试剂特别是耐油的优越性能，大量用于电力电缆架空线及电气装备电缆（图5-65）。由于要求耐低温和柔软性，电缆用PP多为乙丙嵌段共聚物。

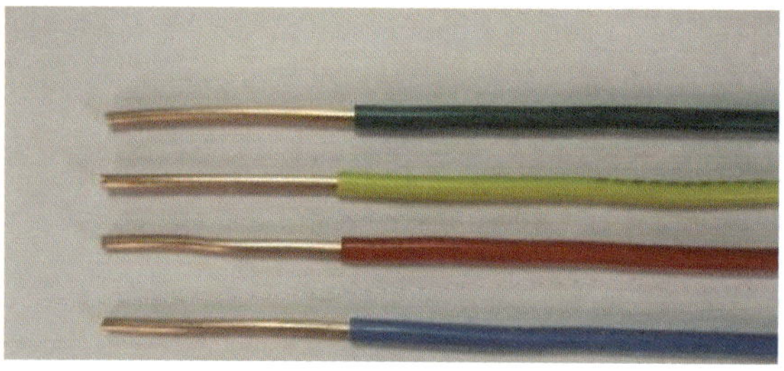

图 5-65　聚丙烯电缆

以 PP 为基础树脂制备的电缆料较好地适用于通信电缆的绝缘、光缆松套料及耐高温、耐油场合的电缆（如测井电缆、潜油泵电缆等低压电缆）的绝缘。PP 电缆料加工工艺简单，生产过程无毒、无粉尘、无废气，是替代聚氯乙烯和交联聚乙烯的理想材料。但是由于 PP 的极限氧指数仅为 17.4%~18.5%，属易燃性物质，且燃烧时产生大量熔滴，不易熄灭，由此带来火灾危害性很大，限制了 PP 电缆料在很多方面的应用。

五、橡胶类料

（一）乙丙橡胶电缆

EPR 是橡胶制品工业中一项极为重要的原材料，其生产方法主要有溶液聚合、悬浮聚合和气相聚合三种。汽车工业中 EPR 主要用于汽车的密封条和轮胎，电线电缆行业中乙丙橡胶的用量也在不断增加。EPR 具有如下性能优点：低密度、高填充性，热稳定性、耐气候性和颜色稳定性好，耐臭氧，耐腐蚀，耐水蒸气和耐过热水，阻燃性好，柔软性好，绝缘电阻对温度变化的敏感性较小。

图 5-66　乙丙橡胶电线电缆

EPR 电线电缆（图 5-66）的硫化（交联）工艺共有以下四种：

1. 高压蒸汽连续硫化法和低压蒸汽硫化法

无论是三层共挤或单层挤出绝缘均已证实采用蒸汽硫化不影响电缆的使用寿命。高压蒸汽硫化法是中、低压电力电缆最常用的连续硫化工艺；低压蒸汽硫化法需要硫化缸，不属于连续硫化工艺，该方法基本上已淘汰，但对于小型电线厂制造低压中、小规格电线，仍是比较经济的硫化方法。

2. 盐浴槽硫化法

对于中、低压电力电缆，盐浴槽硫化法的硫化效果很好。虽然该方法总的设备投资比悬链线式硫化法低得多，但对于小规格电线生产并不合适，也不一定经济。

3. 硅烷交联法

硅烷交联乙丙橡胶是一种比较新型的材料，其具体的生产工艺有两种：浸入 60~70℃热水中进行交联；暴露在约 15kPa 低压水蒸气中进行交联。交联时间由电缆的绝缘厚度而定，绝缘层厚度 0.7~1.2mm 的电缆，交联时间需要 4~8h；绝缘层厚度 3.4mm 的电缆，在 60℃水中交联时间需 100h；绝缘层厚度 8mm 的电缆，在 60℃水中交联时间需 300h。绝缘层厚度较大的电缆虽然在理论上可以完成交联，但因其所需的交联时间太长，大多数生产厂家不愿意采用。此外，中压电缆用的硅烷交联屏蔽料的交联度很低，与蒸汽交联相比，硅烷交联屏蔽料的热延伸性能未达到标准要求。

4. 辐照交联法

辐照交联乙丙橡胶目前正在开发，这对于小规格线缆绝缘芯的生产十分有利。

（二）硅橡胶绝缘电线电缆

硅橡胶主要是以硅元素代替碳元素，含有 Si—O 键的链状高分子弹性体，侧基为有机基团，属半无机、饱和型、非极性弹性体，是一种特种合成橡胶中的重要品种。由于 Si—O 键的键能比 C—C 键高很多，因此硅橡胶比其他普通橡胶具有更好的热稳定性。硅橡胶电线电缆（图 5-67）可长期工作在 150~200℃高温条件下，且电学性能在很宽广的温度及频率范围内变化很小。硅橡胶具有螺旋形分子结构，分子链的柔性大，分子之间的作用力小，具有较好的回弹性，不易损坏和开裂，这些性能是一般高温电缆所不具备的，因此，硅橡胶电缆在高温移动、电动机引接线、宇航工业、软电力、低温环境高温运行场所得到广泛应用。硅橡胶与绝缘材料不粘连，是很好的隔离材料，在燃烧时热释放速率低、火焰传播速度慢，且纯硅橡胶在燃烧时几乎不产生有毒气体，燃烧后形成陶瓷化的碳硅层能阻止热、氧的交换。但硅橡胶本身易燃，遇上明火就会持续燃烧，因而在某种程度上限制了它的使用范围。此外，硅橡胶的强度较低，耐油、溶剂和耐酸碱性差，较难硫化，价格较贵。

图 5-67 硅橡胶电线电缆

（三）橡皮绝缘电线电缆

橡皮绝缘电线电缆（图 5-68）具有极好的电气绝缘性能和化学稳定性，它的柔软性极好，是其他电线电缆无法比拟的。它适用于固定线路敷设，还适用于移动式电气设备的线路敷设，更适用于高寒气候下垂直与水平高差大的场合敷设。然而，普通橡胶遇到油类及其化合物时，很容易被损坏。另外，普通橡胶热稳定性能差，允许运行温度较低。橡皮绝缘电力电缆的线芯长期允许工作温度 65℃，短路热稳定允许温度为 250℃。天然橡胶绝缘电压等级主要为 1kV，也可以生产 6kV 级的绝缘电线电缆。橡皮绝缘要经过硫化这道重要的工序，否则，会由于很差的物理机械性能和化学性能而无使用价值。目前，橡皮电缆主要有 4 类：船用电缆、油矿电缆、通用橡套软电缆、矿用电缆。随着合成橡胶在电线电缆工业中的应用，橡皮绝缘电线电缆的性能有了很大的改善。除了拥有天然橡胶本身具有的优良性能外，又增加了耐油性、阻燃性、耐寒性、热稳定性等优良性能，从而丰富了橡皮绝缘电线电缆的品种，使其应用范围更加广阔。

图 5-68 橡皮绝缘电线电缆

六、含卤型阻燃电线电缆

卤系阻燃剂主要是含溴和含氯阻燃剂，常用的有多溴二苯醚、四溴双酚 A、聚氯乙烯、乙丙橡胶、氯丁橡胶等。它的阻燃机制是：在燃烧受热条件下，卤系阻燃剂发生分解，吸收部分热量，从而达到降低温度的目的；同时释放大量的卤化氢气体。由于卤化氢气体的相对密度大于空气，且不可燃烧，排走空气或稀释可燃气体，使聚合材料的燃烧速度减缓或使燃烧熄灭，起到气相阻燃效果。卤化氢还能够捕捉活性自由基 HO—，生成低能量的卤系自由基 X—和 H_2O，X—与烃类反应再产生卤化氢气体，如此循环起到终止连锁反应的作用。

目前，广泛使用的含卤材料具有优良的阻燃性。在火灾发生的情况下，由含卤材料组成的电线电缆在燃烧过程中会产生大量烟雾，其中，起主要阻燃作用的卤化氢气体是有毒、有腐蚀性的，因而妨碍救火和人员的疏散；卤化氢气体还会造成精密仪器、电脑、通信设备的腐蚀损坏。由于聚合物的挥发物得不到完全燃烧，致使分解产物形成大量的炭粒，产生大量烟雾，成为火灾中危险的因素。有关实验表明，阻燃剂的量越大，燃烧时发烟量越大，产生的烟气毒性也就越大。因此，卤系阻燃剂正在经受着环境保护的严峻挑战。

含卤阻燃剂由于在由火引起的烟雾中含有卤酸，可能腐蚀电路系统和其他金属物，也会危害人体呼吸系统和其他器官，正趋于淘汰。新型无卤阻燃电线电缆由于兼备阻燃和不产生大量有毒气体等特点，将取代原有的含卤型阻燃电线电缆（图 5-69）。

图 5-69　含卤型阻燃电线电缆

图 5-70　无卤型阻燃电线电缆

七、无卤型阻燃电线电缆

目前，减少和防止含卤型阻燃材料对环境和人类健康带来的不良影响，已是阻燃高分子材料行业的一个迫切问题。无卤型阻燃电线电缆（图 5-70）由于具有低毒、环保等优点而备受青睐，它以其独特的对环境友好、对人类健康无害等特点而具有广阔的应用前景。

常用的无卤型阻燃材料有聚乙烯、交联聚乙烯、乙丙橡胶、天然橡胶、硅橡胶等。这些材料本身不具有阻燃性，需加无机阻燃剂和有机阻燃剂（如磷系阻燃剂、硅系阻燃剂等）才能加工成实用的无卤阻燃材料。

非极性物质的分子链上缺乏极性基团具有憎水性，与无机阻燃剂的亲和性能较差，难以牢固地结合。由于绝缘材料中添加大量的金属氢氧化物等阻燃剂，导致其电学性能、机械强度及耐水性能大大降低。其阻燃效果不如含卤型阻燃材料，且比含卤型阻燃电缆贵很多。

第五节　其他塑料管材

一、聚氯乙烯类其他塑料管材

（一）氯化聚氯乙烯管

氯化聚氯乙烯（CPVC）塑料具有耐热、耐气候、耐化学介质腐蚀、阻燃、阻烟及无色无味等优越的物理化学性能，是近年来我国材料应用领域发展速度较快的新颖塑料材料。CPVC 管以 CPVC 为原料，加入适当的稳定剂、润滑剂等，用挤出成型方法制得。CPVC 管（图 5-71）比 PVC 管具有更优异的耐化学腐蚀性、阻燃性和力学性能。在高温下上述优点表现突出，如一般聚氯乙烯硬管使用温度达 80℃时其力学强度急剧下降，安全使用温度仅 60℃左右。CPVC 管在 95℃温度下长期使用时，其力学强度无明显下降，在 110℃温度下使用时仍可保持足够的力学强度。CPVC 管特别适用于储存和输送热水、热化学溶液、废液。当含有较多石墨填料时，还可制成导热 CPVC 管，用作导热建材。

图 5-71　氯化聚氯乙烯管

CPVC 管的原材料和典型配方见表 5-8。

表 5-8 氯化聚氯乙烯管的原材料典型配方

原材料	配比（质量份数）	原材料	配比（质量份数）
CPVC	100	石蜡	1
三碱式硫酸铅	4~5	$CaCO_3$	5
硬脂酸铅	1~1.5	炭黑	适量
硬脂酸钡	1~1.3		

一般用途的 CPVC 管，在表中，还可掺入 5~10 份 PVC 树脂，而当 CPVC/PVC 达 60/40 时，就可专用于制埋地电缆护套管；若将少量 $CaCO_3$ 改为 30~50 份石墨，并加入 ACR、MBS 作为改性剂，就成为导热 CPVC 管的典型配方；若只用于输送热水管，则要求配方选用卫生级的 CPVC，且稳定剂应改为有机锡稳定剂（1.5 份）；为提高管材韧性，还可另加入抗冲击改性剂 CPE（8 份左右）。

CPVC 管生产过程及操作条件与硬聚氯乙烯管基本相同。但 CPVC 易吸潮，使用前需在 80℃左右干燥 2~4h。另外，因为 CPVC 熔融黏度大约较 PVC 高 3 倍，其热分解温度又接近熔融流动温度，所以挤出时，温度略高于 PVC 的挤出温度，而且调节范围窄，受热时间要短。

（二）聚氯乙烯可弯穿线管

近年来，我国的建筑穿线管主要采用 PVC 硬管和硬 PVC 波纹管，但由于 PVC 硬管不能弯曲，而 PVC 波纹管虽能弯曲，其内壁的波纹又使施工管线产生困难，这样，克服了原有穿线管不足之处的、无增塑阻燃的硬质聚氯乙烯可弯穿线管（图 5-72）就获得了广泛应用。

图 5-72 硬质聚氯乙烯可弯穿线管

选用 SG-4 或 SG-5 型 PVC 树脂生产可弯穿线管；稳定剂选用三碱式硫酸铅、二碱式硫酸铅等；润滑剂选用硬脂酸、金属皂及石蜡；选用 CPE 作为增韧改性剂，使此管在常温下可自由弯曲，可改善 PVC 加工性、阻燃性、耐低温、耐溶剂等性能；填充剂选用轻质 $CaCO_3$，这不仅降低成本，还成型方便。对可弯穿线管的要求是：用弹簧弯曲的穿线管，当抽去弹簧后，可弯管不应有回弹现象，而用轻质 $CaCO_3$ 作为填充剂既消除回弹现象，又有利于定型和挤出工艺的控制；着色剂选用了钛白粉，因为钛白粉遮盖力强，加入后，既能增加可弯穿线管的白度，又可以掩盖可弯管在冷弯时产生的白化现象。

PVC 可弯穿线管的典型配方（质量份数）为：SG-5 型 PVC 树脂 100，三碱式硫酸铅 4~6，二碱式亚磷酸铅 2~3，硬脂酸铅 0.5，硬脂酸钙 0.65~0.90，石蜡 0.60~0.80，CPE 10~12，轻质 $CaCO_3$ 8~10，钛白粉 2。

生产工艺与普通 PVC 管基本相同，主要生产操作要点如下：先将碳酸钙、硬脂酸钙加入高速混合机，对碳酸钙进行活化处理；然后把树脂、稳定剂、改性剂等料一起投入高速混合机内进行充分混合，靠摩擦热使物料温度升至 105~115℃时即可把料排入冷混机中进行冷混，冷混温度降至 45℃以下，即可用于生产 PVC 可弯穿线管；最后挤出成型。

（三）聚氯乙烯气压管

在土木工程、矿山工程中大量使用空气压缩机，与之配套的便于移动、弯曲的增强软管俗称为气压管。传统气压管为橡胶管，现可用织物增强丁腈橡胶改性 PVC 管代替，在满足柔韧性、强度等要求的基础上，又实现了减轻质量、降低成本的目标。

图 5-73 聚氯乙烯气压管

目前使用较多的气压管制品属半硬质、织物增强复合型 PVC 制品（图 5-73）。所选 PVC 树脂以选用高聚合度的 SG-3 型为佳。

为改善 PVC 树脂柔韧性、耐油性、耐溶剂性、耐寒性等性能，采用与之相容性卓越的丁腈橡胶（NBR）进行改性，而为了两者掺混方便，又首选粉状橡胶料。配方中，加入增塑剂是为了改善 PVC 的加工性、对织物的浸润性及保证此制品的柔软性。增塑剂以选用最通用的 DOP 为主，辅以己二酸二辛酯（DOA）以提高制品的耐寒性。稳定剂通过研用，选择符合钡铬铅型，它比一般铅系稳定剂用量少 1/4～1/3。润滑剂要兼顾内、外润滑作用，采用多品种混合。少量碳酸钙和半补强炭黑的加入起到增强和降低成本的作用。增强织物是由低弹性、高强度涤纶长丝编织而成的。

聚氯乙烯气压管的生产过程见图 5-74。

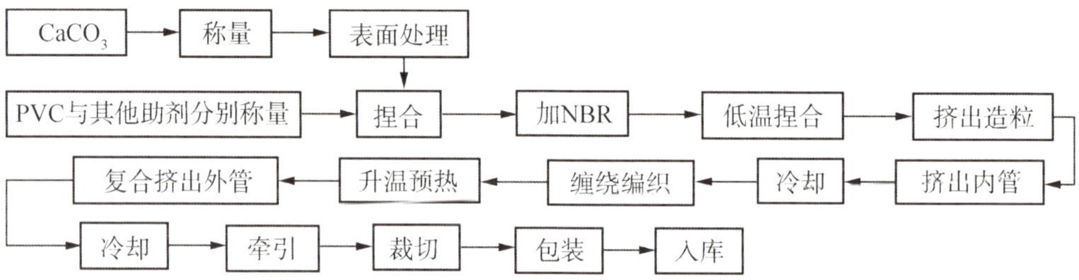

图 5-74 聚氯乙烯气压管生产过程

（四）超白聚氯乙烯硬管

典型 PVC 硬管的原材料及参考配方见表 5-9。

表 5-9 超白聚氯乙烯硬管的原材料及参考配方

原材料	配比（质量份数）	原材料	配比（质量份数）
PVC 树脂	100	硬脂酸丁酯	2.0
轻质 $CaCO_3$	约 8	硬脂酸	0.4
钛白粉	约 3	CPE（增韧改性剂）	适量
铅系稳定剂	约 4	增白剂	适量
聚乙烯蜡	0.2		

图 5-75 超白聚氯乙烯硬管

家庭、文化娱乐场所、宾馆等场合，其外露电线、电缆硬质套管，可选用超白 PVC 硬管（图 5-75）。此种硬管配方中以加入较多钛白粉和轻质碳酸钙为其主要特点，因此制品用作电线、电缆套管，故其耐电压性应达到 400V/min 不击穿；绝缘电阻 500MΩ；在阻燃性方面，其氧指数为 40%。

二、聚乙烯类其他用管

（一）聚乙烯煤气管

聚乙烯煤气管（图 5-76）用于输送煤气，要求具有优良的物理力学性能、电学性能、耐化学腐蚀、耐水和耐寒等性能，它采用 HDPE 挤出成型制得。目前，我国制定的埋置燃气管道标准为《燃气用埋地聚乙烯（PE）管道系统　第 2 部分：管件》（GB 15558.2—2005）。

聚乙烯煤气管通常采用单一的 HDPE 树脂为原材料，所制成的管材有较高的强度和耐压性能，因此比较适用于煤气输送管。

图 5-76　聚乙烯煤气管

（二）煤矿井下用聚乙烯管

煤矿井下需要用大量管道吸出瓦斯、输排水、送风。传输用钢管不耐腐蚀、易受应力开裂、移动困难、造价高。具有阻燃、抗静电性的聚乙烯塑料管（图 5-77）可以克服以上缺点，代替钢管应用于煤矿井下。

图 5-77　煤矿井下用聚乙烯管

以 HDPE 为主制成的管刚度较大，主要用作井下瓦斯管；以 HDPE、LLDPE 共混料为主制成的管柔性较好，除用作井下瓦斯管外，更多地用作井下水管、空气管。

煤矿井下用聚乙烯管的生产过程及控制参数与普通聚乙烯管基本相同。

三、其他聚四氟乙烯管

以 PTFE 为基本原材料制成的 PTFE 管（图 5-78）具有卓越的耐热、耐腐蚀、电气绝缘性能，并有较低的摩擦系数和不黏性，因而在化工、航天、交通等部门被广泛应用。PTFE 虽是一种热塑性树脂，但将其加热到接近分解温度时仍不转变为黏流态，而只能变软，继续升温则导致分解，故不能采用一般热塑性树脂的加工成型方法。

图 5-78　聚四氟乙烯管

PTFE 管的制造基本由三步操作完成：首先将粉末状 PTFE 树脂制成坯料，然后加热干燥（脱出助挤剂）和烧结，最后冷却。按照管工艺分类有推压法、挤压法、液压法、焊接法、缠绕法等，其中以推压法为主。

推压法生产 PTFE 管的典型配方（质量份数）为：乳液聚合 PTFE 树脂 100，助剂 18~24。

推压法生产过程为：PTFE+助剂→混合→制坯→推压→干燥→烧结→冷却→成品。

（一）聚四氟乙烯缠绕复合波纹管

利用 PTFE 车削制得的薄带缠绕烧结成型这一特殊加工方法，可制造以 PTFE 为内衬的复合管，适用于高温、腐蚀性流体的输送。这里所介绍的是与橡胶复合的波纹管，它更有易弯曲、易移动的使用特点。

其原材料有：PTFE 车削薄带，厚度 0.1mm，宽 35mm，要求整洁、无污染；橡胶管，如丁腈橡胶管、JQ-1 型聚异氰酸酯胶（俗称列克纳胶）管。

其主要生产步骤是：①缠绕与烧结制 PTFE 内管；②吹胀制 PTFE 波纹管；③PTFE 波纹管表面处理；④与橡胶复合。

（二）聚四氟乙烯/橡胶复合波纹管

此波纹形制品内衬 PTFE 防腐层，外包柔软的橡胶层，综合了两层材料的特性，因而不仅有优良的防腐性，而且可适用于各种环境下的错位连接，可以弥补管材刚性连接情况下的纵向热胀冷缩及横向错位等缺点。其主要原材料有模压用 PTFE 树脂、NBR。其主要生产步骤如下：

1. PTFE 波纹管的预处理

PTFE 波纹管用等压压缩法预处理，具体的预处理过程为：在橡胶带与金属主模之间加 PTFE 树脂→合模→打压→保压→泄压→取出橡胶带→脱模→PTFE 波纹管预成型物。

2. PTFE 波纹管的后加工

PTFE 波纹管的后加工流程是：安装定型胎→烧结→水中淬火→翻边→修整→PTFE 波纹管。

与橡胶复合制成聚四氟乙烯/橡胶复合波纹管的具体过程为：PTFE 波纹管表面活化处理→涂胶处理→与橡胶复合硫化→脱模→修整→PTFE/橡胶复合波纹管。

四、聚甲基丙烯酸甲酯管

PMMA 管俗称有机玻璃管，是以其单体甲基丙烯酸甲酯为基本原材料，采用本体离心聚合法或采用悬浮法生产的聚甲基丙烯酸甲酯挤出成型制得的。大口径管也用有机玻璃卷焊而成。有机玻璃管是透明度最高的塑料管，其透光度大于 92%，比硅玻璃高 10%以上，折射率为 1.49，相对密度仅 1.18。有机玻璃管具有优良的韧性和耐老化性，热分解温度大于 200℃，使用温度不超过 80℃，可耐烯酸、碱、油脂等化学药品；不溶于水、甲醇、甘油，但溶于芳香烃、氯化烃等有机溶剂。有机玻璃管易于进行车、刨、钻、锯等机械加工，也容易黏结加工。根据实际需要，有机玻璃管产品有透明、半透明和各种颜色等品种（图 5-79），主要用于制造教学及广告模型、工艺品、仪器仪表用透明管道。

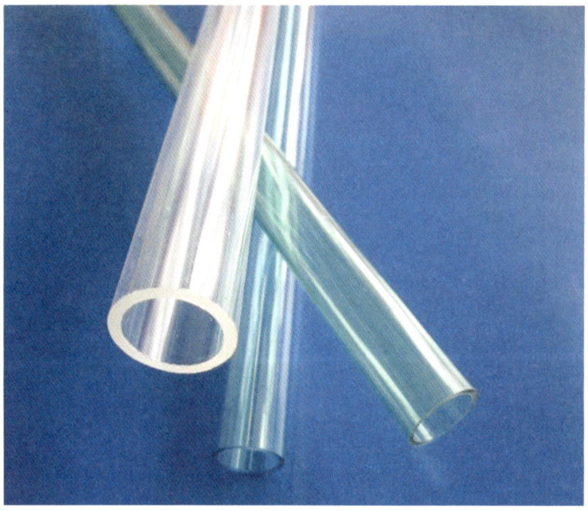

图 5-79　聚甲基丙烯酸甲酯管

本体离心聚合法制管的原材料是甲基丙烯酸甲酯的预聚浆（低聚物，落球法黏度为 10~100Pa·s）。制预聚浆的典型配方（质量份数）为：甲基丙烯酸甲酯 100，邻苯二甲酸二丁酯（增塑剂）5，偶氮二异丁腈 0.02（引发剂），过氧化二碳酸二异丙酯（引发剂）0.02，硬脂酸（润滑剂）0.4~1.0。

挤出法制管使用悬浮聚合聚甲基丙烯酸甲酯的微粒料。

本体离心聚合法制管流程和挤出法制管流程分别见图 5-80、图 5-81。

配料→高速混合→塑炼→压延→预发泡→热压发泡→冷却定型→成品

图 5-80　本体离心聚合法制管流程

聚甲基丙烯酸甲酯粉料→挤出→冷却定型→牵引→切割→成品

图 5-81　挤出法制管流程

五、聚甲醛管

图 5-82　聚甲醛管

聚甲醛管（图 5-82）以聚甲醛为原材料，经挤出成型制成。聚甲醛管强度高、刚性大、韧性卓越，耐疲劳和蠕变性能强，耐磨性、尺寸稳定性、耐水性、耐溶剂性、介电性能均好；但不耐强酸、强碱。聚甲醛管一般呈淡黄色或白色，薄壁管可为半透明。聚甲醛管可用作油田管线，在医药、化工管线上也有应用。

挤管用聚甲醛原材料有均聚甲醛和共聚甲醛两类，一般不外加其他助剂。

在生产工艺上，挤出温度在进料段、压缩段、计量段、口模均为 205℃。聚甲醛的加工流动性随温度变化不大，主要靠增加压力控制流动性，因为聚甲醛易分解，所以应尽量采用最低加工温度。

聚甲醛易吸潮，在相对湿度为 50%的情况下平衡吸水率达 0.2%，而吸湿量超过 0.25%就难以挤出合格产品，因此在加工前应于 100℃环境中鼓风干燥 4h。挤出冷却定型一般用常温水冷却，因为聚甲醛为高结晶聚合物，其结晶的凝固速度比熔融速度快得多，所以冷却时间可较短。由于冷却速率快，冷却时容积变化大，故挤出管材表面易开裂变形。使用较高温度的冷却剂可以减小凝固速率。

在挤出过程中还要避免物料在挤出机中长时间滞留，因为聚甲醛的熔融温度接近其分解温度，停留时间长易导致分解。挤出过程中其他减少聚甲醛分解可能性的因素有：避免料中混入酸、碱性物质；避免口模熔融料接触铜及其他导致分解的材料，清洗机身时采用聚乙烯顶出而不用聚甲醛顶出。

六、尼龙管

图 5-83　尼龙管

尼龙管（图 5-83）由尼龙树脂经挤出成型或由铸型尼龙经离心浇注而得。尼龙管呈半透明，重量轻而质地硬，表面光滑、坚韧，具有高度延展性、自润滑性和高耐磨性。它对大多数化学药品有稳定性，但不宜与酚、强酸、强碱等直接接触，使用温度为-40～80℃，短时间使用可达 120℃，但高于 100℃长期与氧接触呈黄褐色，力学性能下降。

尼龙管主要应用于机床液压系统输油管。尼龙 6、尼龙 1010 和尼龙 66 都可以单独制管。

尼龙管的生产过程与聚甲醛类似。尼龙吸水性强，一般挤出前需要干燥，可用沸腾干燥法和常压鼓风烘箱干燥法干燥。另外也可采用真空干燥，可使干燥温度降低，以避免尼龙氧化变色。尼龙为结晶聚合物，熔融温度范围狭窄，而且熔融态极易氧化分解，因此温度控制应严格。挤出成型的管坯需要在常温冷却水槽中迅速冷却定型。

七、聚碳酸酯管

聚碳酸酯管（图 5-84）以聚碳酸酯为原材料经挤出成型制成。聚碳酸酯的密度为 1.2g/cm^3，无色透明，有良好的透光性；韧而刚，在热塑性塑料中无缺口冲击强度名列前茅，并接近玻璃纤维增强酚醛树脂或不饱和聚酯的水平，尺寸稳定性好，可耐水、烯酸、氧化剂、脂肪烃，但不耐碱、胺、

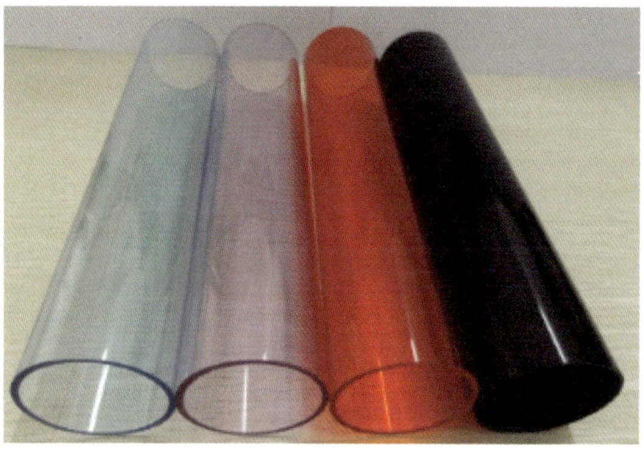

图 5-84　聚碳酸酯管

酮、酯、芳香烃，且可溶于二氯甲烷、二氯乙烷、甲酚，长期浸入沸水中会水解破裂和脆化。聚碳酸酯管适宜用作输油管、绝缘套管及耐高温管。

挤出成型多用聚碳酸酯的相对分子质量应较注射成型用的高，聚合度在 56 以上时更能保证制品较易定型，且制品的抗裂能力强。由于挤出树脂所受的压力比注射的压力小，即使有少量的挥发物存在也会在制品中形成气泡；另外，聚碳酸酯在加工温度下易水解，水解使相对分子质量急剧下降，并放出二氧化碳气体，以致使制品表面不光滑、色深，因此，原材料需干燥处理，使含水量在 0.03%以下。聚碳酸酯树脂的干燥方法有常压烘箱法、真空烘箱法、真空转鼓法、沸腾床干燥法和气流式干燥法等。

挤出成型的温度控制较严格，因聚碳酸酯的熔体黏度对温度敏感，温度过高会导致热降解。聚碳酸酯挤出管材不能直接用冷水冷却，以免收缩不均，通常是用 80~90℃热水进行冷却，必要时还需要再经过红外热源加热退火以消除内应力。

其生产过程与聚甲醛管挤出成型类似。

图 5-85　聚氨酯管

八、聚氨酯管

聚氨酯通过挤出成型法可以制得单层软聚氨酯管，也可以先挤出制得聚氨酯内管，冷却后用增强纤维缠绕后再挤出包覆外层聚氨酯树脂，于是制得纤维增强的聚氨酯复合管。聚氨酯管（图 5-85）具有柔软、耐溶剂、耐低温（使用温度-20~65℃）的优点，其中纤维增强管更具有耐内压高的特点，破坏压力高于 6.0MPa，因而广泛用于输送各种油、溶剂、化学品等场合。

聚氨酯树脂多使用聚酯型聚氨酯树脂。当制造纤维增强复合 PU 管时，内外层聚氨酯树脂的牌号（聚合度）可以相同或异同，若异同，为有利于内外层的相容和紧密复合，可在缠绕纤维前向内层管表面滴加胶黏剂。增强纤维以涤纶纤维为多，也可选用尼龙纤维。

聚氨酯管的生产过程见图 5-86。

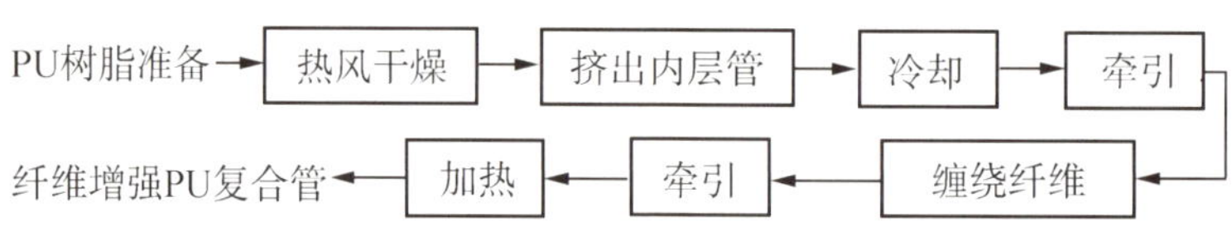

图 5-86　聚氨酯管的生产过程

九、绝缘包封用聚酯热收缩管

高性能金属外壳钽电解电容的绝缘包封材料，若采用聚酯热收缩管代替传统的喷漆、涂漆方法，有着绝缘强度高、节省劳力、无环境污染、提高产品档次等优点，见图 5-87。此外，它还可以用于其他高档的电气电子产品及电线电缆连接处的绝缘、包封、紧固。其原材料为聚酯热收缩带及片。

十、聚砜管（棒）

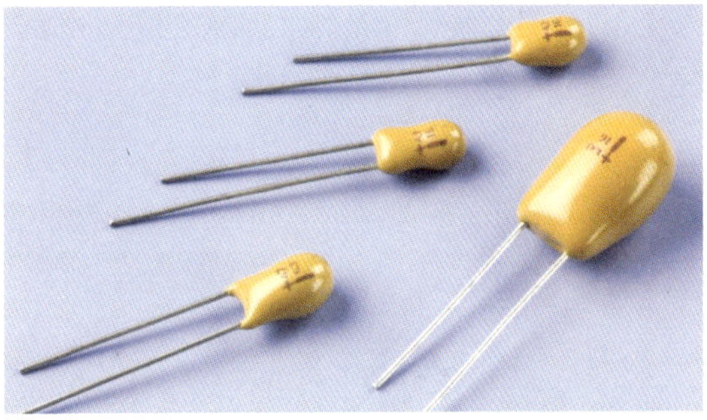
图 5-87　聚酯热收缩管封装钽电解电容

聚砜管（棒）以各种聚砜为原材料经挤出成型制成。

聚砜管（棒）材为微带琥珀色或象牙色的不透明体；密度约为 1.24g/cm^3，有突出的抗冲击、耐热、耐老化、耐辐射及介电性能；加工性及耐有机溶剂性欠佳，不宜在沸水中长期使用。聚砜管（棒）（图 5-88）主要用作电绝缘和耐高温材料。

其原材料常选用黏度为（0.5~0.6）×10^{-3}Pa·s 的聚砜树脂。其含水量要求在 0.05%以下。聚砜管的生产过程与聚甲醛管基本相同。聚砜挤出成型前要用常压鼓风烘箱在 140℃下干燥 4h 以上，料层厚度小于 50mm。挤出机温度控制范围为：进料段 295~300℃，计量段 300~310℃，筛板 280~290℃，机头 250~270℃，口模 220~230℃。螺杆转速一般为 15~20r/min。

图 5-88　聚砜棒

图 5-89　氯化聚醚管

十一、氯化聚醚管

氯化聚醚管（图 5-89）是以氯化聚醚为原材料经挤出加工制成。氯化聚醚的密度为 1.4g/cm^3。管材呈现半透明稻草黄色，此种管材有良好的抗蠕变性、耐磨性、绝缘性、电气绝缘性、尺寸稳定性和极低的吸水性。氯化聚醚管在耐腐蚀性方面次于聚四氟乙烯管，对一般酸、碱、盐、溶剂均能稳定。本制品适宜用作耐热、绝热、耐腐蚀的化工管道。

其原材料一般选用熔点为 176℃的乳白色的氯化聚醚。原材料树脂的灰分应小于 0.2%。氯化聚醚管的工艺流程与聚甲醛管基本相同，但挤出成型前树脂不必干燥处理。

十二、乙烯-醋酸乙烯共聚物彩色发泡管

乙烯-醋酸乙烯共聚物彩色发泡管简称为塑料发泡彩色软管，见图 5-90，广泛用于童车防护套，既可用作儿童与金属车架碰撞时的缓冲材料，又起到美化装饰作用。该产品可采用挤出发泡和模压发泡两种工艺进行生产。模压发泡方法虽然生产效率低，但所得产品在弹性、色泽、强度方面占有明显的优势。

EVA 具有一定的结晶度，在熔融之前，流动性差，而达到熔融温度之后，熔体黏度又急剧下降，这样，使发泡过程中产生的气体很难保持。

图 5-90　塑料发泡彩色软管

为了改善上述不利因素，必须要加交联剂，使 EVA 分子链间发生交联，以调节熔融物的黏度和黏弹性，使之满足发泡的要求，并提高发泡体的物理力学性能。交联剂多采用过氧化二异丙苯（DCP）。其典型配方见表 5-10。

表 5-10　塑料发泡彩色软管的典型配方

原材料	配比（质量份数）	原材料	配比（质量份数）
EVA 树脂	100	$CaCO_3$（成核剂）	5
活性炭（发泡剂）	8~10	润滑剂	0.5~1.0
DCP（交联剂）	0.8~1.2	颜料	适量
三碱式硫酸铅（稳定剂）	3~6		

其生产过程为：EVA+助剂→密炼造型→交联发泡→定型→产品。

十三、耐磨单体浇铸尼龙管

MC 尼龙管具有高韧性、高电气绝缘性、摩擦系数低、润滑性和耐磨性好的特点，因而可用于制造矿石浆料输送用的一类管道。由于 MC 尼龙管是浇铸成型的，受此限制，一次成型只能制不太长的一段管（约 500mm）。要想获得 MC 尼龙长管，可采用黏结法将短管相连。为增加 MC 尼龙管的强度，有效的方法是管外缠绕玻璃纤维制成玻璃钢复合管（图 5-91）。

图 5-91　玻璃钢复合管

其原材料包括：①耐磨性 MC 尼龙管，单管长度 550mm，用尼龙黏结剂将三根单管及端头法兰黏结成带法兰的 1600mm 长的长管。②无碱不加捻玻璃纤维粗纱，型号 ER2400FW，含油率 0.5%，含水率 0.1%。③S902 不饱和聚酯树脂，固体含量 50%~55%，黏度（25℃）0.30~0.45Pa·s，凝胶时间（25℃）13min。④聚氨酯型黏结剂，用于 MC 尼龙内管与聚酯玻璃钢外包层的界面黏结。

其典型生产工艺为：先将尼龙短管的管端黏结面用砂纸打毛，清理干净，然后涂黏结剂，将短管黏结成规定长度后固化 48h。将尼龙管外表及法兰背面用砂纸打毛，清理干净，涂刷一遍乙醇以提高黏结强度。然后在尼龙管外表面及法兰背面涂刷聚氨酯界面黏结剂，厚度 0.3~0.5mm，然后粘上一层 0.2mm 无碱玻璃纤维布并辊实。将浸有 S902 不饱和聚酯树脂的无碱无捻玻璃纤维纱缠绕在尼龙管外表面，缠绕角 54°，纱片宽 35mm，搭半缠绕，层数 4，厚度在 8mm 以内。充分固化后，机加工修整外表面。

十四、环氧玻璃钢电绝缘管

环氧玻璃钢电绝缘管（图 5-92）可耐高电压，承担高载荷。外径 60mm、壁厚 7.5mm、长度 310mm 的此类管在电力输送工业中有广泛应用价值，可在 230kV 电压下保持 5min，不发热，不击穿；

破坏扭力大于 2.5kN · m。其原材料树脂采用环氧树脂 634#；固化剂为邻苯二甲酸酐；玻璃纤维，可用 40 支/20 股的无碱不加捻玻璃粗纱。

其典型生产过程如下：

（1）溶液配制。将环氧树脂水浴加热到 85~90℃，按树脂/固化剂（质量比）= 100/45 加入固化剂，搅拌，溶解，在 80~85℃条件下保温储放于胶槽中。

（2）在金属圆形芯模上进行玻璃纤维的缠绕，纵向缠绕角为 45°左右，纤维纱袋宽 2.5mm。纤维铺层为：纵向缠绕 3.5mm 厚+环向缠绕 2 层+纵向缠绕 3.5mm 厚+环向缠绕 2 层。

图 5-92　环氧玻璃钢电绝缘管

（3）涂刮树脂胶液，使纤维缠绕层中含胶量以 26%计。在最外层套一层热收缩性塑料管，吹热风使之收缩包裹，再在其外层用 0.2mm 厚、20mm 宽的玻璃布带环向缠绕一层，之后送入固化炉固化。

（4）固化控制。先以 3℃/10min 的速率由室温升温至 95℃，保温 3h，再以同样升温速率升至 160℃，保温 4h，然后出炉并自然降温至室温。

（5）脱模。清除表面的玻璃布带。根据需要，进行后加工。

十五、酸性污水输送玻璃钢管

静电除尘污水等酸性废水的输送可采用耐酸防腐蚀玻璃钢管（图 5-93），其结构组成与钢厂污水（碱性）输送玻璃钢管相同，但所用原材料不同。

原材料树脂选择耐酸碱、热稳定性好的树脂为内衬层树脂，如经甲基丙烯酸改性的环氧树脂，黏度 0.5~0.6Pa · s，酸值小于 30mgKOH/g。结构层可选用 902 树脂，其为间苯型不饱和聚酯树脂，黏度 0.41Pa · s，酸值小于 16mgKOH/g。增强材料采用中碱玻璃纤维系列产物，包括表面毡、短切纤维毡、粗纱。

图 5-93　耐酸防腐蚀玻璃钢管

十六、钢厂污水输送玻璃钢管

钢厂排放的污水呈现出碱性，pH=9.5~11.2，普通钢管或铸铁管使用寿命短，若用耐碱玻璃钢管（图 5-94）代替传统的普通钢管或铸铁管，可大大延长使用寿命。该玻璃钢管结构分四层：内表层，由（玻璃纤维）表面毡与防腐性树脂组成，树脂含量 90%~95%；次内表层，由（玻璃纤维）短切毡与防腐性树脂组成，树脂含量 70%左右；结构层，由（玻璃纤维）缠绕纱与通用型树脂组成，树脂含量 25%~35%；外表层，含蜡树脂。

内表层与次表层共同称为内衬层，富含树脂，起到防腐、防渗作用，可根据不同类型的流体，

图 5-94　耐碱玻璃钢管

针对性地选用不同的防腐树脂。结构层的厚度不小于 1.2mm，因而高比例的玻璃纤维按一定张力和角度缠绕在内衬层外，主要起增强作用。外表层主要发挥防老化和改善外观的作用。

其内衬层选择耐酸碱性强的双酚 A 型环氧树脂，黏度 0.4Pa · s，酸性 15mgKOH/g；结构层可选用通用型树脂。增强材料选择无碱玻璃纤维表面毡、无碱短切玻璃纤维毡、无碱玻璃纤维纱。

其生产过程分为三步：①在钢质芯模上涂刷内衬层→树脂卷绕表面毡→涂刷树脂于毡上→用铁棍赶压脱泡→卷绕短切玻璃纤维毡→涂刷树脂→赶压脱泡→网布再脱泡。②制造构层。基本过程与上一步相同，但是用玻璃纤维粗纱按一定规律进行缠绕。③常温固化。

第六节　案例分析

2016 年 5 月 22 日，巢湖市一家化工厂内发生一起离奇的火灾事故，虽经过 20 多分钟的奋力扑救，大火终被扑灭，但还是导致大量回收物资被焚毁。

通过对火情现场的勘查，民警发现在厂房一拐角处发现一疑似聚乙烯塑料管被烧后留下的印迹。另外，附近的村民向警方反映，当天中午，他在附近地里割油菜时，远远地发现一男子用火在烧什么，后开车离开了。

据此，民警判断，这是一起人为纵火案件，其着火点就在这里，大火是由外向内逐渐蔓延后形成的。再通过监控视频对这一时间段经过的车辆过筛般地反复查看，很快查到嫌疑车辆和司机。

第六章　塑料板材类产品

第一节　塑料板材成型工艺

一、塑料板材简介

塑料板材是用塑料为原材料制成的板材，通常做成标准大小的扁平矩形板，厚度在2mm以上的软质平面材料和厚度在0.5mm以上的硬质平面材料可称为板材，而厚度为0.25~2mm的软质平面材料和厚度在0.5mm以下的硬质平面材料常被称为片材。与金属板或木板相比，塑料板材和片材具有耐磨、耐震动、耐腐蚀、可回收、强度大、抗老化、防水、防潮、不易变形、可重复使用等特点，被大量用于建筑、化工、环保、日用品、食品、纺织、造纸等行业。使用过的塑料板，还常常可以回收加工，大大降低了成本。

板材产品外形扁平，宽厚比大，单位体积的表面积也很大，这种外形特点带来其使用上的特点：①表面积大，故包容覆盖能力强，在化工、容器、建筑等领域都得到广泛应用；②可任意剪裁、弯曲、冲压、制成各种制品构件，使用灵活方便。除了以上常见的使用领域外，塑料板材在矿山机械、交通运输、设备衬里及原子能等方面均有比较重要的作用。

随着高分子合成和加工工业的迅猛发展，目前塑料板材使用的原材料极为广泛，如聚乙烯、聚氯乙烯、聚丙烯、丙烯腈-丁二烯-苯乙烯、聚碳酸酯、聚苯乙烯等。为了改进板材的性能，还要在聚合物原材料中添加各种辅助材料，如填料、增塑剂、润滑剂、稳定剂、着色剂等，才能成为性能良好的塑料板，满足各领域的使用需求。时至今日，塑料板不但在上述不同领域得到广泛应用，而且正在朝着兼具美观与实用的方向不断发展和进步，在功能方面也正在向着更加具有专业性、更加适合特殊功用的方向发展。

二、塑料板材的成型方法

与金属板材的锻造、轧制或铸造方式不同，塑料板材的成型可以采用挤出、模压、挤压、层压、浇注等方法进行。现根据板材的特点，将其主要成型工艺方法简介如下：

（一）挤出成型

挤出成型是借助于螺杆的旋转挤压作用，使受热熔融塑化的塑料在压力推动下连续通过机头口模，经冷却定型而得到具有特定断面形状的连续制品的成型方法。具体而言，原材料自料斗进入料筒，在螺杆旋转作用下，通过料筒内壁和螺杆表面摩擦剪切作用向前输送到加料段，在此松散固体向前输送同时被压实；在压缩段，螺槽深度变浅，进一步压实，同时在料筒外加热和螺杆与料筒内壁摩擦剪切作用，料温升高开始熔融，压缩段结束；均化段使物料均匀，定温、定量、定压挤出熔体，到机头后成型，经定型得到制品。

塑料板材用狭缝机头直接挤出板坯后，即经过三辊压光机压光，经冷却、牵引装置而得到。

挤出成型的主要特点是：设备投资少，便于快速上马；连续化生产，自动化程度高，生产效率高；产品质量均匀、紧密；操作简单，工艺控制容易，可以一机多用。因此，挤出成型在塑料板材成型中占据主要地位。挤出成型塑料制品产量约占塑料制品总产量的50%（含塑料板材），挤出成型设备产量约占塑料成型机械总产量的30%。在塑料板材加工中，挤出与压延成型经常同时使用，几乎所有的热塑性塑料和一些热固性塑料均可用挤出机成型（如酚醛塑料、脲醛塑料等）。

（二）模压成型

模压成型又称压制成型，这种方法是将模塑料（粉料、粒料、碎屑或纤维预浸料等）置于阴模型腔内，合上阳模，借助压力和热量作用，使物料熔化充满型腔，形成与型腔相同的制品。再经过加热使其固化，冷却后脱模，便制得模压制品。模压成型工艺适用于热固性塑料，如酚醛、脲醛、环氧塑料、不饱和聚酯、氨基塑料、聚酰亚胺、有机硅等，及某些热塑性塑料制品的加工生产，特别适合热固性塑料板材的生产。热固性塑料在模压成型加工中所表现的流变行为，要比热塑性塑料复杂得多，在整个模压过程中始终伴随着化学反应，加热初期物料呈现低分子黏流态，流动性尚好，随着官能团的相互反应，部分发生交联，物料流动性逐步变小，并产生一定程度的弹性，使物料呈胶凝态，再继续加热使分子交联反应更趋完善，交联度增大，物料由胶凝态变为玻璃态，成型即告结束。

模压成型工艺在板材生产中的主要优点有：①生产效率高，便于实现专业化和自动化生产；②产品尺寸精度高，重复性好；③表面光洁，不需要二次修饰；④能一次成型结构复杂的制品；⑤可以实现批量生产，价格相对低廉。

模压成型的不足之处在于模具制造复杂，投资较大，加上受挤压机限制，最适合于批量生产中小型复合材料制品。随着金属加工技术、挤压机制造水平及合成树脂工艺性能的不断改进和发展，挤压机吨位和台面尺寸不断增大，模压料的成型温度和压力也相对降低，使得模压成型制品的尺寸逐步向大型化发展，目前已能生产大型汽车部件、浴盆、整体卫生间组件等。

模压成型工艺按增强材料物态和模压料品种可分为纤维料模压法、碎布料模压法、织物模压法、层压模压法、缠绕模压法、片状塑料模压法、预成型坯料模压法等。

（三）挤压（压延）成型

挤压（压延）成型是指坯料在三个方向不均匀压应力作用下，从模具的孔口或缝隙挤出使其横截面积减小、长度增加，经过压光机压光，再经冷却、牵引装置而得到塑料板材。坯料的这种加工方法叫挤压成型，与挤出成型有类似之处，但特点在于对坯料施加了较大的挤压力。挤压特别是冷挤压，材料利用率高，材料的组织和机械性能得到改善，操作简单，生产效率高，可制作板材、长杆、深孔、薄壁、异型断面零件，是重要的少、无切削加工工艺。因此，挤压不仅用于金属的成型，也可用于塑料、橡胶板材的成型。挤压时，坯料受到三个方向压应力作用，即使是塑性较低的坯料，也可被挤压成型。

（四）层压法成型

层压法是制造增强塑料板材的常用方法。层压法成型是指将纸张、棉布、玻璃等片状材料浸涂热固性树脂（主要有酚醛树脂、脲醛树脂、环氧树脂等）后，多层层叠送压面加热、加压，使树脂发生化学反应而黏结成板。产品俗称层压板。除一般用来生产板材外，也可将材料加工成管状、棒状和其他具有简单形状的制品。

（五）浇注（浇铸）法

浇注（浇铸）法是塑料加工的一种传统方法。早期的浇铸是在常压下将液态单体或预聚物注入模具内，经聚合而固化成型，变成与模具内腔形状相同的制品。随着成型技术的发展，浇铸的概念有所改变，聚合物溶液、分散体（如聚氯乙烯糊）和熔体也可用于浇注成型。用挤出机挤出熔融平膜，流延在冷却转辊上定型，制得薄膜或板材、片材，被称为挤出-浇铸法。

三、塑料板材成型方式分类

（一）按操作方式分类

根据塑料板加工及塑料成型加工过程中操作方式的不同，可将塑料成型分为连续式、间歇式、周期式三种类型。

1. 连续式成型加工

这种工艺的共同特点就是其成型一旦开始，就可以不间歇地进行下去。用这种成型加工方法制的塑料产品长度是不受限制的，板材、片材等产品均可用这种方法来生产。在上述方法中，挤出法和压延法均为连续生产工艺。

2. 间歇式成型加工

这种加工工艺的共同特点是成型过程中的操作不能连续进行，各个制品成型加工操作时间并不固定。大多数的二次加工都属于此类成型加工。

3. 周期式成型加工

这一类成型加工每个制品均以相同的步骤，每个步骤均以相同的时间，以周期循环的方式完成工艺操作。主要依靠成型设备预先设定的程序完成制品的成型加工操作，因而成型加工过程可以没有或只有极少量的手工操作。

（二）按加工阶段分类

按各类成型加工技术在塑料制品生产中所属成型加工阶段的不同，可将其划分为一次成型、二次成型、二次加工三个类别。

1. 一次成型

一次成型是指能将塑料原材料转变成具有一定形状和尺寸制品或半成品的各种成型工艺操作方法。目前生产上广泛采用的挤出、模压等成型工艺均属于一次成型。

2. 二次成型

二次成型是指既能改变一次成型所得塑料半成品的形状和尺寸，又不会使其整体性受到破坏的各种工艺操作方法。压延等属于此类加工方法。

3. 二次加工

二次加工是指在保持一次成型或二次成型产品硬固状态不变的条件下，为改变其形状、尺寸和表观性质所进行的各种工艺操作方法。由于是在塑料成型后实施的工艺操作，因此也将二次加工工艺称作“后加工工艺”，一般分为机械加工、连接加工和修饰加工三类。

（三）按变化类型分类

塑料板加工技术认为，按成型加工伴随的变化类型分类，根据这一特征，可将塑料成型加工工艺分为以物理变化为主、以化学变化为主和兼有物理变化与化学变化的三种类型。

第二节　聚乙烯板材

聚乙烯板材是以聚乙烯为原材料，经挤出、压延等成型手段加工而成的一类板材。一般地，PE 板材和片材由单一聚乙烯树脂生产，不需要加入其他助剂。生产特殊用途的板材和片材需添加必要的助剂，如光稳定剂、抗氧化剂、交联剂等。一般的 PE 板材常选用专用牌号的 LDPE 或 HDPE 树脂生产。在没有专用牌号树脂时，应选用熔体流动速率适宜的挤出级 PE 树脂生产。

聚乙烯具有优良的耐低温性能和化学稳定性、表面光滑平整、无毒及优异的电气绝缘性等优点，广泛地用于各类板材的生产，用于建筑、机械、医疗、运输等领域。以下根据其材料特点和用途的不同，详细介绍聚乙烯板材。

一、线型低密度聚乙烯板

LLDPE 是乙烯与少量高级 α-烯烃（如丁烯-1、己烯-1、辛烯-1、四甲基戊烯-1 等）在催化剂作用下，经高压或低压聚合而成的一种共聚物，密度为 0.915~0.940g/cm^3。但有关规定显示，0.926~0.940g/cm^3 的密度范围属 MDPE。新一代 LLDPE 将其密度扩大至塑性体（0.890~0.915g/cm^3）和弹性体（<0.890g/cm³）。

常规 LLDPE 的分子结构以其线性主链为特征，只有少量或没有长支链，但包含一些短支链。没有长支链使聚合物的结晶性较高。

通常 LLDPE 树脂用密度和熔体指数来表征，其密度由聚合物链中共聚单体的浓度决定。共聚单体的浓度决定了聚合物中的短支链量。短支链的长度则取决于共聚单体的类型。共聚单体浓度越高，树脂的密度越低。此外，熔体指数是树脂平均相对分子质量的反映，主要由反应温度（溶液法）和加入链转移剂（气相法）来决定。平均相对分子质量与相对分子质量分布无关，后者主要受到催化剂类型影响。

图 6-1　线型低密度聚乙烯板

LLDPE 代表了聚乙烯催化剂和工艺技术的重大变革，使聚乙烯的产品范围显著扩大。LLDPE 用配位催化剂代替自由基引发剂，及用较低成本的低压气相聚合取代成本较高的高压反应器，在比较短的时间内，便以其优异的性能和较低的成本，在许多领域已替代了 LDPE。目前，LLDPE 几乎渗透到了所有的传统聚乙烯市场，包括薄膜、模塑、板材（图 6-1）和电线电缆。

LLDPE 产品无毒、无味、无臭，呈乳白色颗粒，与 LDPE 相比有强度高、韧性好、刚性强、耐热、耐寒等优点，还具有良好的耐环境应力开裂、耐撕裂强度等性能，并可耐酸、碱、有机溶剂等。

二、超高相对分子质量聚乙烯板

与一般的 PE 板材不同，超高相对分子质量聚乙烯（UHMWPE）板（图 6-2）的原材料是相对分子质量在 150 万以上的 UHMWPE。UHMWPE 极高的相对分子质量赋予其优异的使用性能，而且属于价格适中、性能优良的热塑性工程塑料，它几乎集中了各种塑料的优点，具有普通聚乙烯和其他工程塑料无可比拟的耐磨、耐冲击、自润滑、耐腐蚀、吸收冲击能、耐低温、卫生无毒、不易黏附、不易吸水、密度较小等综合性能。事实上，目前还没有一种单纯的高分子材料兼有如此众多的优异性能。但是，与其他工程塑料相比，高相对分子质量聚乙烯具有表面硬度和热变形温度低、弯曲强度及蠕变性能较差等缺点。这是由于高相对分子质量聚乙烯的分子结构和分子聚集形态造成的，可通过填充和交联的方法加以改善。

图 6-2　超高相对分子质量聚乙烯板

在耐磨性方面，UHMWPE 的耐磨性居塑料之冠，并超过某些金属。与其他工程塑料相比，UHMWPE 的砂浆磨耗指数仅是 PA66 的 1/5，HEPE 和 PVC 的 1/10；与金属相比，是碳钢的 1/7，黄铜的 1/27。UHMWPE 耐磨性与相对分子质量成正比，相对分子质量越高，其耐磨性越好。

在耐冲击性方面，UHMWPE 的冲击强度也在所有工程塑料中名列前茅，UHMWPE 的冲击强度约为耐冲击 PC 的 2 倍，ABS 的 5 倍，POM 的 10 余倍。其冲击强度随相对分子质量的增大而提高，在相对分子质量为150万时达到最大值，然后随相对分子质量的继续升高而逐渐下降。值得指出的是，它在液氮中（−195℃）也能保持优异的冲击强度，这一特性是其他塑料所没有的。此外，它在反复冲击表面硬度更高。

UHMWPE的自润滑性也极其优异，其摩擦因数仅为0.05~0.11。UHMWPE的动摩擦因数在水润滑条件下是PA66和POM的1/2，在无润滑条件下仅次于塑料中自润滑性最好的PTFE；当它以滑动或转动形式工作时，比钢和黄铜加润滑油后的润滑性还要好。因此，在摩擦学领域UHMWPE被称为性价比非常理想的摩擦材料。

在耐化学药品性方面，UHMWPE具有优良的耐化学药品性，除强氧化性酸液外，在一定温度和浓度范围内能耐各种腐蚀性介质（酸、碱、盐）及有机介质（萘溶剂除外）。其在20℃和80℃的80种有机溶剂中浸渍30d，外表无任何反常现象，其他物理性能也几乎没有变化。

UHMWPE具有优异的冲击能吸收性，冲击能吸收值在所有塑料中最高，因而噪声阻尼性能很好，具有优良的消音效果。UHMWPE具有优异的耐低温性，在液氦温度（−269℃）下仍具有延展性，因而能够用作核工业的耐低温部件。UHMWPE卫生无毒，可用于接触食品和药物。其表面吸附能力非常微弱，其抗黏附能力仅次于塑料中不黏性最好的PTFE，因而制品表面与其他材料不易黏附。UHMWPE吸水率很低，一般小于0.01%，仅为PA66的1%，因而在成型加工前一般不必做干燥处理。UHMWPE与其他工程塑料密度比较相对较低。

由于UHMWPE具有比较特殊的结构特征，所以有无可匹敌的超高拉伸强度，因此可通过凝胶纺丝法制得超高弹性模量和强度的纤维，其拉伸强度高达3~3.5GPa，拉伸弹性模量高达100~125GPa；纤维比强度是迄今已商品化的所有纤维中最高的，比碳纤维大4倍，比钢丝大10倍，比芳纶纤维大50%。

此外，UHMWPE具有很好的耐老化性能，使用时间更长，节约成本。吸能性好，利用UHMWPE的吸能特点，可广泛应用在机械设备行业中，用于钢铁材质表面，减少摩擦，提高效益。阻燃性好，通过加入阻燃剂，可使UHMWPE具有较好的阻燃性。

UHMWPE的应用领域非常广泛，表6-1给出了UHMWPE在不同应用领域中的应用实例。

表6-1　超高相对分子质量聚乙烯在不同应用领域中的应用

应用领域	应用实例
运输机械	导轨、传送带、传送装置滑块座、固定板、流水生产线计时星轮
食品机械	星形轮、送瓶计数螺杆、灌装机轴承、抓瓶机零件、垫圈导销、齿轮、辊筒、链轮手柄
造纸机械	吸水箱盖板、偏导轮、刮刀、轴承、叶嘴、过滤器、储油器、防磨条、毛毡清扫机
纺织机械	开幅机、减震器挡板、连接器、曲轴连杆、打梭棒、扫花针、偏杆轴承、摆动后梁
建筑机械、农业机械	推土机推土板内料、自卸车车厢内料、拖拉机犁刀内衬
化工机械	阀体、泵体、垫圈、过滤器、齿轮、螺母、密封环、喷嘴、旋塞、轴套、波纹管
港口机械、船舶机械	船舶部件、桥式起重机用托辊、耐磨块等零配件
一般机械	各种齿轮、轴瓦、衬套、滑动板、离合器、导向体、制动器、铰链、弹性联轴节、辊筒、托轮、紧固件、升降台滑动部件
染色修饰	浸染机轴承、刮刀、滑动板、衬垫、密封件、导盘
文体用品	动力雪橇、溜冰场铺面、冰场保护架
医疗用品	矫正外科用零件、人工关节、假肢等
其他	冷冻机械、原子能发电站的遮蔽板、电镀零件、超低温机械零件

图 6-3 超高相对分子质量聚乙烯轻质防弹板

三、超高相对分子质量聚乙烯轻质防弹板

UHMWPE 轻质防弹板（图 6-3）具有重量轻、防连发、凹陷小、不会发生跳弹二次伤人，比同等质量同等防护面积的其他材料防护级别高，在提高人员的机动性和舒适性的同时，保持了原有的防护能力。

当子弹击中插板时，用 UHMWPE 无纺布制作的防弹插板与芳纶机织布材料制作的防弹插板相比，能更加迅速和有效地分散子弹的冲击能量，同时无纺布与机织布相比，无纺布能够有效地降低由于编织带来的纤维相互交错形成的磨损，更加有效地提高材料的利用率。

四、含硼聚乙烯屏蔽板

含硼聚乙烯屏蔽板（图 6-4）可以防止中子辐射或防核辐射，能够有效地防止核辐射给个人及社会造成的危害。含硼聚乙烯屏蔽板在隔离辐射的同时具有聚乙烯板的各种优点。有关研究表明，含硼防辐射聚乙烯板能够有效地防止核辐射及中子辐射给个人及社会造成的危害，并具有以下特点：

图 6-4 含硼聚乙烯屏蔽板

（1）极高的耐磨性。由于其独特的分子结构，耐磨性高于一般的金属塑料产品，是碳钢的 6.6 倍，不锈钢的 5.5 倍，黄铜的 27.3 倍，尼龙的 6 倍，聚四氟乙烯的 5 倍。

（2）不黏性。表面张力大、摩擦系数小、无极性，与常见物质不亲和，因此不易粘连结垢。

（3）摩擦系数小。由于其内含蜡状物质，自润滑性很好，流阻小，节省能源。

（4）极好的耐化学腐蚀性。可以耐除浓硫酸、浓硝酸等强氧化剂以外的几乎所有的酸、碱、盐等介质。

（5）耐冲击性好。即使在低温下，也能承受强烈的冲击。

（6）电气绝缘性。具有良好的电气绝缘性，绝缘电阻极高。

（7）其他性能。韧性好，抗疲劳，无渗出物，使用温度-70～90℃。

五、聚乙烯纤维布复合板

聚乙烯纤维布复合板（图 6-5）采用双层结构，即由一层聚乙烯板及固定设置在聚乙烯板上的纤维布构成，所述的纤维布为玻璃布或涤纶布，可以用于以聚乙烯复合板为衬里，以玻璃钢为强度层的复合设备。

由于这种塑料板采用了双层结构，即聚乙烯板加设一层纤维布，故其和玻璃钢黏结的效果好，可有效提高复合设备的可靠性与稳定性。

图 6-5　聚乙烯纤维布复合板

环氧树脂是纤维增强高性能复合材料的主要基体树脂，也是 UHMWPE 纤维增强复合材料的重要基体。环氧树脂具有优异的黏结性、机械强度、电气绝缘性、耐腐蚀性，可在 120℃条件下长期使用。

但是由于环氧树脂交联网络结构的特点，固化后质脆，耐冲击和应力开裂的能力较差，导致其复合材料的断裂韧性难以满足工程技术的要求，从而限制了复合材料在某些领域的应用，而且环氧树脂的线膨胀系数与纤维相差大，对纤维的浸润性不够好，环氧树脂在湿热条件下力学性能会下降，不能长期使用。

六、超高相对分子质量聚乙烯/黏土纳米复合材料板

UHMWPE 是相对分子质量在 150 万以上的线型结构聚乙烯，其耐磨、耐冲击、耐腐蚀、自润滑、吸收冲击能为现有塑料中最高的，故被称为“令人惊异的塑料”，但是由于其黏度极高，成型加工困难。为解决这种问题，将 UHMWPE 与均一分散层状硅酸盐充分混合，利用层状硅酸盐片层间摩擦系数小，减少 UHMWPE 分子链的缠结，可以起到良好的自润滑作用，使 UHMWPE 能用普通挤出成型方法连续生产管材、板材和异型材。

图 6-6　黏土纳米复合材料板

黏土纳米复合材料板（图 6-6）具有优良的耐磨性、耐腐蚀性，高强度、无毒性。其制品易于运输、安装、保养，并且有优良的抗震性，性价比优于铁、铝等板材。

七、低发泡聚乙烯填缝板

低发泡聚乙烯填缝板也叫作泡沫塑料板、PE 泡沫填缝板、塑料填缝板材、接缝板、BW2000 型嵌缝板。低发泡聚乙烯填缝板（图 6-7）常选用 LLDPE 进行发泡交联制造而成。该产品可广泛应用于河道、渠道、堤坝、港口、码头、机场、桥梁、护坡、地下工程、市政公路等各种混凝土胀缝接缝工程，具体包括：

（1）混凝土公路伸缩缝之接缝板。

（2）道桥接缝止水板。

（3）水利工程堤坝、护坝、消力坎、护坡、挡阻墙之伸缩接缝板。

（4）水电、水利工程的水塔底部止水接缝板。

（5）建筑用沉降缝、框架结构的填缝板。

（6）生活用水厂及污水处理厂水池止水填缝板。

（7）机场跑道之接缝板。

（8）港口、码头混凝土之接缝板。

（9）水洞、隧道混凝土之过水接缝板。

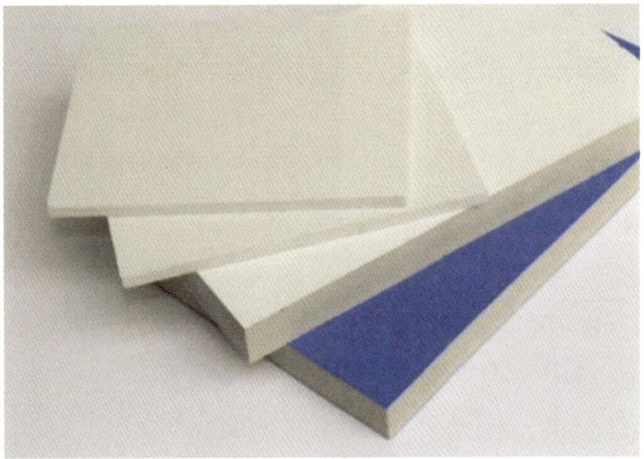

图 6-7　泡沫塑料板

（10）地铁、地下通道混凝土止水接缝板。

八、芙蓉板

芙蓉板（图 6-8）是一种新型的化工材料，是以 PE 为主要原材料，添加各种助剂，经发泡而成的单面复合 PVC 板。芙蓉板表面光滑平整且有一定的硬度，其主要有以下特点：不吸水，不分解，不腐烂，亦不受雨水和潮湿影响；抗老化，抗紫外线照射；耐油、耐酸、耐碱和耐其他有机化学成分腐蚀；吸音、隔音、隔热保温等。芙蓉板质地轻，易储运、加工、切割、雕刻。在广告行业，芙蓉板主要用于电脑雕刻、丝网印刷、广告标牌、展板、标志用板等。芙蓉板用于雕刻的主要优点是能体现立体效果，雕刻后的图案喷上彩色油漆，效果好，且价格较普通的 PVC 板便宜得多。

图 6-8　芙蓉板

九、聚乙烯排水板

PE 排水板（图 6-9）是由 HDPE 塑胶底板经过冲压制成圆锥凸台或者加劲肋的凸点（或中空圆柱形多孔）而成的。圆锥凸台的顶面胶接一层过滤土工布，以阻止泥土微粒通过，从而避免排水通道阻塞使孔道排水顺畅。传统的排水方式使用砖石瓦块作为导滤层、使用较多的鹅卵石或碎石作为滤水层，将水排到指定地点。而用排水板取代鹅卵石滤水层来排水，则省时省力又节能、节省投资，还能降低建筑物的荷载。

图 6-9　聚乙烯排水板

良好的排水系统对土建的施工周期及构筑物的正常使用和寿命具有重要的作用。排水板与多孔渗水管组成一个有效的疏排水系统，圆柱形的多孔排水板与土工布也组成一个排水系统，从而形成一个具有渗水、储水和排水功能的系统。

排水板又称为自粘 PE 排水板、排疏板、排水保护板、滤水板、塑料凹凸排水板或塑料夹层板，分卷材及片材两个系列，其中卷材又分“热熔”“搭接”和“自粘”三个类型。在造型上，排水板采用特殊工艺将塑料板材压出封闭凸起的柱状壳体，形成凹凸状膜，壳连续，具有立体空间和一定支撑高度，边沿加工生产时热粘上丁基橡胶条，壳顶部覆盖土工布过滤层，用于渗水、疏水、排水和蓄水的产品。

排水板采用凹凸式中空立筋结构，可以快速有效导出雨水，大大减少甚至消除防水层的静水压，通过这种主动导水原理可以达到主动防水的效果。排水板可以有效地保护构筑物和防水层，并且抵抗土壤中的各类酸碱和植物的根刺。在地下室外墙回填土时，它可以保护建筑物和防水层免遭破坏。

十、高密度聚乙烯钙塑板、片材

此种钙塑板、片材（图 6-10）可以用于制造各种形状包装容器，即瓦楞箱。取用 HDPE 为原材料，以碳酸钙为填充料，加入各种助剂，用热黏合式瓦楞板成型机经压延热粘成钙塑双面单瓦楞板，再经装订成型为钙塑瓦楞箱。在配方中加入高比例的碳酸钙，其主要目的是降低生产成本。此外，也可由挤出法生产 HDPE 钙塑瓦楞板。挤出法生产的瓦楞板结构特点是由三层复合而成，上、下两层称为表面层，中间层称为瓦楞层，各层的配方稍微有些差异。

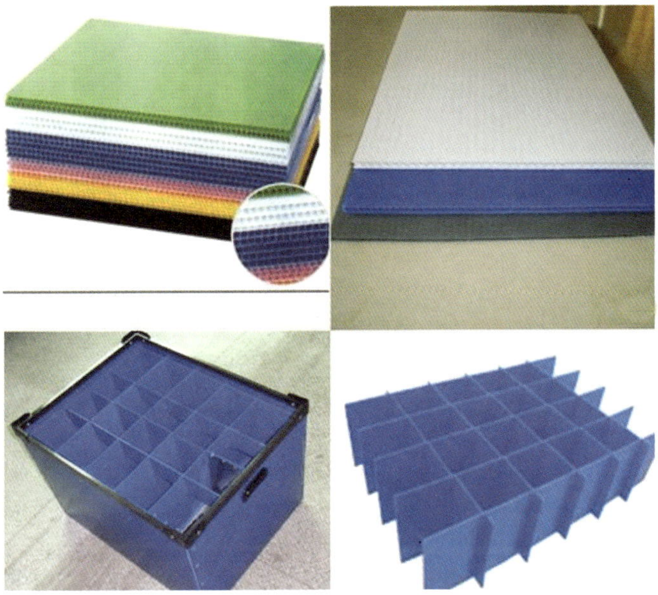

图 6-10　高密度聚乙烯钙塑板及钙塑瓦楞箱

由钙塑瓦楞板制造的各类钙塑瓦楞箱具有独特的高抗压、耐冲击、抗大角度扭曲、抗潮湿、外观秀美、价廉等优点，在银行造币、生物化工、电器、航空仪表、汽车配件、军品储备、精品制药等重点行业领域中得到认可，并且可以根据用户要求的颜色、规格、箱型加工定制。

钙塑瓦楞箱的基本性能参数如下：

（1）厚度≥4mm。

（2）瓦楞筋数。每 100mm≥13 根。

（3）外观。外表面平整，同一规格同一批产品色泽基本一致，印字清秀。

（4）脱层面积。每平方米不大于 15cm，其中每处不大于 4mm。

（5）瓦楞筋歪斜。在边长为 300mm 的正方形面积内，瓦楞筋数的下限是 1 根。

（6）洞孔。外表面每平方米不超过 10 个直径 1mm 的洞孔，内表面每平方米不超过 10 个直径 2mm 的洞孔。

（7）拉断力≥300N（此项及以下 4 项为 18℃下检测的最低标准）。

（8）断裂伸长率≥8%。

（9）平面压缩力≥700N。

(10) 垂直压缩力≥450N。

(11) 撕裂力≥60N。

(12) 低温耐折。-20℃下不裂。

十一、低密度聚乙烯高发泡压延钙塑板材

PE 高发泡钙塑板材（图 6-11）是以 LDPE 和碳酸钙为主要原材料，添加适量的交联剂、发泡剂等辅助材料经发泡成型生产的密度小于 0.2g/cm³ 的板材。高发泡钙塑板材兼有木材的机械加工性和热塑性塑料的二次成型性，具有质轻、保温性好、隔音、耐腐蚀和优良的电气绝缘性，因此在某些场合下可代替木材在建筑、化工、交通等部门使用。它可加工成天花板、车辆门箱板、化工企业中酸碱等腐蚀性材料生产车间的装修材料及救生衣等救生用具。

图 6-11 聚乙烯高发泡钙塑板材

PE 高发泡钙塑板材生产过程为：配料→高速混合→塑炼→压延→预发泡→热压发泡→冷却定型→成品。

十二、低密度聚乙烯铝塑复合板

LDPE 铝塑复合板（图 6-12）是以经过化学处理的涂装铝板为两面表层材料，用 LDPE 塑料为芯材，再加上胶黏剂，在专用铝塑板生产设备上加工而成的复合材料，主要用于墙面装饰材料。对于室外，铝塑板正面涂覆氟碳树脂涂层；对于室内，其正面可采用非氟碳树脂涂层。

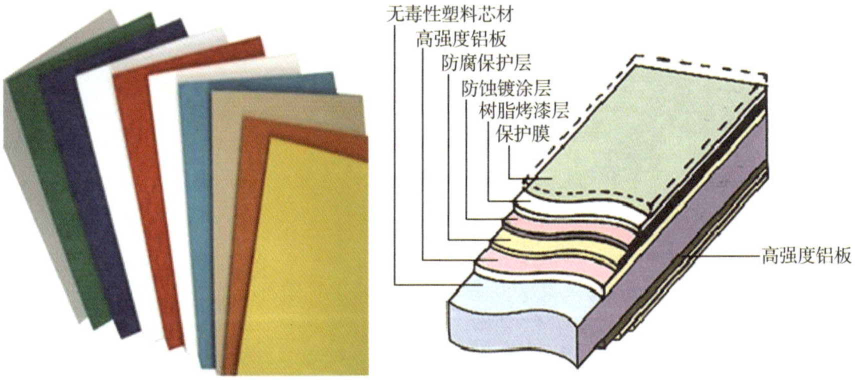

图 6-12 低密度聚乙烯铝塑复合板及其结构

LDPE 铝塑复合板本身所具有的独特性能，决定了其广泛用途。铝塑板由性质截然不同的两种材料（金属和非金属）组成，它既保留了原组成材料（金属铝、非金属聚乙烯塑料）的主要特性，又克服了原组成材料的不足，进而获得了众多优异的材料性质，如豪华、艳丽多彩的装饰性、耐气候、耐蚀、耐撞击、防火、防潮、隔音、隔热、抗震、质轻、易加工成型、易搬运安装等特性。因此，它被广泛应用于各种建筑装饰，如天花板、包柱、柜台、家具、电话亭、电梯、店面、广告牌、厂房壁材等，已成为三大幕墙（天然石材、玻璃幕墙、金属幕墙）中金属幕墙的代表。在发达国家，铝塑复合板还用于巴士、火车车厢的制造，用作飞机、船舶的隔音材料和仪器箱体材料等。

在性能方面，铝塑复合板采用了新生产工艺，将最关键的技术指标——剥离强度提高到了极佳状态，使铝塑复合板的平整度、耐气候性方面的性能都相应提高。在加工性方面，铝塑复合板每平方米的重量仅为 3.5~5.5kg，故可减轻震灾所造成的危害，且易于搬运。其优越的施工性只需简单的木工工具即可完成切割、裁剪、刨边、弯曲成弧形或直角的各种造型，可配合设计人员，做出各种的变

化，安装简便、快捷，减少了施工成本。在防火性方面，铝塑复合板的中间层是阻燃的 PE 塑料芯材，内、外两面是极难燃烧的铝层。因此，它是一种安全防火材料，符合有关规定的耐火要求。此外，铝塑复合板的耐冲击性强、韧性高、弯曲不损面漆、抗冲击力强，在风沙较大的地区也不会出现因风沙造成的破损。由于采用了以氟碳树脂为基料的氟碳漆，它在耐气候性方面有独特的优势，无论在炎热的阳光下或严寒的风雪中都无损于漂亮的外观，可达 20 年不褪色。而且铝塑复合板的耐污染性能优异，一般情况下，我国的城市污染较为严重，板材在使用几年后需要保养和清理，由于铝塑复合板的自洁性好，只需用中性的清洗剂和清水即可，清洗后使板材永久如新。

铝塑复合板品种比较多，而且是一种新型材料，因此至今还没有统一的分类方法，通常按用途、产品功能和表面装饰效果进行分类。

1. 按用途来分类

（1）建筑幕墙用铝塑复合板。上、下铝板的最小厚度不小于 0.50mm，总厚度应不小于 4mm。铝材材质应符合《一般工业用铝及铝合金板、带材　第 1 部分：一般要求》（GB/T 3880—2012）的要求，一般要采用 3000、5000 等系列的铝合金板材，涂层应采用氟碳树脂涂层。

（2）外墙装饰与广告用铝塑复合板。上、下铝板采用厚度不小于 0.20mm 的防锈铝，总厚度应不小于 4mm。涂层一般采用氟碳涂层或聚酯涂层。

（3）室内用铝塑复合板。上、下铝板一般采用厚度为 0.20mm，最小厚度不小于 0.10mm 的铝板，总厚度一般为 3mm。涂层采用聚酯涂层或丙烯酸涂层。

2. 按产品功能分类

（1）防火板。选用阻燃芯材，产品燃烧性能达到难燃级（B1 级）或不燃级（A 级）；同时其他性能指标也须符合铝塑复合板的技术指标要求。

（2）抗菌防霉铝塑复合板。将具有抗菌、杀菌作用的涂料涂覆在铝塑复合板上，使其具有控制微生物活动繁殖和最终杀灭细菌的作用。

（3）抗静电铝塑复合板。抗静电铝塑复合板采用抗静电涂料涂覆铝塑复合板，表面电阻在 $10^9\Omega$ 以下，比普通铝塑复合板表面电阻小，因此不易产生静电，空气中尘埃也不易附着在其表面。

3. 按表面装饰效果来分类

（1）涂层装饰铝塑复合板。在铝板表面涂覆各种装饰性涂层。普遍采用的有氟碳、聚酯、丙烯酸涂层，主要包括金属色、素色、珠光色、荧光色等颜色，具有装饰性作用，是市面最常见的品种。

（2）氧化着色铝塑复合板。采用阳极氧化及时处理铝合金面板拥有玫瑰红、古铜色等别致的颜色，起到特殊的装饰效果。

（3）贴膜装饰复合板。按设定的工艺条件，依靠黏合剂的作用，把彩纹膜粘在涂有底漆的铝板上或直接贴在经脱脂处理的铝板上。其主要品种有岗纹、木纹板等。

（4）彩色印花铝塑复合板。将不同的图案通过先进的计算机照排印刷技术，将彩色油墨在转印纸上印刷出各种仿天然花纹，然后通过热转印技术间接在铝塑复合板上复制出各种仿天然花纹。可以满足设计师的创意和业主的个性化选择。

（5）拉丝铝塑复合板。采用表面经拉丝处理的铝合金面板，常见的是金拉丝和银拉丝产品，给人带来不同的视觉享受。

（6）镜面铝塑复合板。铝合金面板表面经磨光处理，宛如镜面。

十三、低密度聚乙烯/乙烯-醋酸乙烯酯辐射交联发泡片材

如前所述，LDPE 发泡塑料具有优异的物理、化学和力学性能。LDPE 需进一步扩展的方向之一是开发柔软、挠性高、泡孔均匀、细小致密的闭孔泡沫产品。LDPE 的交联方法分化学交联和辐射交联两种。化学交联法是利用原材料中的化学交联剂受热分解与 PE 发生化学反应，从而使 PE 交联。此法交联度不高、工艺不易控制，而且得到的泡沫材料的泡体结构质量欠佳。辐射交联法是利用原子

能的电离辐射使聚乙烯分子链断裂从而导致交联，然后在高温下发泡。此法交联效率高，不需要加入交联剂，工艺也容易控制，而且所得制品的泡体结构质量好。EVA 具有良好的透明性、柔软性、弹性和低的热传导性，它可以改善 PE 泡沫材料的柔软性、隔热性等性能。与化学交联 LDPE 泡沫塑料相比，辐射交联 LDPE/EVA 混合体系泡沫片材的表观更光滑、手感好，表观密度小，材料的力学性能较好。

辐射交联 LDPE/EVA 混合体系泡沫片材的制备流程为：LDPE/EVA 母料助交联剂→混合→双螺杆造粒→挤出成片→辐射交联→发泡→冷却成型→成品。

第三节　聚氯乙烯板材

PVC 板材是以 PVC 为原材料，添加抗老化剂、着色剂、分散剂等助剂经挤出、压延、压制注射等成型手段加工而成的一类板材。PVC 具有阻燃、耐化学药品性高（耐浓盐酸、浓度为 90% 的硫酸、浓度为 60% 的硝酸和浓度为 20% 的氢氧化钠）、机械强度及电气绝缘性能良好的优点。因此，PVC 板材特别是 PVC 硬质板在化工、建筑等领域中具有十分广泛的用途。

一、聚氯乙烯挤出板

PVC 挤出板根据其配方、工艺和产品性能可分为挤出硬质板和挤出软质板。

（一）聚氯乙烯挤出硬质板

PVC 挤出硬质板简称 PVC 硬质板，见图 6-13，是在 PVC 中加入稳定剂、润滑剂和填料，经混炼后，用挤出机挤出各种厚度的硬质板材。板材可以切割成所需的形状，然后利用 PVC 焊条用热空气焊接成各种耐化学腐蚀的储槽、风道及容器等。PVC 硬质板具有优良的耐腐蚀性、绝缘性，并有一定的机械强度；经二次加工后可制成硫酸（盐酸）槽（桶、箱），医药用空针架，公共卫生间水箱，加工产品的模板、装饰板、排风管道、设备衬里等各种异型制品、容器。它是化工、建材、装饰等领域的理想材料。

图 6-13　聚氯乙烯挤出硬质板

挤出 PVC 硬质板有优良的化学稳定性、耐腐蚀性、硬度大、强度高、耐老化、绝缘可靠、不吸水、不变形、厚度均匀、整体光洁平整、易加工、生产连续化、生产效率高等特点，但由于板材冷却效果较差，所以不宜生产厚度超过 15mm 的板材。根据应用范围来分，PVC 挤出硬质板可分为工业用板材、透明板材、彩色装饰板材三种。工业用板材能替代部分不锈钢和其他耐腐蚀性材料，主要用作化工防腐材料，制作耐腐蚀设备和风道，用于石油、电镀、水净化处理设备、环保设备、矿山等行业。透明板材主要用作包装材料及机器设备的视窗，在某些场合可代替玻璃，彩色装饰板材主要用作医药、电子、通信及装潢材料，大量地应用在广告宣传和匾牌等制品。它也作为有机玻璃的代用品。

PVC 挤出硬质板的配方（质量份数）见表 6-2。

表 6-2　聚氯乙烯挤出硬质板的配方

原材料名称	工业板材	装饰板材	透明板材	原材料名称	工业板材	装饰板材	透明板材
PVC（SG-4/5）	100	100	100	润滑剂	0.4	0.5	0.4
增塑剂	适量	1	1	丙烯酸酯类助剂	3.5~5	3.5	5
$CaCO_3$	5~10	适量	适量	MBS（增强剂）	适量	3	2
铅系稳定剂	3~4	适量	适量	色素	适量	适量	适量
有机锡系稳定剂	3.5	3.5	适量				

PVC 硬质板可以通过挤压成型生产，与压制法相比，挤压法生产的硬质板厚度容差小，不会脱层，长度不受限制，可以连续化生产，机械化及自动化程度较高，因此很有发展前途。

挤压成型生产 PVC 板材的主要设备是挤压机、温度控制装置、平扁模子、压光辊（内有加热装置）、冷却定型设备、两辊牵引机、切割装置和称重装置等。粒状或粉状 PVC 物料从挤压机的加料口进入机筒后，在外加热和摩擦热的作用下，使 PVC 塑料在其软化温度以上的熔融状态下进入平扁模子。熔融的硬 PVC 塑料在平扁模子中成型为所需规格的片材和板材。在牵引下经压光、冷却和切割后，即成为所需规格的片材和板材。在 PVC 塑料片材的挤压成型中，最重要的是挤压机和平扁模子的设计。对挤压机和平扁模子的要求如下：

一般根据硬质板的幅度和厚度来选择挤压机。通常采用的是直径为 90~150mm 的单螺杆挤压机。从平扁模子挤出的片材最大幅度比模子幅度窄 25~50mm，从模唇出来的片材在牵引下经压光、冷却等处理后会产生拉伸和收缩现象，使所得制品的幅度还会小些。电动机的动力应保证充分有效的螺杆功率，由于螺杆特性不同及最大转速的变动，就难以定出功率。

在硬质 PVC 板材挤压成型过程中，应特别注意螺杆头部的设计，使物料沿着螺杆头部各部位均衡地、无死角地挤出，避免物料焦化。为此在挤出段前端，紧接一个锥形头，以有利于物料自挤出机均匀地送到平扁模子中。

片材的制造可以采用从平扁模子挤压的片材切割成所需的长度或卷取在转轴上，也可以采用从圆形模子挤出的圆筒在挤压方向上以小刀切开而扩展成片材，再切割成所需的长度或进行卷取。由于平扁模子设计的发展现在已较少采用圆形模子来制造片材。适用于制造 PVC 塑料片材的平扁模子根据其构造不同可分成支管式模子（T 形模子）、衣架式模子和螺杆模子三种。

（1）支管式模子。结构简单，但仅适用于流道性较好的塑料（如 PE 等），对硬 PVC 塑料来讲，要在长时间制得表面平滑、光泽良好的片材，采用这种模子会给生产工艺带来一定的困难。

（2）完全流线化的衣架式模子。为了制得质量良好的片材，其平直部分的长度应大些，但是如果过大了，则将使反压力增加，引起物料混炼过度。对于不同厚度的片材所需模子的平直部分长度是不同的，片材厚度越薄，模子的平直部分长度越短。

（3）螺杆模子。螺杆模子特点是在模子内含有一根用马达直接驱动的螺杆，螺杆的速度是连续可调的，螺杆模子和挤压机位于同一直线上，它用于制造 PVC 片材已获得良好的效果，并可用于制造厚度较大的片材。

（二）聚氯乙烯挤出软质板

PVC 挤出软质板（图 6-14）是以 PVC 树脂为主要原材料，以 $CaCO_3$ 为填充剂，加上增塑剂、稳定剂、润滑剂和适量色浆，通过挤出成型的方法制得的软质 PVC 板材。PVC 挤出软质板具有较好的柔韧性、耐磨性和耐腐蚀性，广泛用于实验室、仪表室、办公室、住宅、旅馆及车辆的铺地材料，也可用作防腐设备的衬里。PVC 挤出软质板通过特殊配方还可以生产绝缘性能良好的电器用板材。

图 6-14 聚氯乙烯挤出软质板

PVC 挤出软质板生产中需要的主要设备有高速捏合机、冷搅拌机、计量螺杆加料机、双螺杆挤出机、三辊压光机等。典型的 PVC 软质板配方（质量份数）为：PVC（SG-2 或 SG-3 型）100，轻质 $CaCO_3$ 40~50，增塑剂 45，铅系稳定剂 2~2.5，色浆适量。

二、PVC 塑料透明片材

PVC 中加入抗冲击改性剂和有机锡稳定剂，经混合、塑化、压延而成为透明的片材，见图 6-15。利用热成型可以做成薄壁透明容器或用于真空吸塑包装，是优良的包装材料和装饰材料，如用作月饼包装盒。

PVC 透明片材在生产时最好使用四辊压延机，可以有良好的透明性和物理机械强度，三辊压延机则稍差。其工艺流程为：配料→高速搅拌→二辊塑炼→二辊上料→四辊压延→剥离→冷却→卷取。高速混合温度在 110℃以下，二辊塑炼温度为 130~140℃，塑炼 30min。

以某无毒透明 PVC 片材为例，其典型配方（质量份数）为：PVC 树脂 100，DOP 1~5，环氧大豆油 3.0，辛基硫醇锡 3.0，硬脂酸 0.5，钙锌复合稳定剂 0.3，蓝紫色料适量，回料（切边）10~20。

图 6-15 聚氯乙烯塑料透明片材

三、聚氯乙烯扣板

作为一种吊顶材料，PVC 扣板（图 6-16）是以聚氯乙烯树脂为基料，加入一定量抗老化剂、改性剂等助剂，经混炼、压延、真空吸塑等工艺而制成的。这种 PVC 扣板吊顶特别适用于厨房、卫生间的吊顶装饰。其主要优点是材质重量轻、安装简便、防水防潮、防虫蛀，表面的花色图案变化也非常多，并且耐污染、好清洗，有隔音、隔热的良好性能，特别是新工艺中加入阻燃材料，使其能够离火即灭，使用更为安全。与金属材质的吊顶板相比，其不足之处是使用寿命相对较短，强度低、易变色、沾油烟、易滋生细菌。PVC 扣板吊顶图案品种较多，可供选择的花色品种有乳白、米黄、湖蓝等，图案有昙花、蟠桃、熊竹、云龙、格花、拼花等。

选购 PVC 吊顶型材时，目测外观质量是：板面应平整光滑，无裂纹、无磕碰，能装拆自如，表面有光泽、无划痕；用手敲击板面时发出清脆的声音。产品的性能指标应满足：热收缩率小于 0.3%，氧指数大于 35%，软化温度 80℃以上，燃点 300℃以上，吸水率小于 15%，吸湿率小于 4%。

图 6-16　聚氯乙烯扣板

四、聚氯乙烯塑钢板

塑钢板是由吊顶材料 PVC 改进而来的，基本克服了 PVC 易老化、易褪色、不阻燃的毛病，在强度和韧性方面都有了长足的进步，且安装、拆卸都比较容易，性价比较高，是建筑中普遍使用的材料，见图 6-17。塑钢板的优点是价格较低廉，保温隔音性能好，色彩丰富，制作安装简便。但有关抽查结果显示，目前市场上的塑钢板产品质量合格率仅 40%，弯曲强度、涂层厚度、耐碱性等方面“注水”现象严重。而且塑钢板的强度低，易扭曲，不环保（不可回收再利用），耐气候性差，燃烧时会释放有毒气体。

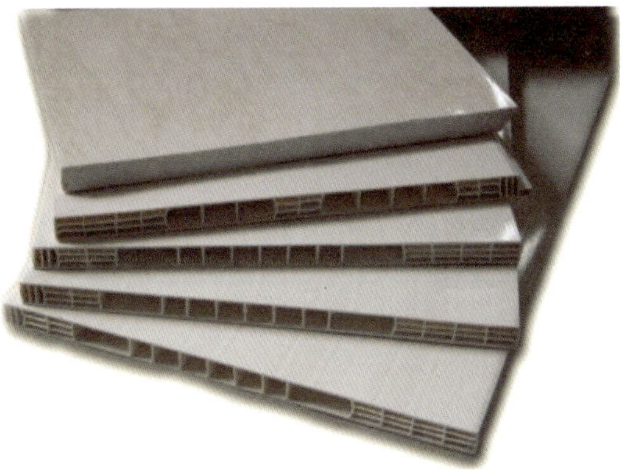

图 6-17　聚氯乙烯塑钢板

有几点需要注意：塑钢板并不是越硬越好，因为有些虽然很硬，但是却很脆，可以拿样品掰一掰；但比较软的板子又得提防是否为再生材料（是再生材料的，往往价格会非常低）。一般来说，同等材质的板子，双层的比单层的在刚性或防变形方面会好些。

五、聚氯乙烯发泡板

PVC 发泡板（图 6-18）又称雪弗板或安迪板，以聚氯乙烯为主要原材料，加入发泡剂、阻燃剂、抗老化剂，采用专用设备挤压成型。PVC 发泡板广泛用于建筑、车船制造、家具、装饰、装修、广告制作、展览标牌、市容环保、旅游等行业。它通过雕刻机或手工制作广告字，厚度一般为 0.3～2cm，常见的颜色为白色和黑色。

PVC 发泡板可与木材相媲美，且可锯、可刨、可钉、可粘，还具有不变形、不开裂、不需刷漆（有多种颜色）等特殊功能；而低发泡板材可以焊接、油墨印刷，也可用锯、钻、铣削等方法进行机械加工。

图 6-18　聚氯乙烯发泡板

塑料成型发泡大致可分为低发泡与高发泡、自由发泡和可控发泡等几种类型。低发泡是相对高发泡而言的，高发泡塑料是指发泡倍率大的泡沫塑料。所谓发泡倍率，即未发泡的塑料制品的密度与发泡塑料制品的密度之比，一般以 4 倍为分界线，大于 4 倍的称为高发泡塑料，小于 4 倍的称为低发泡塑料。常用的泡沫塑料床垫、坐垫、包装衬块和发泡塑料膜等多采用高发泡工艺。发泡板片、管、异型材等因对强度有一定要求均采用低发泡工艺。

在生产方式上，常见的有两种，分别形成两类不同的PVC发泡板：一种是自由发泡，表面没有结皮，表面呈现出细密凹凸状（麻面）。所谓自由发泡，是指熔体离开口模就不受限制地自由膨胀，在制品横截面上全部形成泡孔，经过一段空间后再进入定型装置，通过冷却使表面泡孔的增长受到一定的抑制，最后形成制品。

另一种是可控发泡，表面结一层硬皮，光滑平整，使用也最为广泛。在可控发泡中，熔体一离开口模即进入定型装置，使整个挤出物表面受到强制定型和冷却，阻止了挤出物表层泡孔的形成和挤出物横截面上的外形尺寸胀大现象，同时定型装置两模板空间在定型过程中被熔体形成的泡孔充满。在这种发泡制品横截面上密度差别很大，芯部密度低，外表层密度高，形成硬皮。在同样的发泡率条件下，该方法生产制品的强度、结构、外观、硬度与光亮度都比自由发泡的制品好，因此常常用来制造满足不同要求的低发泡结构材料，如管材、板材和型材等。而且，可控发泡允许制品横截面的面积大于3000mm^2，对生产大尺寸板材非常有利。可控发泡生产的塑料板材具有隔热、隔音、阻燃、化学性能稳定、耐气候、防水、防蛀等性能优势，二次加工性能好，可锯、可钉、可刨、可钻，可黏结，对环境几乎无污染，并可再生利用，是绿色环保产品。

六、聚氯乙烯层压板

PVC层压板（图6-19）可分为层压硬质板和层压软质板。该产品由PVC树脂与稳定剂等辅料配合后压延、层压而成，具有优质的防腐蚀性、绝缘性、热稳定性和耐冲击性，强度高，二次加工方便，可锯、钻、刨，是广泛用于化工、化肥、建筑、电镀、环保、水净化处理等部门的耐酸耐腐蚀结构材料。PVC层压板外观板面光滑平整，无气泡，无裂缝，一般为灰色，也可以根据用户需要配色。PVC层压板一般厚度为2~70mm，一般长、宽度分别为2000mm、1000mm。

图6-19 聚氯乙烯层压板

（一）聚氯乙烯层压软质板

PVC层压软质板是按配方将PVC树脂、$CaCO_3$、增塑剂、稳定剂、润滑剂等原材料配合后，经压延制成一定规格的PVC软质片材，然后根据产品厚度的要求选择一定数量的片材，层叠后再送入层压机中，经热压成型、冷却定型制成的。层压软质板广泛用作防水、防腐材料，也可作为铺地材料使用。层压软质板的优点是板面质量优于挤出软质板，也可用回收料或再生料作内层以降低成本。

（二）聚氯乙烯层压硬质板

PVC层压硬质板是将PVC树脂、$CaCO_3$、稳定剂、润滑剂等原材料配合后经压延成型制成一定规格的PVC硬质片材，然后根据产品厚度的要求叠合成若干片组成的叠合板，最后送入层压机中，经热压成型、冷却定型制成的。PVC层压硬质板具有良好的耐化学腐蚀性、电气绝缘性能和一定的力学强度，广泛应用在工农业生产和国防建设上，尤其经焊接等二次加工后制成的各种耐酸碱、耐腐蚀的容器、化工设备内衬等更是化学工业中不可缺少的耐腐蚀材料。

七、聚氯乙烯波纹板

图 6-20　聚氯乙烯波纹板

PVC 波纹板（图 6-20）由硬质 PVC 制成，具有较高强度，耐气候、耐老化和耐腐蚀性均优良，价格低廉，因此很适宜用作简易屋棚（包括化工厂房）的顶盖材料及工地、道路的临时阻断材料。PVC 波纹板有纵波、横波、斜波三种，但一般纵波板和斜波板应用得较广。

PVC 波纹板的主要成型设备有纵波板成型装置、斜波片成型装置、横波板成型装置、增强横波板成型装置等。其生产过程是：将已挤出成型的 PVC 硬质板再用热成型的方法制造波纹板，即将软质板连续通过加热器预热，再经过成波模具成型，冷却后切断而得。

八、强化阻燃性建筑用聚氯乙烯硬质板

为适应建筑领域对阻燃性的要求，应用符合阻燃剂、CPE 增韧的综合改性技术制成强化阻燃性 PVC 硬质板（图 6-21）。该硬质板具有优良的阻燃性、高强度及耐老化、耐水、保温、隔音等特性，使其适用于工业及民用建筑各类框架结构的防护墙体。其参考配方（质量份数）为：PVC 树脂 100，硬脂酸 0.15~0.5，CPE 4~6，稀土类稳定剂 4~6，水和硼酸锌、氢氧化铝、轻质 $CaCO_3$ 等适量。配方中三种阻燃剂的组合比较好地发挥了阻燃和抑烟的功效。

图 6-21　强化阻燃性聚氯乙烯硬质板

如需降低此板的密度，配方中可加入少量活性炭。用偶联剂处理 $CaCO_3$ 可提高板的强度。为提高耐老化性能，可加入 2~6 份紫外线吸收剂。当有必要改善成型加工性能和板的硬度时，也可适量加入增塑剂。由上述配方经混合、挤出等工艺所制产品的燃烧性能达到 B1 级水平，实测氧指数≥55%（标准为≥32%），烟密度等级≤61（标准为≤75）。

九、填料填充聚氯乙烯板

填料填充 PVC 板（图 6-22）中最常见的是碳酸钙聚氯乙烯板，除此以外，为改善或增强 PVC 板的某些特性，人们还在其中添加其他低成本的填料，开发了一系列不同类型的填料填充聚氯乙烯板材。

（一）石墨填充聚氯乙烯层压板

PVC 层压石墨板是以 PVC 树脂为主要原材料，以石墨为填料，配以稳定剂等助剂经层压成型而制成的板材。它不仅保持了 PVC 板所具有的耐化学腐蚀性和良好的力学强度及二次加工性能，而且改善了导热性和电学性能。除了适用于普通 PVC 硬质板的应用范围外，还适用于腐蚀性介质的热交换器等要求导热的场合，这使 PVC 板材的应用范围更加广泛。

PVC 层压石墨板的典型配方（质量份数）为：PVC 树脂（SG-3 型）100，三碱式硫酸铅 3，二碱式亚磷酸铅 1，硬脂酸 0.5~1，石墨（100~200 目）15。由于石墨粉含量很高，因此对生产工艺影响很大。石墨粉含量在 15%以下时，炼塑时容易发生包辊，塑化效果较好，压延中易进料、易拉片，在层压中易成型；当含量超过 15%时，配料、捏合、炼塑中粉尘大，炼塑时塑化时间长，片材成型变得困难，石墨

图 6-22 填料填充聚氯乙烯板

含量增加越多，以上现象越严重。

（二）磷矿渣、铁泥填充聚氯乙烯板

黄磷生产中排放的废渣是价值很低的废弃物，在 PVC 材料中填充磷矿渣，与其他助剂混合加工可以生产一种热塑性 PVC 板。铁泥是硫酸生产排放的尾渣，是一种以氧化铁为主的工业废渣。铁泥填充 PVC 材料是用铁泥为填料生产的 PVC 板。这两种填料生产的板材可采用压制成型工艺。该类板材具备一般 PVC 硬制品的化学、物理性能，且在刚度方面有所提高，成本有所下降。尤其当对铁泥进行适当处理（一般以碱土金属氧化物进行处理）时，可使 PVC 的热稳定性大大提高，从而可大幅度减少稳定剂的用量。磷矿渣填充 PVC 板一般呈灰色，而铁泥填充 PVC 板则呈棕褐色。该类板材可广泛用于建材、建筑、化工、日用及其他部门。

（三）聚氯乙烯粉煤灰复合板

粉煤灰作为一种工业废弃物，一度对环境造成危害。但由于粉煤灰富含 SiO_2、Al_2O_3、MgO、CaO 等活性物质而逐渐被研究和应用于建筑领域、化工领域和农业生产领域。由于粉煤灰活性高，表面改性容易，因此经表面处理后与 PVC 树脂有较好的接合界面，能起到改善 PVC 树脂性能、降低成本的目的。而且，将粉煤灰用于制备树脂基复合板符合国家“废弃物资源化”的相关政策。

十、聚氯乙烯塑料地板板材

PVC 塑料地板板材又叫 PVC 塑料地板、塑胶地板、PVC 地板、塑料地板等，见图 6-23。有 PVC 卷材地板和块状地板两大类，主要原材料都是 PVC。塑胶地板有坚固耐用、柔韧并富有弹性、安装容易、保养简便等特点。

图 6-23 聚氯乙烯塑料地板板材

PVC 塑料地板的原材料与普通塑料相同，除树脂外还需加入其他辅助原材料，如增塑剂、稳定剂、填料等。不过，塑料地板特别是块状地板加入的填料较多，因为在使用过程中很少受到拉力、剪力、撕裂力等作用，主要受压力和摩擦两种作用。常用的填料是 $CaCO_3$ 和石棉，也可用其他填料，如重晶石、滑石粉、陶土等。塑料地板常用的生产工艺有热压法和压延法。热压法填料可适当多加一些，但它属于间歇式生产。

PVC 塑料地板分为硬质块材、半硬质块材和软质卷材三种。卷材地板是在 PVC 片材连续基材上，经涂敷工艺生产而成的，分为带基材的发泡 PVC 卷材地板和带基材的致密 PVC 卷材地板两种，其宽度分别为 1800mm、2000mm，每卷长度分别为 20m、30m，厚度分别为 1.5mm、2mm。硬质和半硬质块状地板是以 PVC 及其共聚树脂为主要原材料，加入填料、增塑剂、稳定剂、着色剂等辅料，经压延、挤出或挤压工艺生产而成的，有单层和同质复合两种。PVC 塑料地板的常见规格为 300mm×300mm，厚度为 1.5mm。

第四节　其他塑料板材

一、聚丙烯板材

聚丙烯是由丙烯聚合而制得的一种热塑性树脂，按甲基排列位置分为等规聚丙烯、无规聚丙烯和间规聚丙烯三种。

工业产品以等规物为主要成分。聚丙烯也包括丙烯与少量乙烯的共聚物在内，通常为半透明无色固体，无臭、无毒。聚丙烯由于结构规整而高度结晶化，故熔点可高达 167℃；耐热、耐腐蚀，制品可用蒸汽消毒是其突出优点；密度小，是最轻的通用塑料。其缺点是耐低温冲击性差，较易老化，但可分别通过改性予以克服。

共聚物型的聚丙烯材料有较低的热变形温度（100℃）、低透明度、低光泽度、低刚性，但是有更强的抗冲击强度，聚丙烯的冲击强度随着乙烯含量的增加而增大。聚丙烯的软化温度为 150℃。由于结晶度较高，这种材料的表面刚度和抗划痕特性很好。聚丙烯不存在环境应力开裂问题。聚丙烯的熔体流动速率通常为 1~100g/10min。低熔体流动速率的聚丙烯材料抗冲击特性较好但延展强度较低。对于相同熔体流动速率的材料，共聚型的抗冲击强度比均聚型的要高。由于结晶，聚丙烯的收缩率相当高，一般为 1.6%~2.0%。

聚丙烯具有优良的力学性能。聚丙烯力学性能的绝对值高于聚乙烯，但在塑料材料中仍属于偏低的品种，其拉伸强度仅可达到 30MPa 或稍高的水平。等规指数较大的聚丙烯具有较高的拉伸强度，但随着等规指数的提高，材料的抗冲击强度有所下降，但下降至某一数值后不再变化。温度和加载速率对聚丙烯的韧性影响很大。当温度高于玻璃化温度时，冲击破坏呈韧性断裂，低于玻璃化温度呈脆性断裂，且冲击强度值大幅度下降。提高加载速率，可使韧性断裂向脆性断裂转变的温度上升。聚丙烯具有优异的抗弯曲疲劳性，其制品在常温下可弯折 10^6 次而不损坏。但在室温和低温下，由于本身的分子结构规整度高，所以抗冲击强度较差。聚丙烯最突出的性能就是抗弯曲疲劳性，俗称百折胶。

聚丙烯板（图 6-24）具有无臭、无毒、无味等特征，符合国家卫生标准，可在水中煮沸，120℃蒸汽消毒，能在 100℃温度下长期使用不变形。同时，它具有优良的电气绝缘性能和化学稳定性，几乎不吸水，与绝大多数化学品接触不发生作用。聚丙烯耐腐蚀、耐酸碱等，易焊接加工，具有优越的化学稳定性、热稳定性及耐冲击性，是目前最符合环保要求的工程塑料之一。聚丙烯板材的化学稳定性优异，对大多数酸、碱、盐、氧化剂都显惰性。例如，在 100℃的浓磷酸、盐酸、40%硫酸及其盐类溶液中都是稳定的，只有少数强氧化剂（如发烟硫酸等）才可能使其出现变化。聚丙烯是非极性化合物，对极性溶剂十分稳定，如醇、酚等，应用范围有：耐酸碱设备、环保设备、废水废气排放设备、洗涤塔、无尘室、半导体厂及相关工业设备。它也是制造塑料水箱的首选材料，其中，聚丙烯厚板广泛应用于冲压板、冲床垫板等。

图 6-24　聚丙烯板

聚丙烯板的二次加工性能很好，其印刷性能比聚乙烯好，照相凸版、胶版、平凹版等印刷方法均可使用，要获得良好的耐热、耐油、耐水等要求的印刷性能，须经电晕放电处理后再进行印刷。制品可烫金、印花、黏合等，黏合可用热黏法、溶剂型黏合剂或高频封接等。它可用热风、热能超声波焊接，焊接性能好，可用于仪器、仪表等的装饰件。

和其他塑料材料相比较，聚丙烯板材的特性有：①重量轻且坚固；②加工容易可大量生产，价格低廉；③用途广泛、效用多、容易着色、部分耐高温；④耐化学侵蚀；⑤有光泽，部分透明或半透明；⑥大部分为良好绝缘体。聚丙烯挤出板材也区分为泛用性塑料及工程塑料，主要以用途的广泛性来界定，可在多种不同形态的机器上生产。工程塑料则价格较昂贵，但原材料稳性及物理物性均好很多，一般而言，其同时具有刚性与韧性两种特性，有良好的耐腐蚀性，强度高、硬度大、易加工。

二、改性聚丙烯板材

尽管聚丙烯有不少优点，但在耐低温冲击、耐老化、易燃、染色、成型收缩等方面有着本质的弱点，因此在作为结构材料和工程材料使用时受到很大限制，为此需要对聚丙烯进行改性，使之从通用塑料跨入工程塑料的行列中。聚丙烯板材的使用范围和应用领域更是要求对其进行改性，如经防老化改性的聚丙烯挤出板可长期用于室外，工作温度为0~100℃。聚丙烯的改性方法很多，有共聚改性、交联改性等。下面根据改性方法的不同对改性聚丙烯板（图6-25）加以介绍：

图6-25　改性聚丙烯板

（一）共聚改性

共聚改性是指采用催化剂，以丙烯单体为主在聚合阶段进行的改性。丙烯单体与其他烯烃类单体进行共聚合，可以提高聚丙烯的低温韧性、冲击性能、透明性和加工流动性。例如，在丙烯、乙烯共聚得到的聚合物中，由于乙烯和丙烯链段的无规则分布使聚合物的结晶度降低。嵌段共聚2%~3%的乙烯单体可以制得乙丙共聚橡胶，可耐-30℃的低温冲击。当乙烯含量达到30%时则成为无规共聚物，结晶度低，所制得的板材具有冲击性能好、透明性好等特点。

（二）交联改性

聚丙烯的交联改性是提高聚丙烯的热变形温度、耐腐蚀性、耐气候性、耐环境应力开裂的有效方法，也能提高聚丙烯的力学性能。交联改性主要有辐射交联法和化学交联法。辐射交联是在高能射线的作用下聚丙烯分子链产生自由基进而进行交联反应。化学交联一般是在聚丙烯中加入过氧化物作为引发剂，同时加入助交联剂实现交联反应。也有用硅烷的水交联技术进行交联的。

（三）共混改性

共混改性是一种简单而有效的改性方法，将其他塑料、橡胶或热塑性弹性体与聚丙烯共混可制备兼具这些聚合物性质的高分子聚合物。聚丙烯的共混改性可以改进聚合物的耐低温冲击性、透明度、着色性、抗静电性等。共混改性具有操作简单、生产周期短、适合批量生产等优点，其发展十分迅速。常用于聚丙烯共混改性的高聚物有聚乙烯、聚酰胺、乙丙橡胶、三元乙丙橡胶（EPDM）、顺丁橡胶、苯乙烯-丁二烯-苯乙烯三嵌段共聚物、乙烯-醋酸乙烯共聚物等。EPDM、SBS、EVA等弹性体与PP共混后，材料中的弹性体微粒能够吸收部分冲击能量，并作为应力集中剂来诱发和抑制裂纹增长，使PP由脆性断裂转变为延性断裂，使其冲击强度大幅度提升，有效改善PP的韧性。PA、ABS等刚性聚合物与PP共混，则可以在增韧的同时保证材料的强度和刚性。但是，由于这类刚性聚合物都是极性聚合物，与PP的相容性较差，在改性时必须加入合适的增容剂。

采用相容技术和反应性共混技术对 PP 进行共混改性，是当前 PP 共混改性发展的主要特点。它能在保证共混材料具有一定的拉伸强度和弯曲强度的前提下大幅度提高 PP 耐冲击性。相容剂在共混体系中可以改善两相界面黏结状况，有利于实现微观多相体系的稳定，而宏观上是均匀的结构状态。反应型相容剂除具有一般相容剂的功效外，在共混过程中还能在两相之间产生分子链接，显著提高共混材料性能。

PP 弹性体二元共混体系虽有很好的韧性，但往往降低了材料的强度和刚度，热稳定性能也有所降低。在二元共混体系中加入有增容作用或协同效应的物质，形成多元共混体系，则其综合性能可得到进一步提高。为了提高增韧 PP 的硬度、热变形温度及尺寸稳定性，可使用经偶联剂活化处理的填料或增强材料进行补强。例如，采用弹性体无机刚性粒子 PP 三元复合增韧体系实现 PP 的增韧增强，提高材料的综合性能，并且具有较低的成本。

（四）固相接枝改性

改性 PP（MPP）和镀铝级流延聚丙烯（MCPP）作为特种 PP 专用料，大大扩展了 PP 的应用范围，具有极大的经济效益。采用固相接枝法对等规 PP 进行改性得到 MPP，然后对 MPP 进行氯化即可获得 MCPP 固体粉状树脂。氯化改性后的树脂附着力强，接伸模量提高，易于与其他树脂共混；而且由于改性使 PP 的结晶受到破坏，极性增加，从而可溶于某些溶剂，制得不同浓度的 MCPP 溶液。MPP 的用途主要有五个方面：①提高工程塑料的耐冲击性能。将 MPP 用作相容剂，制得的 PP 与其他塑料的共混物冲击强度提高 2~3 倍，可用作抗冲击壳体材料。②即为聚酰胺和 PP 在相容剂存在下的合金，现已商品化。③用作热塑料粉末涂料，用于金属底材表面，起到防腐和抵抗化学药品的作用。④提高 PP 填料的黏合性。MPP 的引入可提高填料与 PP 的相容性，改善复合材料的性能，提高材料的整体热稳定性和局部抗热能力。⑤MPP 也应用于自由基活性废料的固化。此外，MPP 还可用于提高 PP 纤维的可染色性和塑料制品的可装饰性，制造可蒸煮的包装材料等。

（五）复合（共混）改性

经复合（共混）改性的增强聚丙烯是聚丙烯与玻璃纤维或有机纤维、石棉或无机填料（滑石粉、$CaCO_3$）的复合物，也叫填充改性。通常采用加入玻璃纤维、粉体添加剂或弹性体的方法对 PP 进行改性。例如，加入 30%的玻璃纤维可以使 PP 板材的收缩率降到 0.7%。均聚物型和共聚物型的 PP 材料都具有优良的抗吸湿性、抗酸碱腐蚀性、抗溶解性。然而，它对芳香烃（如苯）溶剂、氯化烃（四氯化碳）溶剂等没有抵抗力。PP 也不像 PE 那样在高温下仍具有抗氧化性。一般工业用的玻璃纤维增强聚丙烯中含 10%~30%的纤维，由于含有玻璃纤维而具有良好的热稳定性和尺寸稳定性。增强聚丙烯主要用于制造各种机械零件，主要包括汽车风扇、空调风扇、净水器滤瓶，在电器行业可用于各类家电外观件替代 ABS、HIPS，广泛用于冰箱顶盖、空调底座、足浴器等。

三、聚苯乙烯板材

PS 是一种热塑性塑料，由于其价格低廉且易加工成型，因此得以广泛应用。聚苯乙烯有均聚物（透明粒料）、增韧接枝共聚物或与弹性体的共混体（如 HIPS）形式。聚苯乙烯共聚物在物理性能和热性能上比均聚物有所提高。这几类聚苯乙烯有多种品级，如标准 HIPS 和标准透明品级、抗环境应力开裂品级、耐紫外线级、阻燃级、耐磨级、制轻质制件的高挠性品级、可发泡品级及低残余挥发分品级等。聚苯乙烯板材的拉伸强度、透明度、抗弯强度较好，但其脆性较大，冲击强度较低，易碎裂。聚苯乙烯的长期载荷性也较差，在长期载荷作用下，拉伸强度只有原来强度的 1/4~1/3。

HIPS 在有些领域中可以取代 ABS，主要应用领域有包装材料（板、片）、一次性用品（板、片）、仪器仪表、家用电器外壳、玩具、娱乐用品和建筑材料。特殊级别的 HIPS 在许多领域已取代了价格高的工程塑料，一种超高抗冲击强度、耐高温的 HIPS 甚至已可用作汽车内饰部件。

聚苯乙烯板（图 6-26）也可制成泡沫板，是由含有挥发性液体发泡剂的可发性聚苯乙烯珠粒，经加热预发后在模具中加热成型的白色材料，其有微细闭孔的结构特点，主要用于建筑墙体、屋面保

图 6-26 聚苯乙烯板

温，复合板保温，冷库、空调、车辆、船舶的保温隔热，地板采暖，装潢雕刻等，用途非常广泛。

四、丙烯腈-丁二烯-苯乙烯共聚物板材

ABS 板（图 6-27）是板材行业新兴的一种材料。它将聚苯乙烯、苯乙烯-丙烯腈共聚体、苯乙烯-丁二烯共聚体的各种性能有机地统一起来，兼具韧、硬、刚相均衡的优良力学性能，是应用最广泛的工程塑料之一。它具有极好的冲击强度，尺寸稳定性、染色性、成型加工和机械加工性好，高机械强度、高刚度、低吸水性、耐腐蚀性好，连接简单，无毒无味，具有优良的化学性能和电气绝缘性能，能耐热不变形，在低温条件下也具有高抗冲击韧性。它还是一种坚硬、不易划伤、不易形变的材料。

图 6-27 丙烯腈-丁二烯-苯乙烯共聚物板

常规 ABS 板韧性非常好，可以用剪板机裁剪，也可开模具冲，工作温度 -50～70℃。其中，透明 ABS 板透明度非常好，打磨抛光效果极佳，是代替聚碳酸酯板材的首选材料。同 PMMA 板相比，它的韧性非常好，可以满足对产品细致的加工，缺点是透明 ABS 相对价格比较高。常用的 ABS 板有防静电 ABS 板、ABS 斜板、阻燃 ABS 板、玻璃纤维增强 ABS 板等。

在应用领域，ABS 板可用于食品、建筑模型、手板制作、成像电子、冰箱制冷、电器、制药、汽车配件（仪表板、工具舱门、车轮盖、反光镜盒等）等领域，还可用作收音机壳、固定电话手柄、大强度工具（吸尘器、头发烘干机、搅拌器、割草机等）、打字机键盘、娱乐用车辆（如高尔夫球手推车及喷气式雪橇车等）。ABS 工程塑料的缺点是热变形温度较低，可燃，且耐气候性较差。

五、聚甲醛板材

聚甲醛板俗称赛钢板，见图 6-28。聚甲醛是一种没有侧链、高密度、高结晶性的线型聚合物，具有优异的综合性能。聚甲醛板是用聚甲醛塑料粒子通过挤出机高温挤出，经过相应的模具口挤出得到的不同厚度的板材。聚甲醛板的表面光滑，是一种有光泽的硬而致密的板材，呈淡黄或白色。作为一种高熔点、高结晶性的热塑性工程塑料，聚甲醛板具有优异的机械性能和尺寸稳定性，非常适合在自动车床上机加工，特别适合用来制造精密零件。它的耐磨性和自润滑性也比绝大多数工程塑料优越，又有良好的耐油、耐过氧化物性能，但很不耐酸、不耐强碱和不耐日光紫外线的辐射。聚甲醛属结晶性塑料，熔点明显，一旦达到熔点，熔体黏度迅速下降。当温度超过一定限度或熔体受热时间过长，会引起分解。聚甲醛具有较好的综合性能，在热塑性塑料中是最坚硬的，是塑料材料中力学性能最接近金属的品种之一，其抗张强度、弯曲强度、耐疲劳强度、耐磨性和电气绝缘性都十分优良，可以在-40～100℃环境温度下长期使用。

六、尼龙板材

尼龙的中文名称为聚酰胺，是分子主链上含有重复酰胺基团— NHCO —的热塑性树脂的总称。其命名由合成单体具体的碳原子数而定。尼龙板见图 6-29，具有良好的拉伸强度、耐冲击强度、刚性、

图 6-28　聚甲醛板

耐磨性、化学稳定性、表面硬度等性能，透光率高，与光学玻璃相近，加工温度为 300～315℃。尼龙板按生产工艺不同分为挤出和浇铸两种。挤出成型加工时，需严格控制机筒温度，熔体温度太高会因降解而导致制品变色，温度太低会因塑化不良而影响制品的透明度。模具温度尽量取低些，模具温度高会因结晶而使制品的透明度降低。

浇铸尼龙板又称单体浇铸尼龙板，具有重量轻、强度高、自润滑、耐磨、防腐、绝缘等多种独特性能，是应用非常广泛的工程塑料，几乎涉及所有的工业领域。

图 6-29　尼龙板

（一）尼龙 66 板

尼龙 66 板呈奶油色，疲劳强度和刚性较高，热稳定性较好，摩擦系数低，耐磨性好，但吸湿性大，尺寸稳定性不够，通常应用于中等载荷、最高使用温度为 100～120℃、无润滑或少润滑条件下工作的耐磨受力传动零件。尼龙的机械强度高，韧性好，自润滑性、耐摩擦性好。尼龙具有很好的自润滑性，摩擦系数小，从而使其作为传动部件使用寿命长；弹性好，耐疲劳性好，可经得住数万次的双挠曲；耐腐蚀性能佳，不霉，不怕蛀，有耐碱的能力，但不耐酸和氧化剂；染色性能良好；相对密度小，仅为 1.04～1.14。与尼龙 6 相比较，尼龙 66 的机械强度、刚度、耐热和耐磨性、抗蠕变性能更好，但冲击强度和机械减震性能下降，非常适合于自动车床机械加工。

尼龙 66 主要用于汽车、机械、电子电器、精密仪器等领域，从最终用途看，汽车行业消耗的尼龙 66 占第一位，电子电器占第二位。大约有 88%的尼龙 66 通过注射成型加工成各种制件，约 12%的尼龙 66 则通过挤出、吹塑等成型加工成相应的制品。新的增强材料（如无机晶须增强、碳纤维增强尼龙）将成为重要的品种，主要是用于汽车发动机部件、机械部件及航空设备部件。

由于尼龙 66 优良的热稳定性、耐化学药品性、强度和加工方便等，因而在汽车工业得到了大量应用，目前几乎已能用于汽车的所有部位，如发动机、车体和电器等。发动机部位包括进气系统和燃油系统，如发动机气缸盖罩、节气门、空气滤清器机器外壳、车用空气喇叭、车用空调软管、冷却风扇及其外壳、进水管、刹车油罐及罐盖等；车体部位包括汽车挡泥板、后视镜架、保险杠、仪表盘、行李架、车门手柄、雨刷支架、安全带扣搭、车内各种装饰件等；车内电器部位包括电控门窗、连接器、保鲜盒、电缆扎线等。

（二）尼龙 6 板

尼龙 6 呈白色，该材料具有最优越的综合性能，包括机械强度、刚度、韧度、机械减震性和耐磨性。这些特性加上良好的电气绝缘能力和化学稳定性，使尼龙 6 成为一种“通用级”材料，用于机械结构零件和可维护零件的制造。

尼龙 6 的化学物理特性和尼龙 66 很相似，然而，它的熔点较低，而且工艺温度范围很宽。它的抗冲击性和抗溶解性比尼龙 66 要好，但吸湿性也更强。因为塑料件的许多品质特性都要受到吸湿性的影响，因此使用尼龙 6 设计产品时要充分考虑到这一点。为了提高尼龙 6 的机械特性，经常加入各种各样的改性剂。玻璃就是最常见的添加剂，有时为了提高抗冲击性还加入合成橡胶。对于没有添加剂的产品，尼龙 6 的收缩率为 1%~1.5%，加入玻璃纤维添加剂可以使收缩率降低到 0.3%，成型组装的收缩率主要受材料结晶度和吸湿性影响。

（三）玻璃纤维增强尼龙板

聚酰胺玻璃纤维增强材料可根据产品的特性要求添加玻璃纤维（含量为 5%~60%），这类材料具有很好的强度、热稳定性能，优良的抗冲击性能、尺寸稳定性及低翘曲性等。为了满足在工业品方面的使用要求，增强聚酰胺材料应具备以下特点：

（1）优异的强度和耐久性、优良的刚性和热稳定性相结合。

（2）优异的着色性能和完美的表面外观，能够适用于复杂的结构成型，并帮助设计开发者开发新造型产品。

（3）良好的加工性和优异的流动性及热稳定性，使材料加工条件更为宽松，使注塑料件微型化。

（4）极高的热稳定性，能在高达 270℃的波峰焊锡中不挂锡。

（5）在广泛的温度和频率范围内具有恒定的电学性能，确保装置设备的使用安全。

（四）甲基纤维素尼龙板

甲基纤维素尼龙板是单体浇注工艺法成型的板材，特别适合制作尼龙厚板。此种板材可用于二次加工制各种批量小的机械零部件，具有强度高、耐油、摩擦系数小等优点。其典型配方（质量份数）为：己内酰胺 100，NaOH 0.14~0.25，甲苯二异氰酸酯 0.2~0.35，增韧改性剂（如聚醚、接枝聚丙烯、十二内酰胺）适量。

（五）尼龙 6 纳米塑料板

普通尼龙 6 具有良好的机械性能，如拉伸强度高、耐磨性优异，抗冲击韧性好，耐化学药品性和耐油性突出，是五大工程塑料中应用最广的品种。但是，普通尼龙 6 的吸水率高，在较强外力和加热条件下，其刚性和热稳定性不佳，制品的稳定性和电气绝缘性能较差，在许多领域的应用受到限制。

应用天然丰产的蒙脱土层状硅酸盐作为无机分散相，可以开发尼龙 6 纳米塑料，并有相关的发明专利。该复合材料与纯尼龙 6 相比具有高强度、高模量、高热稳定性、低吸湿性、高尺寸稳定性、阻隔性能好，性能全面超过尼龙 6，并具有良好的加工性能。与普通的玻璃纤维增强和矿物增强尼龙 6 相比，纳米尼龙 6 具有相对密度低、耐磨性好、相同无机物含量条件下综合性能明显优于前者等优点。同时，该纳米复合材料还可进一步用于玻璃纤维增强和普通矿物增强等改性纳米尼龙 6，其性能更加优越。这种尼龙 6 纳米塑料板可以制造汽车零部件，尤其是发动机内具有热稳定性要求的零件，还可用于办公产品、电子电器零部件、日用品等，此外还可以用于制造板材、管道等挤出制品。

七、聚甲基丙烯酸甲酯板材

亚克力是丙烯酸类和甲基丙烯酸类化学品的通称，包括单体、板材、粒料、树脂及复合材料。亚克力板由甲基丙烯酸甲酯单体聚合而成，即聚甲基丙烯酸甲酯板材有机玻璃。亚克力板透明性好，见图 6-30，是目前高分子材料中透明度最高的品种，其相对密度不到普通玻璃的一半，抗碎裂能力是普通无机玻璃好几倍，具有良好的电气绝缘性和力学强度，又具有极好的二次加工性。它广泛用于化工、轻工、文教、机械制造工业。用亚克力制作的灯箱具有透光性能好、颜色纯正、色彩丰富、美观平整、兼顾白天夜晚两种效果、使用寿命长、不影响使用等特点。此外，亚克力板材与铝塑复合板型材、高级丝网印等可以完美结合，满足商家的需求，亚克力吸塑是提高营业店面档次，统一企业形象最好的户外广告形式。

亚克力板的基本原材料是甲基丙烯酸甲酯（单体），并辅以其他辅料，辅料包括引发剂、增塑剂、脱模剂及共聚改性单体等。若制彩色有机玻璃板，则还需添加适量的着色剂。其主要生产设备为常压反应釜。

图 6-30　亚克力板

从加工形式上看，亚克力分为浇铸板和挤出板两类：①亚克力浇铸板。相对分子质量高，具有出色的刚度、强度及优异的耐化学药品性能。这种板材的特点是适合小批量加工，在颜色体系和表面纹理效果方面有无法比拟的灵活性，且产品规格齐全，适用于各种特殊用途。②亚克力挤出板。与浇铸板相比，挤出板相对分子质量较低，机械性能稍弱。然而，这一特点有利于折弯和热成型加工，在处理尺寸较大的板材时，有利于快速真空吸塑成型。同时，挤出板的厚度公差比浇铸板小，省劳力、产量大，故成本较低。由于挤出板采用大批量自动化方式生产，颜色和规格不便调整，且热变形温度和硬度比浇铸板稍差，所以产品规格多样性受到一定的限制。

八、聚碳酸酯板材

聚碳酸酯是一种强韧的热塑性树脂，通常是由双酚 A 和光气生产的，现在也开发了不使用光气的生产方法，并已在 20 世纪 60 年代初实现工业化，90 年代末实现大规模工业化生产。现在它是产量仅次于聚酰胺的第二大工程塑料。其名称来源于其内部的 CO_3^{2-} 基团。PC 具有机械强度高和极高的抗冲击韧性及高转化温度，及耐热不变形能力，工作温度范围为-50～125℃；耐蠕变性能好，即使在低温下也具有非常高的抗冲击强度；在较大温度范围内具有刚性保持力；抗能量射线、良好的电气绝缘性，非常好的尺寸稳定性、半透明性、生理惰性，适宜与食品接触。

PC 板材多由挤出成型法生产，具有生产效率高、厚度均匀、表面光洁平整等特点。PC 板材广泛用于机械、电器等领域。PC 板材由于透光率高达 75%～89%，且具有优异的抗冲击性能，所以在光学照明上的应用日益广泛，可用作大型灯罩（如高铁前车灯罩、探照灯罩、防爆灯罩等）（图 6-31）及汽车、飞机的窗玻璃等。近年来，屋顶（大厅、健身房等）用的 PC 采光板有了长足的发展，它比有机玻璃板更耐老化、耐磨、耐清洗，且阻燃性、加工性和经济性均优。但 PC 板的疲劳强度较低，不宜制作高转速和受力较大的工程部件。

图 6-31　聚碳酸酯灯罩

九、聚四氟乙烯板材

PTFE 是由四氟乙烯经聚合而成的高分子化合物，具有优良的化学稳定性、耐腐蚀性。聚四氟乙烯是当今世界最耐腐蚀的材料之一。它不受已知的酸、碱、盐、氧化剂的腐蚀，就是最厉害的王水也对它无可奈何，因此得名“塑料王”。除熔融金属钠和液氟外，它能耐其他一切化学药品，广泛应用于各种需要抗酸碱和有机溶剂、密封性、高润滑不黏性、电气绝缘性、抗老化性、耐温性（能在-180～250℃的温度下长期工作）良好的环境。聚四氟乙烯对人没有毒性。

聚四氟乙烯板（图 6-32）除有直接应用价值外，还可通过二次加工制作大型管道垫圈、大型阀门阀片、隔膜、电绝缘板、机床导轨贴面、耐磨机械部件等。由于 PTFE 加工流动性的困难，其板材无法采用通常的挤出成型法制得，而是分模压和车削两种。模压板是由 PTFE 树脂在常温下用模压法成型，再经烧结、冷却而制成的。PTFE 车削板由 PTFE 树脂经压坯、烧结、旋切而成。原材料多采用悬浮聚合法制成的 PTFE 树脂，它是一种松软、压缩凝聚性强的粉料，粉料的颗粒越细，成型板材的密实性越好，各项使用性能也越好，但过细的粉料容易产生凝聚、给加工工艺带来困难，因此宜选用粒径为 100～300μm 的 PTFE 粉料。

图 6-32　聚四氟乙烯板

PTFE 板制品用途广，具有极为优越的综合性能：耐高低温（-192～260℃）、耐腐蚀（强酸、强碱等）、耐气候、高绝缘、高润滑、不黏附、无毒害等优良特性。PTFE 与其他塑料相比具有耐化学腐蚀的特点，已广泛用作密封材料和填充材料。其在 500℃左右的完全热分解产物有四氟乙烯、六氟丙烯和八氟环丁烷，这些产物在高温时会分解出高腐蚀性的含氟气体。

十、聚醚醚酮板材

聚醚醚酮（PEEK）是由 4，4-二氟二苯甲酮与对苯二酚在碱金属碳酸盐存在下，以二苯砜作为溶剂进行缩合反应制得的一种新型半晶态芳香族热塑性工程塑料。它属耐高温热塑性塑料，具有较高的玻璃化转变温度和熔点，负载热变形温度高达 325℃，可在 250℃温度下长期使用，与其他耐高温塑料相比，使用温度上限高出近 50℃。

PEEK 树脂不仅热稳定性比其他耐高温塑料优异，而且具有高强度、高弹性模量、高断裂韧性及优良的尺寸稳定性；刚性较大，线胀系数较小，非常接近于金属铝材料；具有优异的耐化学药品性，在通常的化学药品中，只有浓硫酸能溶解或者破坏它，耐腐蚀性与镍钢相近，同时其自身具有阻燃性，在火焰条件下释放烟和有毒气体少，抗辐射能力强；韧性好，对交变应力的优良耐疲劳性是所有塑料中最出众的，可与合金材料媲美；具有突出的摩擦性能，耐滑动磨损和微动磨损性能优异，尤其是能在 250℃下保持高的耐磨性和低的摩擦系数；易于挤出和注射成型，加工性能优异，成型效率较高。此外，PEEK 还具有自润滑性好、易加工、绝缘性稳定、耐水解等优异性能。这些优点使其成为非常通用的高级塑料板材——PEEK 板（图 6-33）的原材料。

十一、聚砜板材

PSU 是分子主链中含有链节的热塑性树脂，分为聚芳砜和聚醚砜两种。PSU 成型前要预干燥至水分含量小于 0.05%。PSU 可进行注塑、模压、挤出、热成型、吹塑等成型加工，熔体黏度高，控制黏度是加工关键，加工后宜进行热处理，消除内应力，可做成精密尺寸制品。PSU 板（图 6-34）是略带琥珀色非晶型透明或半透明聚合物，具有硬度高、耐辐射、耐热和耐寒且有自熄性，可在-100～175℃温度范围内长期使用，然而它的缺口冲击韧度低，适合制作耐温件、绝缘件、减摩耐磨件、仪器仪表零件及医疗器械零件。PSU 板在家用电器方面用于微波烤炉设备、咖啡加热器、湿润器、吹风机、布蒸干机、饮料和食品分配器等，也可代替有色金属用于钟表、复印机、照相机等的精密结构件。PSU 板在特殊情况下可代替不锈钢制品。由于聚砜板耐蒸汽、耐水解、无毒、耐高温蒸气消毒、高透明、尺寸稳定性好等特点，可用作手术工具盘、喷雾器、流体控制器、心脏阀、起搏器、防毒面具、牙托等。

图 6-33　聚醚醚酮板

图 6-34　聚砜板

十二、聚偏二氟乙烯板材

聚偏二氟乙烯（PVDF）是一种纯热塑性含氟聚合物，由偏二氟乙烯经聚合而成的高分子化合物。白色固体，相对密度 1.78，熔点 160~170℃，可在-60~150℃温度范围内使用，能溶于强极性溶液（如二甲基乙酰胺等），抗老化、耐化学药品、耐气候、耐紫外光辐射等性能均较优良，具有比同类的聚四氟乙烯更高的刚度和承压能力，但光滑性和电气绝缘性稍逊。它具有低温条件下的高强度和高韧性，可自行熄灭。其工作温度为-60~150℃。聚偏二氟乙烯对氯化物、溴化物及能量射线均可保持稳定。聚偏二氟乙烯可用作工程塑料，也可用作密封圈、耐腐蚀设备、长期户外使用制件、电容，还可用作绝缘材料、涂料和离子交换膜材料等。

聚偏二氟乙烯板（图 6-35）是用聚偏二氟乙烯树脂经过高温挤出成板材的，是一种相当纯净的聚合物，不含紫外稳定剂、热稳定剂、软化剂、润滑剂或阻燃剂等添加剂。聚偏二氟乙烯板材可用聚偏二氟乙烯焊条进行焊接成槽体和设备，用来承装各种化学液体，特别适用于纯水系统和半导体行业中纯净化学试剂的传输。由于聚偏二氟乙烯的化学惰性，它几乎不与任何介质发生反应。聚偏二氟乙烯板机械强度高，刚性好，耐蠕变性能好，具有良好的滑动性和耐磨性能。

图 6-35　聚偏二氟乙烯板

十三、聚对苯二甲酸乙二醇酯板材

聚对苯二甲酸乙二醇酯为乳白色或浅黄色、高度结晶的聚合物，表面平滑、有光泽，在较宽的温度范围内具有优良的物理机械性能。它的长期使用温度可达 120℃，电气绝缘性优良，甚至在高温高频下，其电学性能仍较好，但耐电晕性较差；抗蠕变性、耐疲劳性、耐摩擦性、尺寸稳定性都很好，无毒，耐气候性、化学稳定性好，吸水率低，耐弱酸和有机溶剂，但不耐热水浸泡，不耐碱。聚对苯二甲酸乙二醇酯大量用作纤维，而工程塑料树脂可分为非工程塑料级和工程塑料级两大类，非工程塑料级主要用于瓶、薄膜、片材、耐烘烤食品容器等。

聚对苯二甲酸乙二醇酯有酯键，在强酸、强碱和水蒸气作用下会发生分解，耐有机溶剂、耐气候性好。其缺点是结晶速率慢，成型加工困难，模塑温度高，生产周期长，冲击性能差。聚对苯二甲酸乙二醇酯一般通过增强、填充、共混等方法改进其加工性和物性，以玻璃纤维增强效果明显，提高树脂刚性、热稳定性、耐化学药品性、电学性能和耐气候性，但仍需改进结晶速度慢的弊病，可以采取添加成核剂和结晶促进剂等手段。加阻燃剂和防燃滴落剂可改进聚对苯二甲酸乙二醇酯的阻燃性和自熄性。聚对苯二甲酸乙二醇酯板见图 6-36。

图 6-36　聚对苯二甲酸乙二醇酯板

十四、聚苯醚和改性聚苯醚板材

PPO 具有刚性大、热稳定性高、难燃、强度较高、电学性能优良、耐磨、无毒、耐污染等优点。PPO 的介电常数和介电损耗在工程塑料中是最小的品种之一，几乎不受温度、湿度的影响，可用于低、中、高频电场领域（介电常数越小，绝缘性越好）。PPO 的负荷变形温度可达 190℃以上。PPO 的化学名称为聚 2，6-二甲基-1，4-苯醚，是 2，6-二甲基苯酚通氧并在催化剂的作用下进行氧化缩合反应而成的线型聚合物，阻燃性良好，具有自熄性，与 HIPS 混合后具有中等可燃性，质轻，无毒可用于食品和药物行业。它耐旋光性差，长时间在阳光下使用会变色。

PPO 一般呈土黄色粉末状，常用的 PPO 是由 2，6-二甲基苯酚合成的，具有优良的综合性能，最大的特点是在长期负荷下，具有优良的尺寸稳定性和突出的电气绝缘性，使用温度范围广，可在-127~121℃范围内长期使用，具有优良的耐水、耐蒸汽性能。PPO 制品具有较高的拉伸强度和抗冲击强度，抗蠕变性也好，还有较好的耐磨性和电学性能。PPO 主要用于电子电器、汽车、家用电器、办公室设备和工业机械等方面，利用 MPPO 热稳定性、耐冲击性、尺寸稳定性、耐擦伤、耐剥落。大型吹塑成型件适合制作汽车大型部件，如阻流板、保险杠；低发泡成型件适合制作高刚性、尺寸稳定性、优良吸音性、内部结构复杂的大型制品，如各种机器外壳、底座、内部支架。

图 6-37　改性聚苯醚板材

以改性聚苯醚树脂为原材料生产屋顶瓦板的成型工艺，可选用真空或注射成型。成型时，可将数枚瓦连成一体成型，制成大型瓦板，然后用于施工，见图 6-37。与石棉瓦等传统屋顶瓦相比，改性聚苯醚树脂屋顶瓦具有如下优点：设计自由度高，可批量生产；施工方便，减少劳动力，缩短施工时间；厚度薄（2~3mm），质量轻，降低运输成本；可简化支撑屋顶结构的住宅结构。

十五、聚酰亚胺板材

聚酰亚胺是指主链上含有酰亚胺环（—CO—NH—CO—）的一类聚合物，其中以含有酞酰亚胺结构的聚合物最为重要。聚酰亚胺是综合性能最佳的有机高分子材料之一，耐高温达400℃以上，长期使用温度为-200~300℃，无明显熔点，高绝缘性能，1kHz下介电常数为4.0，介电损耗仅0.004~0.007，属F~H级绝缘材料。聚酰亚胺作为一种特种工程材料，已广泛应用在航空、航天、微电子、纳米、液晶、分离膜、激光等领域。

聚酰亚胺具有优良的机械性能，未填充的塑料的抗张强度都在100MPa以上，均苯型聚酰亚胺薄膜（图6-38）的为170MPa以上，而联苯型聚酰亚胺达到400MPa。作为工程塑料，聚酰亚胺的弹性模量通常为3~4GPa，纤维可达到200GPa，据理论计算，均苯四甲酸二酐和对苯二胺合成的纤维可达500GPa，仅次于碳纤维。

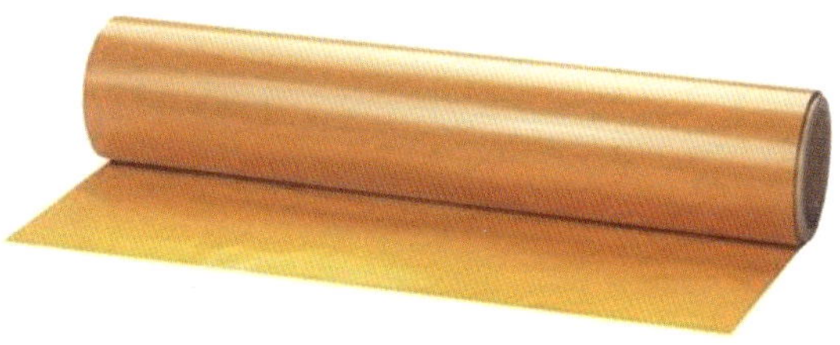

图6-38　聚酰亚胺薄膜

一些聚酰亚胺品种不溶于有机溶剂，对稀酸稳定，一般的品种不大耐水解，这个看似是缺点的性能却使聚酰亚胺有别于其他高性能聚合物，即可以利用碱性水解回收原材料二酐和二胺。例如，对于均苯型聚酰亚胺薄膜，其回收率可达80%~90%，改变结构也可以得到相当耐水解的品种，如经得起120℃、500h水煮。

十六、聚乳酸板材

聚乳酸是一种热塑性脂肪族聚酯。生产聚乳酸所需的乳酸和丙交酯可以通过可再生资源发酵、脱水、纯化后得到，所得的聚乳酸一般具有良好的机械和加工性能，而聚乳酸产品废弃后又可以通过各种方式快速降解，因此聚乳酸被认为是一种具备良好的使用性能的绿色塑料。

聚乳酸的熔点、热稳定性、机械性能、加工性能都与其结晶度有关，而影响其结晶度的最主要因素是原材料中L-乳酸和D-乳酸的配比。如果原材料是纯的L-乳酸或者纯的D-乳酸，则所得的聚L-乳酸和聚D-乳酸都是半结晶聚合物。聚L-乳酸的结晶度大概是37%，其玻璃化转变温度大约是65℃，熔点是180℃，拉伸模量为3~4GPa，弯曲模量为4~5GPa。即使只加入少量右旋聚乳酸，结晶度也可提高很多。比如，聚L-乳酸按照一定比例和聚D-乳酸共混后，聚L-乳酸的熔点最多可以提高50℃，热弯曲温度提高了大约60℃，升高到了190℃。所得的抗热性聚乳酸可以在110℃的环境下使用。聚乳酸和聚苯乙烯的机械性能相似，但可连续使用的温度要低得多，结晶度提高后可以提高可连续使用的温度，但生物降解速率也随之变低了。相对于其他生物可降解材料，聚乳酸具有部分疏水性。聚乳酸和聚乳酸的共聚物的最佳溶剂是氯仿。除此之外，聚乳酸可溶于氯化溶剂、热苯、四氢呋喃等，但不溶于水、乙醇和大多数脂肪烃溶剂。

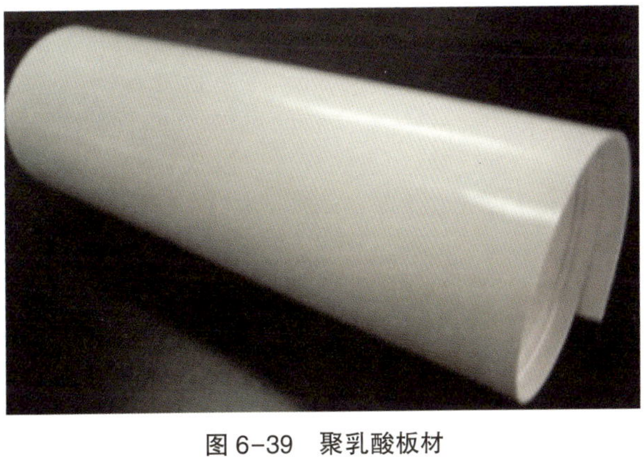

图6-39　聚乳酸板材

通过挤出、注塑和拉伸等加工处理，聚乳酸可以制成纤维、薄膜和板材（图6-39）。聚乳酸的透水透气性都比聚苯乙烯要低。由于水和气体分子是通过聚合物的无定型区扩散的，所以可以通过调节聚乳酸的结晶度来调节聚乳酸薄膜的透水透气性。聚乳酸共聚物其片材及板材在组织工程、介入医学等方面有潜在用途，也可用作包装材料。聚乳酸所制的包装材料起初造价较高，但如今已经成为最常见的包装材料之一。

十七、聚氨酯板材

PU 为大分子链中含有氨酯型重复结构单元的一类聚合物，由多异氰酸酯与聚醚型或聚酯型多元醇在一定比例下反应制得。PU 弹性体是一种性能介于塑料和橡胶之间的高分子材料，它的伸长率大、硬度范围宽，配方调整范围大。聚酯型 PU 具有优异的耐磨性和力学性能，缺点是耐水性较差。聚醚型 PU 的耐低温性及耐水解性优于聚酯型，但耐油性、力学性能稍差。

浇注型聚氨酯弹性体是聚氨酯弹性体三大加工类型中最重要的一种，其用量占 PU 量的 60%。它具有化学结构多元化、黏度易调整，加工工艺优良、易投入工业化生产、使用方便和固化快等优点，因此非常适合制作大型复杂构件。聚氨酯耐磨衬板就是采用浇注型聚氨酯弹性体工艺方式生产加工而成。

图 6-40　聚氨酯板

PU 板（图 6-40）是指完全由 PU 制成，或是由 PU 和彩钢板复合形成的聚氨酯夹芯板，主要用于工业、民用建筑外保温系统，目前已成为 PU 使用最广泛的产品体系。在建筑板材方面，根据制品状况，聚氨酯板材可分为普通聚氨酯板材、复合聚氨酯板材等类型，依照发泡成型工艺情况又可以分为连续式板材和间歇式板材。

普通 PU 板的特点为：在高硬度下仍具有橡胶的伸长率和回弹性，聚氨酯板的硬度范围宽。它的扯断强度、撕裂强度和承载能力比通用橡胶高得多，冲击强度和弯曲强度又比塑料高得多。其耐磨性能非常杰出，为橡胶的 3~5 倍。

PU 板是一种强极性高分子化合物，和非极性矿物油的亲和性小，在燃料油和机械油中几乎不受侵蚀，耐氧和臭氧性能好。它的吸震性能优良，起到减震、缓冲作用，具有良好的低温性能、耐辐射性能。在模具制造业中，用它替代橡胶及弹簧。PU 耐高能射线的性能很好，具有良好的机械加工性能（车、铣、磨、钻均可）。

十八、聚苯并咪唑板材

聚苯并咪唑是主链含重复苯并咪唑环的一类聚合物。聚苯并咪唑最突出的优点是瞬间耐高温性，烷基聚苯并咪唑在 465 ~ 475℃ 温度下才完全分解，芳基聚苯并咪唑在 538℃ 温度下尚不分解，在 900℃ 温度下失重仅 30%，长期使用温度为 300 ~ 370℃。此外，耐酸碱介质、耐火焰和有自灭性、良好的机械性能和电气绝缘性，热收缩率极小。聚苯并咪唑由多胺与二酸或二酯在高温下熔融缩聚，先生成可溶性的聚氨基酰胺，然后通过脱水环化反应生成咪唑环聚合物。高温（400℃）处理到完全固化后，聚合物变为不溶不熔物。

聚苯并咪唑板（图 6-41）是当今最为高档的工程热塑性塑料之一，具有最耐高温和最好的机械性能优点。因其优越的性能，在其他塑料无法实现的领域，聚苯并咪唑都可能找到最佳解决方案。聚苯并咪唑板在空气中最大允许使用温度极高（可在 310℃ 温度下持续工作，短时间最高使用温度可达 500℃），具有出色的机械强度和刚度保持力，出色的耐磨和摩擦性能，极低的线性热膨胀系数，固有的低可燃性，离子污染环境下的高纯度，低排气性（干性材料）。

聚苯并咪唑板通常用来制造要求极严的元器件以降低维护维修费用，并且使用寿命最长，已建立的应用领域有半导体和航空工业，白炽灯或荧光灯高温接触件，如真空杯、电气接触器等。

图 6-41 聚苯并咪唑板

十九、酚醛树脂板材

酚醛树脂是一种合成塑料，无色或黄褐色透明固体，在电气设备中使用较多，故俗称电木。热稳定性、耐燃性、耐水性和绝缘性优良，耐酸性较好，耐碱性差，机械和电学性能良好，易于切割，分为热固性塑料和热塑性塑料两类。合成时加入不同组分，可获得功能各异的改性酚醛树脂，具有不同的优良特性，如耐碱性、耐磨性、耐油性、耐腐蚀性等。

酚醛树脂板（图 6-42）由酚醛泡沫材料制成，酚醛泡沫材料属高分子有机硬质铝箔泡沫产品，由热固性酚醛树脂发泡而成。

图 6-42 酚醛树脂板

酚醛泡沫是新一代保温防火隔音材料。它具有轻质、防火、遇明火不燃烧、无烟、无毒、无滴落等性质，使用温度范围广。酚醛泡沫作为一种安全、绿色的新型节能建筑材料，广泛应用于高层建筑、交通运输、舰船、航空、空间技术等领域。石油化工等管道保温领域也广泛使用酚醛保温板切割的管壳制品。酚醛保温板的复合制品被应用于建筑保温工程中的大模内置体系、A 级防火保温体系、建筑墙体保温装饰一体化体系、防火门夹层、彩钢夹芯板房等领域。

二十、聚对苯二甲酸丁二醇酯板材

聚对苯二甲酸丁二醇酯为乳白色半透明到不透明、结晶型热塑性聚酯塑料，具有高热稳定性、韧性、耐疲劳性，自润滑、低摩擦系数，耐气候性强；吸水率低，仅为 0.1%，在潮湿环境中仍保持各种物理性能；电气绝缘性好，但体积电阻、介电损耗大。耐热水、碱类、酸类、油类，但易受卤化烃侵蚀，耐水解性差，低温下可迅速结晶，成型性良好。其缺点是缺口冲击强度低，成型收缩率大。故大部分采用玻璃纤维增强或无机填充改性，其拉伸强度、弯曲强度可提高 1 倍以上，热变形温度也大幅提高。可以在 140℃温度下长期工作，玻璃纤维增强后制品纵、横向收缩率不一致，易使制品发生翘曲。聚对苯二甲酸丁二醇酯结晶速度快，最适宜加工方法为注塑，其他方法还有挤出、吹塑、涂覆和各种二次加工成型，成型前需预干燥，水分含量要降至 0.02%。

增强、改性聚对苯二甲酸丁二醇酯主要用于汽车、电器和聚合物合金、共混工业，如：作为汽车中的分配器、车体部件、点火器线圈骨架、绝缘盖、排气系统零部件；电器工业中如电视机的偏转线圈、显像管及电位器支架、伴音输出变压器骨架、适配器骨架、开关接插件，电风扇、电冰箱、洗衣机电动机的端盖、轴套；还用作运输机械零件，缝纫机和纺织机械零件、钟表外壳、镜筒、电熨斗罩、水银灯灯罩、烘烤炉部件、电动工具零件、屏蔽套等，见图 6-43。

二十一、木塑复合材料板材

木塑复合材料是近年来蓬勃发展的一类新型复合材料，指利用聚乙烯、聚丙烯和聚氯乙烯等，代替通常的树脂胶黏剂，与超过 50%以上的木粉、稻壳、秸秆等植物纤维混合成新的木质材料，再经挤

图 6-43　部分聚对苯二甲酸丁二醇酯制品

压、模压、注射成型等塑料加工工艺，生产出的板材或型材。主要用于建材、家具、物流包装等行业。将塑料和木质粉料按一定比例混合后经热挤压成型的板材，称为挤压木塑复合板材，见图 6-44。

木塑复合材料的基础为高密度聚乙烯和木质纤维，决定了它具有塑料和木材的某些特性。

（1）良好的加工性能。木塑复合材料内含塑料和纤维，因此，具有同木材相类似的加工性能，可锯、可钉、可刨，使用木工器具即可进行加工，且握钉力明显优于其他合成材料。其握钉力一般是木材的 3 倍，是刨花板的 5 倍。其机械性能优于木质材料。

（2）良好的强度性能。木塑复合材料内含塑料，因而有较好弹性模量。此外，由于内含纤维并与塑料充分混合，因而具有与硬木相当的抗压、抗弯曲等物理机械性能，并且其耐用性明显优于普通木质材料，表面硬度高，一般是木材的 2~5 倍。

图 6-44　木塑复合材料板材

（3）具有耐水、耐腐性能，使用寿命长。木塑材料及其产品与木材相比，可抗强酸碱、耐水、耐腐蚀，并且不繁殖细菌，不易被虫蛀、不易滋生真菌，使用寿命长（可达 50 年以上）。

（4）优良的可调整性能。通过助剂，塑料可以发生聚合、发泡、固化、改性等改变，从而改变木塑材料的密度、强度等特性，还可以达到抗老化、防静电、阻燃等特殊要求。

（5）具有紫外光稳定性、着色性良好。

（6）变废为宝，并可 100% 回收再生产。可以分解，不会造成“白色污染”，它是真正的绿色环保产品。

（7）原材料来源广泛。生产木塑复合材料的塑料原材料主要是高密度聚乙烯或聚丙烯，木质纤维可以是木粉、谷糠或木纤维，另外还需要少量添加剂和其他加工改性剂。

（8）可以根据需要，制成任意形状和大小的制品。

二十二、玻璃钢板材

玻璃钢别名玻璃纤维增强塑料，即纤维增强复合塑料，一般指用玻璃纤维增强不饱和聚酯、环氧树脂与酚醛树脂作为基体，以玻璃纤维或其制品作为增强材料的增强塑料。根据采用的纤维不同分为玻璃纤维增强复合塑料、碳纤维增强复合塑料、硼纤维增强复合塑料等。它是以玻璃纤维及其制品

（玻璃布、带、毡、纱等）作为增强材料，以合成树脂作基体材料的一种复合材料。纤维增强复合材料由增强纤维和基体组成，纤维（或晶须）的直径很小，一般在 10μm 以下，缺陷较少又较小，断裂应变约为 3%，是脆性材料，易损伤、断裂和受到腐蚀。基体相对于纤维来说，强度、模量都要低很多，但可以经受住大的应变，往往具有黏弹性和弹塑性，是韧性材料。由于所使用的树脂品种不同，因此有聚酯玻璃钢、环氧玻璃钢、酚醛玻璃钢之称。质轻而硬，不导电，机械强度高，回收利用少，耐腐蚀。可以代替钢材制造机器零件和汽车、船舶外壳等。

（一）玻璃钢的主要优点

（1）轻质高强。相对密度为 1.5~2.0，只有碳钢的 1/5~1/4，可是拉伸强度却接近，甚至超过碳素钢，而比强度可以与高级合金钢相比。因此，在航空、火箭、宇宙飞行器、高压容器及在其他需要减轻自重的制品应用中，都具有卓越成效。某些环氧玻璃钢的拉伸、弯曲和压缩强度均能达到 400MPa 以上。

（2）耐腐蚀。玻璃钢是一种良好的耐腐蚀材料，对大气、水和一般浓度的酸、碱、盐及多种油类和溶剂都有较好的抵抗能力，已应用到化工防腐的各个方面，正在取代碳钢、不锈钢、木材、有色金属等。

（3）电学性能好。是优良的绝缘材料，用来制造绝缘体。高频下仍能保持良好的介电性。微波透过性良好，已广泛用于雷达天线罩。

（4）热稳定性良好。玻璃钢热导率低，在室温下为 1.25~1.67kJ/（m·h·K），只有金属的 1/1000~1/100，是优良的绝热材料。在瞬时超高温情况下，它是理想的热防护和耐烧蚀材料，能保护宇宙飞行器在 2000℃以上承受高速气流的冲刷。

（5）可设计性好。可以根据需要，灵活地设计出各种结构产品，来满足使用要求，可以使产品有很好的整体性；可以充分选择材料来满足产品的性能。

（6）工艺性优良。可以根据产品的形状、技术要求、用途及数量来灵活地选择成型工艺。成型工艺简单，可以一次成型，经济效果突出，尤其对形状复杂、不易成型的数量少的产品，更突出它的工艺优越性。

（二）玻璃钢的缺点

玻璃钢弹性模量低，比木材高 2 倍，却是钢的 1/10，因此在产品结构中常感到刚性不足，容易变形。可以做成薄壳结构、夹层结构，也可通过高模量纤维或者做加强筋等形式来弥补。长期耐温性差，一般玻璃钢不能在高温下长期使用，通用聚酯玻璃钢在 50℃以上强度就明显下降，一般只在 100℃以下使用；通用型环氧玻璃钢在 60℃以上，强度有明显下降。但可以选择耐高温树脂，使长期工作温度为 200~300℃是可能的。老化现象是塑料的共同缺陷，玻璃钢也不例外，在紫外线、风霜雨雪、化学介质、机械应力等作用下容易导致性能下降。此外，层间剪切强度是靠树脂来承担的，抗剪能力很低，可以通过选择工艺、使用偶联剂等方法来提高层间黏结力，最主要的是在产品设计时尽量避免使层间受到剪切作用。

（三）玻璃钢的应用

玻璃钢是复合材料的一种，玻璃钢材料因其独特的性能优势，已在航空航天、铁道铁路、装饰建筑、家居家具（如桌椅，见图 6-45）、广告展示、工艺礼品、建材卫浴、船舶、体育器材、环境卫生材料等众多行业中广泛应用。玻璃钢制品在性能、用途、寿命属性上大大优于传统制品，具有易造型、可定制、色彩随意调配的特点。

图 6-45　玻璃钢桌椅

二十三、环氧树脂板材

图 6-46　环氧树脂板

环氧树脂板又称为绝缘板、环氧板等，见图6-46。环氧树脂泛指分子中含有两个或两个以上环氧基团的有机高分子化合物，除个别外，它们的相对分子质量都不高。环氧树脂的分子结构是以分子链中含有活泼的环氧基团为其特征，环氧基团可以位于分子链的末端、中间或呈现出环状结构。由于分子结构中含有活泼的环氧基团，它们可与多种类型的固化剂发生交联反应而形成不溶、不熔的具有三向网状结构的高聚物。

目前，使用最广泛的品种是双酚 A 型环氧，其次是溴化双酚 A 型和酚醛型环氧，其他品种生产使用量很小。

各种树脂、固化剂、改性剂体系几乎可以适应各种应用要求，其范围可以从极低的黏度到高熔点固体。环氧树脂体系几乎可以在 0~180℃温度范围内固化。

在特性方面，环氧树脂的黏附力强。由于环氧树脂分子链中固有的极性羟基和醚键的存在，使其对各种物质具有很高的黏附力。环氧树脂固化时的收缩性低，产生的内应力小，这也有助于提高黏附强度。环氧树脂和所用的固化剂的反应是通过直接加成反应或树脂分子中环氧基的开环聚合反应来进行的，没有水或其他挥发性副产物放出。它们和不饱和聚酯树脂、酚醛树脂相比，在固化过程中显示出很低的收缩性（小于 2%）。固化后的环氧树脂体系具有优良的力学性能。固化后的环氧树脂体系是一种具有高介电性能、耐表面漏电、耐电弧的优良绝缘材料。通常，固化后的环氧树脂体系具有优良的耐碱性、耐酸性和耐溶剂性。像固化环氧体系的其他性能一样，化学稳定性也取决于所选用的树脂和固化剂。适当地选用环氧树脂和固化剂，可以使其具有特殊的化学稳定性能。上述的许多性能的综合，使环氧树脂体系具有突出的尺寸稳定性和耐久性。固化的环氧树脂体系耐大多数霉菌，可以在苛刻的热带条件下使用。

二十四、脲醛树脂板材

图 6-47　脲醛树脂制品

脲醛树脂又称脲甲醛树脂，是尿素与甲醛反应得到的聚合物。加工成型时发生交联，制品为不溶不熔的热固性树脂。固化后的脲醛树脂颜色比酚醛树脂浅，呈半透明状，耐弱酸、弱碱，绝缘性能好，耐磨性极佳，价格低廉，但遇强酸、强碱易分解，耐气候性较差。

线性脲醛树脂以氯化铵为固化剂时可在室温下固化。模塑粉则在 130~160℃温度下加热固化，促进剂（如硫酸锌、磷酸三甲酯、草酸二乙酯等）可加速固化过程。脲醛树脂主要用于制造模压塑料，制造日用生活品（图6-47）和电气元件，还可用作板材黏合剂、纸和织物的浆料、贴面板、建筑装饰板等。由于色浅和易于着色，其制品色彩丰富。用脲醛树脂黏合制成的塑料板常被称为脲醛树脂板。

它最常用的填料是纸浆，其次为木粉或无机填料（石棉、玻璃纤维、云母等）。所用的纸浆是以木材为原材料，经亚硫酸盐处理，溶去木材中非纤维素杂质，再经漂白即得到纯净的纤维素。填料的用量为总物料量的 25%~32%，用量过小，压塑粉流动性大，制品强度低；用量过多，压塑粉流动性减小，制品表面不光滑，耐水性降低。

二十五、三聚氰胺板材

三聚氰胺板又叫双饰面板，是免漆板的一种，简称三氰板，行业内也叫生态板，全称是三聚氰胺浸渍胶膜纸饰面人造板，见图 6-48。它的基材也是刨花板和中密度纤维板，由基材和表面黏合而成的，由于是经过防火、抗磨、防水浸泡处理的，使用效果雷同于复合木地板。

图 6-48　三聚氰胺板

三聚氰胺板的生产过程是：将带有不同颜色或纹理的纸放入三聚氰胺树脂胶黏剂中浸泡，然后干燥到一定固化程度，将其铺装在刨花板、防潮板、中密度纤维板、胶合板、细木工板或其他硬质纤维板表面，经热压形成装饰板。三聚氰胺板最初用来做电脑桌等办公家具，多为单色板，随着家庭中板式家具的流行，逐渐成为各家具厂首选的制造材料，表面色彩和花纹也更多。

按照内部纤维形态可分为三聚氰胺颗粒板和三聚氰胺密度板两种。两者区别在于：颗粒板强度大、吸顶能力强，密度板相对弱些。

（一）三聚氰胺板的性能

三聚氰胺板可以任意仿制各种图案，色泽鲜明，用作各种人造板和木材的贴面，硬度大，耐磨、热稳定性好。耐化学药品性能一般，能抵抗一般的酸、碱、油脂及酒精等溶剂的磨蚀。表面平滑光洁，容易维护清洗。三聚氰胺板具备天然木材所不能具备的优异性能，故常用于室内建筑及各种家具、橱柜的装饰上。三聚氰胺板是一种墙面装饰材料，常用规格是 2440mm×1220mm，厚度为 1.5~1.8cm。

（二）三聚氰胺板的组成

（1）表层纸。放在装饰板最上层，起保护装饰纸作用，使加热加压后的板表面高度透明，板表面坚硬耐磨。这种纸要求吸水性能好，洁白干净，浸胶后透明。

（2）装饰纸。即木纹纸，是装饰板的重要组成部分，具有底色或无底色，可印刷出各种图案，放在表层纸的下面，主要起装饰作用。这要求装饰纸具有良好的遮盖力、浸渍性和印刷性能。

（3）覆盖纸。也叫钛白纸，一般在制造浅色装饰板时，放在装饰纸下面，以防止底层酚醛树脂透到表面，其主要作用是遮盖基材表面的色泽斑点。因此，要求有良好的覆盖力。

以上三种纸张分别浸以三聚氰胺树脂。

（4）底层纸。是装饰板的基层材料，对板起力学性能作用，是浸以酚醛树脂胶经干燥而成的，生产时可根据用途或装饰板厚度确定若干层。

在挑选此种板式家具时，除了色彩及纹理满意外，还可以从几个方面辨别外观质量：有无污斑、划痕、压痕、孔隙，颜色光泽是否均匀，有无鼓泡现象，有无局部纸张撕裂或缺损现象。

二十六、氨基塑料板材

氨基树脂是以一种具有氨基的有机物（脲、三聚氰胺或苯胺）与醛类化合物为原材料，经缩聚反应而制得的一大类树脂。以氨基树脂为基体，加入填料及各种助剂所制得的塑料称为氨基塑料。它主要包括尿素甲醛塑料、三聚氰胺-甲醛塑料和苯胺甲醛塑料，分别称为脲醛塑料、密胺塑料和胍胺塑料，目前以脲醛塑料和三聚氰胺-甲醛塑料为主。此外，氨基树脂还可用于黏合剂、涂料、织物和纸张处理剂等。

氨基树脂具有坚硬、耐刮伤、无色、半透明、无毒的优点，因而适合制造色彩鲜艳的各种塑料制

图 6-49　部分密胺塑料餐饮具

品，还可用于航空、电器、建筑等领域，做装饰材料、隔热、隔音材料。脲醛树脂是热固性树脂中价格较低的品种之一，它比酚醛树脂便宜，但它的耐水性和热稳定性不如酚醛树脂。

脲醛、三聚氰胺、苯并胍胺、乙酰胍胺等氨基化合物和甲醛反应得到热固性树脂，总称氨基树脂。密胺是由三聚氰胺和甲醛反应而成，其摩尔比约为 1/2，比例可调，不同的比例，生成的产物不同，可模压成型、注塑成型，产品有密胺塑料餐饮具（图 6-49）、机械零件、医疗器械等。

二十七、氯化聚氯乙烯板材

CPVC 树脂由 PVC 树脂氯化改性制得，是一种性能优异、应用前景广阔的新型工程塑料。该产品呈现为白色或淡黄色，无味、无臭、无毒的疏松粉末。PVC 树脂经过氯化后，分子键的不规则性增加，极性增强；树脂的溶解性增大，化学稳定性增加；对酸、碱、盐、氧化剂等化学介质的耐受性增加，热变形温度和机械性能提高，易于加工，具有极佳的阻燃性。氯含量由 56.7%提高到 63%~72%，软化温度由 72~82℃提高到 100~125℃，最高使用温度可达 110℃，长期使用温度可达 95℃以上。

图 6-50　氯化聚氯乙烯薄板

由 CPVC 和某些无机或有机纤维所构成的 CPVC 复合材料抗冲击性能好，热稳定性也优于其他树脂的复合材料，可制成板材。CPVC 树脂可生产供水管的管件、过滤材料、脱水机等，还可以生产电气零件，如电线槽、导体的保护层、电气开关、保险丝的保护盖、电缆的绝缘材料等。压延生产的 CPVC 薄板见图 6-50，可用于制造耐化学品、耐腐蚀的化工设备，如反应器、电解槽等。CPVC 与热塑性或热固性的塑料共混，可以显著改善这些材料的机械物理性能，如可使制品的热稳定性提高等。抗冲击性能更高、透明度更好的 CPVC，可用于光盘等存储载体。

二十八、聚酰胺酰亚胺板材

聚酰胺酰亚胺属于酰亚胺环和酰胺键有规则交替排列的一类聚合物，玻璃化温度为 250~300℃，在 250℃温度下具有优越的机械性能，热变形温度为 269℃，模塑料拉伸强度为 90MPa（23℃）和 59MPa（260℃），弯曲强度为 157MPa（23℃）和 96MPa（260℃），使用温度为-195~230℃，尺寸稳定性和抗蠕变性优良，耐腐蚀、耐辐照，但在潮湿环境中吸湿。

聚酰胺酰亚胺具有优良的机械性能，本色料拉伸强度为 190MPa。模制塑料主要用于齿轮、辊子、轴承和复印机分离爪等。它具有良好的耐烧蚀性能和高温、高频下的电磁性，可作为飞行器的烧蚀材料、透磁材料和结构材料。它对金属和其他材料有很好的黏结性能，可用作漆包线漆、浸渍漆、薄膜、层压板材、涂层和黏合剂。例如，用它制作的漆包线已用于深水潜水电动机上；层压板（图 6-

51）用于印刷线路板和插座；薄膜用作绝缘包扎材料。

经过环氧树脂改性降低成型温度，可以扩展树脂的应用范围。液晶聚酰胺酰亚胺经液晶相增强，力学强度进一步提高，具有价格较低、耐磨耐碱性好、黏结力和储存稳定性好等众多优点，可用作耐热漆包线漆及玻璃层压板黏合漆，也可作为高温黏合剂。在实际使用时，可先制成聚酰胺亚胺酸预聚物，涂装施工后在高温下闭环成膜；也可以在水中沉淀，水洗除酸、干燥，制成树脂粉末，在使用前以二甲基乙酰胺等极性溶剂溶解，调至适当黏度即可使用。

二十九、聚醚砜板材

PES 板（图 6-52）浅黄色、半透明，在-100～200℃温度范围内具有高机械强度和良好的介电性能，刚性坚硬，低温时仍具高冲击强度，有非常优异的抗水解性及尺寸稳定性、自熄性、低烟性，可重复高温消毒，耐化学药品性及抗辐射性高，热稳定性强，难燃。

图 6-51　聚酰胺酰亚胺层压板

图 6-52　聚醚砜板

三十、泡沫塑料板材

泡沫塑料板是塑料板材的发泡结果或板状泡沫塑料，其所用的原材料很多，前面已有相关介绍，下面简要介绍各类常见的泡沫塑料板。

（一）聚乙烯泡沫板

通常是采用丁烷或过氧化物作为发泡剂，加工成的软质材料，或先制成较薄的聚乙烯片材后再热合形成的板材复合体，见图 6-53。主要用于缓冲包装、隔音、绝热等。其发泡倍率为 20～30 倍，属高发泡材料。

（二）聚氯乙烯泡沫板

PVC 泡沫板通常是在 PVC 板材配方中加入空气或可发泡物质，通过 T 形模机头成型的一种板状型材，见图 6-54，主要是对其芯层进行发泡，发泡倍率低于 15。它主要用于各类建筑装饰场合。

图 6-53　聚乙烯泡沫板

图 6-54　聚氯乙烯泡沫板

(三) 聚丙烯、丙烯腈-丁二烯-苯乙烯共聚物泡沫板

PP、ABS 泡沫板的发泡原理同上，主要用于汽车、电器等领域，见图 6-55。

图 6-55　聚丙烯泡沫板

(四) 聚氨酯泡沫塑料板

用聚醚或聚酯与多异氰酸酯作为主要原材料，加上阻燃剂、稳定剂和发泡剂等，经混合、搅拌产生化学反应而形成发泡体的一种新型的低温隔热材料，见图 6-56。孔腔的闭孔率高，吸水性小。由于其气孔为低导热系数的发泡剂气体，有一定的自熄性，常用于保冷和低温范围内的保温。它具有导热系数小、强度高、质轻、隔音、防震、绝缘、漂浮性强、化学性能稳定、施工方便等优点，广泛应用于冷库、食品储藏及家用冰箱和建筑隔墙、壁板等。应用时，可以由预制厂预制成板状或管壳状等制品，也可现场喷涂或灌注发泡。

图 6-56　聚氨酯泡沫塑料板

泡沫塑料可以对建筑物主体结构进行有效保护，延长建筑物寿命。由于外保温是将保温层置于结构外侧，降低了由于温度变化导致的结构变形产生的应力，并减少空气中有害物质和紫外线对结构的侵蚀，有效消除“热桥”。而外墙保温有效地防止“热桥”的产生，避免结露，使墙体潮湿情况得到改善。一般内保温层需要设置隔气层，而采用外保温材料的透温性能远远强于主体结构，在墙体内部一般不会发生冷凝现象，结构层的整个墙身温度提高，进一步增强了墙体的保温性能。

采用外墙保温，有利于室温保持稳定，由于墙体蓄热能力较大的结构层在墙体内侧，可增加房屋使用面积，可以避免二次装修对保温层的破坏。

三十一、抗辐射类塑料板材

特定的添加剂可以提高热塑性塑料的密度。这些高密度的热塑性塑料具有金属的质感，但又保持了塑料的加工特性。医疗产品领域因为环保的原因正在寻找此类可替代铅的材料。同时，这些高密度的添加物具有抗辐射特性。由抗辐射类化合物组成的注塑料件、导管件或板状材料（图 6-57）可吸引 X 光而不会被射线穿过。在放射疗法或手术中使用的如织物般柔软的薄片，可以帮助保护机器和人员免受 X 光的散射和直射。含有钡硫酸盐的导管在植入体内后可以通过荧光透视或 X 光成像来跟踪其所在位置。在做心瓣膜修复手术中使用的器械（可回用的手柄和一次性的卡扣闭环）是由聚碳酸酯特种改性工程塑料构成的。X 光可见的塞子（有防辐射功能）是使用嵌入注塑工艺成型在模板上的，而耐蒸汽处理的塞子使用的是聚醚砜材料，这就保证了整个装置能够承受高温蒸汽消毒处理。

三十二、碳纤维增强塑料板材

碳纤维增强塑料板（图6-58）是碳纤维与各种树脂复合而成的高级复合材料。碳纤维是用黏胶丝、聚丙烯腈纤维和沥青丝等原材料在1000~3000℃温度下炭化而成的，分为高强型和高模量型（或称石墨纤维）两种。碳纤维直径小，为7μm左右，工艺性较好，但不耐高温氧化，并且与树脂黏合性差，必须进行表面处理。碳纤维增强塑料主要用于航空、航天工业；还用于体育器材，如网球拍、滑雪板、弓、赛车、赛艇等；还可用于制造汽车的主要受力部件，如弹簧钢板、传动轴等。

图6-57　抗辐射类塑料板

图6-58　碳纤维增强塑料板

三十三、纳米塑料板材

“纳米”是一个长度的计量单位，它的尺度是10^{-9}m。一般来说，纳米材料是指两相显微结构中至少有一相的一维尺度达到纳米级。纳米粒子粒径很小，表面能很大，极易团聚，因此如何制取纳米粒子本身就是一个非常复杂的技术问题。目前能制作和利用的纳米粒子多为无机纳米粒子，能有效地对塑料进行改性的纳米粒子是SiO_2、TiO_2、$CaCO_3$、蒙脱土等。

纳米塑料是指基体为高分子聚合物，通过纳米粒子在塑料树脂中的充分分散，有效地提高了塑料的耐热、耐气候、耐磨等性能。纳米塑料能使普通塑料具有像陶瓷材料一样的刚性和热稳定性，同时又保留了塑料本身所具备的韧性、耐冲击性和易加工性。目前，能实行产业化的有通过纳米粒子改性的NPE、NPET和NPA6（纳米聚乙烯、纳米PET聚酯、纳米尼龙6）。利用纳米粒子，将银（Ag^+）设计到粒子表面的微孔中并稳定，就能制成纳米载银抗菌材料，将这种材料加入塑料中就能使塑料具有抗菌防霉、自洁等性能，使其成为绿色环保产品（图6-59）。目前，它已在ABS、SPVC、HIPS、PP塑料中得到应用。

图6-59　纳米塑料制品

三十四、印制电路板板材

印制电路板（PCB）又称印刷电路板、印刷线路板，是重要的电子部件，是电子元器件的支撑体，是电子元器件电气连接的载体。

PCB 可以分为刚性电路板（图 6-60）和柔性电路板、软硬结合板。刚性 PCB 的常见材料包括酚醛纸质层压板、环氧纸质层压板、聚酯玻璃毡层压板、环氧玻璃布层压板，柔性 PCB 的常见材料包括聚酯薄膜、聚酰亚胺薄膜、氟化乙丙烯薄膜。

图 6-60　刚性印制电路板

第七章　塑料成型设备

塑料制品生产的目的是根据各种塑料的固有性能，利用一切可以实施的方法，使其成为具有一定形状的、有使用价值的制件或型材。塑料制品生产主要由原材料制备、成型、机械加工、修饰和装配等连续过程组成。

第一节　注塑成型设备

注塑机（图 7-1）又叫注射成型机或注射机，是将热塑性塑料或热固性塑料利用成型模具制成各种形状的塑料制品的主要成型设备，通常由注射系统、合模系统、液压传动系统、电气控制系统、润滑系统、加热及冷却系统、安全监测系统等组成。注塑机按照注射装置和锁模装置的排列方式，可分为立式、卧式和立卧复合式。

注塑机具有能一次成型外形复杂、尺寸精确或带有金属嵌件的质地密致的塑料制品的能力，广泛应用于国防、机电、汽车、交通运输、建材、包装、农业、文教、卫生等众多领域。目前，注塑机不论在数量上或品种上都占有重要地位，其生产总数占整个塑料成型设备的 20%～30%，成为塑料成型机械中增长最快、生产数量最多的机种之一。

图 7-1　注塑机

一、注射系统主要零部件

（一）螺杆

螺杆是注塑机的重要零部件，见图 7-2。它的作用是对塑料进行输送、压实、熔化、搅拌和施压，所有这些都是通过螺杆在机筒内的旋转来完成的。在螺杆旋转时，塑料对于机筒内壁、螺杆螺槽底面、螺棱推进面及塑料与塑料之间都会产生摩擦及相互运动。塑料的向前推进就是这种运动组合的结果，而摩擦产生的热量也被吸收用来提高塑料温度及熔化塑料。根据塑料在螺杆螺槽中的不同形态，一般把螺杆分为三段：固体输送段（加料段）、熔融段（压缩段）、均化段（计量段）。螺杆的结构将直接影响到这些作用的程度。螺杆有普通注塑螺杆结构，也有为了提高塑化质量设计成分离型螺

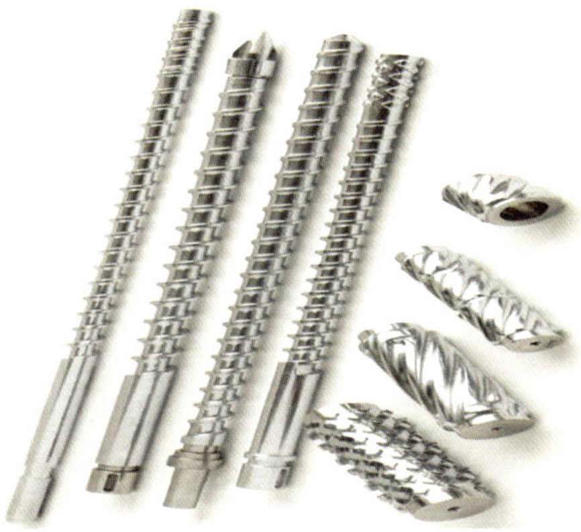

图 7-2　螺杆

杆、屏障型螺杆、分流型螺杆。

（二）机筒

机筒见图 7-3，实际上就是一根中间开了下料口的料管。注塑机的料筒一方面支撑回转式可塑化螺杆，另一方面包围螺杆形成封闭的容纳塑料的腔体，料筒的外部则包围着电热片，用于加热其中的塑料颗粒。在塑料的塑化过程中，其前进和混合的动力都是来源于螺杆和机筒的相对旋转。

（三）分流梭

分流梭（图 7-4）是装在螺杆前端、形状像鱼雷体的零件。分流梭在塑料塑化时的作用主要是分流混合塑料熔体，使熔体进一步混炼均匀。同时分流梭还有在塑化时限定止逆环位置的作用。为了进一步加强混炼作用，建议在 250t 以上锁模力注塑机上采用屏障型混炼结构的分流梭，不仅可以提高制品颜色的均匀程度，也使制品的机械强度更高。

图 7-3　机筒

图 7-4　分流梭

（四）止逆环

止逆环（图 7-5）是防止塑料熔体在注射时往后泄漏的一个零件。在工作时，止逆环与止逆垫圈（过胶垫圈）接触形成一个封闭的结构，阻止塑料熔体泄漏。一台注塑机注塑制品重量的精密程度与止逆环止逆动作的快慢关系很大。而一个止逆环动作反应的快慢，是由它的止逆动作行程、密封压合时间、离开分流梭时间等因素决定的。通过实验确定最优化的止逆面参数、止逆环与分流梭贴合参数、止逆环与机筒间隙参数等，可以实现高精密注射量控制。

（五）射嘴

射嘴（图 7-6）是连接料筒和模具的过渡部分。注射时，料筒内的熔料在螺杆的推动下，以高压和快速流经射嘴注入模具。因此，射嘴的结构形式、喷孔大小及制造精度将影响熔料的压力和温度损失、射程远近、补缩作用的优劣及是否产生“流涎”现象等。目前使用的喷嘴种类繁多，且都有其适用范围，应用最多的是直通式、自锁式、杠杆针阀式三种。

（六）法兰

法兰（图 7-7）是连接射嘴与机筒的零件，在塑料的塑化注射过程中起到通道的作用。如果法兰与射嘴或法兰与机筒的接合面出现较大的间隙或槽，则会因塑料在间隙或槽中滞留时间过长分解而出现制品黑点。

（七）加料斗

加料斗（图 7-8）是一种储存塑料原材料的部件，也有的在加料斗上加上发热和吹风装置制成干燥料斗。加料斗的形状一般是下部圆锥形与上部圆筒形。

圆锥形的锥面斜度对于不同粒度、不同颗粒形状、不同的颗粒之间摩擦系数和胶结系数塑料有不同的最佳值，否则不是浪费了加料斗的储料量，就是出现加料不畅或根本不下料的“架桥”或“漏斗成管”现象。

图 7-5　止逆环

图 7-6　射嘴

图 7-7　法兰

二、合模系统主要零部件

(一) 合模机架

合模方式分为液压曲轴连杆式合模和直压式合模。液压曲轴连杆式合模属机械-液压复合式，其结构特点是液压缸通过曲柄连杆机构驱动模板实现启闭模运动，充分利用了曲柄连杆机构的行程、速度、力的放大特性和自锁特性，达到快速、高效和节能的效果。常用的液压曲轴连杆形式有：双曲肘内翻式、双曲肘外翻式、撑肘式、单曲肘摆缸式和单曲肘挂缸式。直压式合模的特点是其开关模具动作及锁模动作都是通过油缸直接作用完成的。移模速度和合模力的大小分别由活塞杆的移动速度和活塞产生的最大轴向力确定。

图 7-8　加料斗

合模机架是合模部件的基础部分，主要由 4 根拉杆、后模板、动模板、定模板及拉杆螺母组成的具有一定刚度和强度要求的合模框架，见图 7-9。动模板在移模装置的驱动下，以拉杆为导向，实现启闭模运动。因此，4 根拉杆与 3 块模板的材料、结构尺寸、拉杆之间的平行度及 3 块模板垂直度都有较高的要求。

(二) 调模装置

注塑机合模部件的技术参数中有最大模具厚度和最小模具厚度。这两个技术参数的调整是靠调节调模装置（图 7-10）来实现的。对调模装置的要求是：调整方便，便于操作，轴间位移准确、灵活，保证同步性，受力均匀。对合膜系统应有放松、预紧作用，安全可靠，调节行程就有限位及过载保护。调模装置主要由动力机、齿圈、定位轮、调模螺母的外齿圈等组成，均固定在后模板上。调模装置设在后模板上，其动作原理是：当调模时，后模板连同曲轴连杆机构及动模板一起移动，调模时 4 只带有齿轮的螺母在大齿轮驱动下同步转动，推动后模板及其整个合模机构沿拉杆向前或向后移动，调节动模板与前模板的距离，根据模厚及工艺所要求的锁模力实现调模功能。调模装置的此种结构紧凑，减小了轴向尺寸，提高了系统刚性。各齿轮与齿圈的啮合精度及调整螺母与拉杆螺纹的配合精度和运行同步精度，将影响调模灵活性、调模误差和调模精度。

图 7-9　合模机架

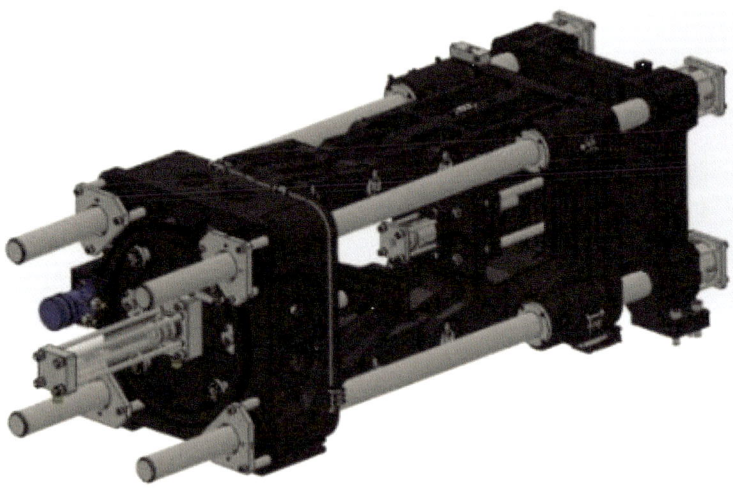

图 7-10　调模装置

（三）顶出装置

注塑机顶出形式有机械顶出和液压顶出两种，有的还配有气动顶出系统；顶出次数分单次和多次两种。顶出动作可以是手动，也可以是自动。顶出动作是由开模停止限位开关来启动的。顶出装置（图 7-11）要有足够的顶出力、顶出速度、顶出次数和顶出精度，在顶出油缸的上方做顶出动作。

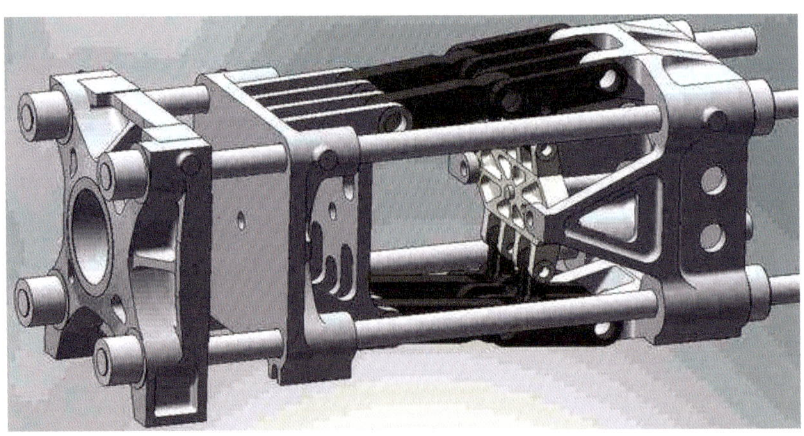

图 7-11　顶出装置

第二节 挤出成型设备

在挤出机中通过加热、加压而使物料以流动状态连续通过口模成型的方法称为挤出成型或挤塑。挤出成型加工的主要设备是挤出机（图 7-12），此外还有机头口模及冷却定型、牵引、切割、卷取等附属设备。塑料在挤出机内熔融塑化，先通过口模成为所需要的形状，再冷却定型而得到与口模断面形状相吻合的制品。挤出成型是塑料加工业中最早的成型方法之一。

图 7-12 挤出机

同其他成型方法相比，挤出成型具有以下突出优点：

(1) 设备成本低，制造容易，因此投资少，上马快。

(2) 生产效率高。挤出机的单机产量较高，如挤出机生产聚乙烯薄膜，年产量可达 300t 以上。

(3) 可以连续生产。能制造较长的管材、板材、型材、薄膜等。而且产品质量均匀、密实。

(4) 生产操作简单，工艺控制容易，易于实现自动化；占地面积小，生产环境清洁，污染少。

(5) 一机多用。一台挤出机，只要更换机头口模，就能加工更多种塑料制品。挤出机也能进行混合、塑化、造粒。挤出机与压延机配合，可以喂料生产压延薄膜，与油压机配合生产模压制品。

因此，挤出成型是重要的成型方法之一，在塑料加工工业中占有相当重要的地位。目前挤出成型制品占我国塑料制品总量的 1/3 以上（以质量计）。

第三节 吹塑成型设备

塑料吹塑成型方法分为五种类型：挤出吹塑成型、注射吹塑成型、拉伸吹塑成型、多层吹塑成型和发泡吹塑成型。吹塑制品的生产过程一般为：原材料的准备和运输、型坯的制作→型坯的吹胀→成型及冷却→制品的修整和质量检查。

一、挤出吹塑成型

目前，我国挤出吹塑中空成型是成型中空制品的主要方法。挤出吹塑成型是采用挤出机将热塑性塑料熔融塑化，并通过机头挤出半熔融状的管状型坯；然后，截取一段管坯趁热将其置于吹塑机（图7-13）的模具中，闭合模具（对开式模具，同时夹紧管坯的上下两端），接着用吹气管通入压缩空气，使管坯吹胀并贴于模具型腔内壁成型；最后保压和冷却定型，排出压缩空气并开模取出制品。

图 7-13　吹塑机

挤出吹塑成型的生产过程一般为：塑料熔融塑化→挤出管坯→吹胀管坯、冷却→开模、取出制品→修整、检查。

挤出吹塑成型常用的塑料品种有 LDPE、HDPE、PVC、PP、EVA、PC 等，其中 HDPE 是挤出吹塑成型中用量最多的塑料品种，约占吹塑容器用料总量的 68%。挤出吹塑成型主要用来成型单层结构中空容器，其成型容器容量，最小为几毫升，最大可达几万毫升。成型制品包括牛奶瓶、饮料瓶、洗涤剂瓶、化妆品瓶等瓶类容器，化学试剂桶、农用化学品桶、饮料桶、矿泉水桶等桶类容器，及 200L、1000L 的大容量包装桶和储槽。

二、注射吹塑成型

注射吹塑成型是采用注塑成型工艺，将熔融塑料注入注射模内，制取有底的管状型坯，且型坯包在空心型芯上；然后趁热把型芯和包着的热型坯移入中空吹塑模具中；接着从芯棒的管道内通入压缩空气，使管坯吹胀成型紧贴于吹塑模具内表面；最后经过保压、冷却定型后排出压缩空气，开模取出制品。

注射吹塑成型的生产过程为：塑料熔融塑化→注射管坯→管坯转移→吹胀管坯、冷却→开模、取出制品。

注射吹塑的工艺过程先是注射型坯，然后是吹塑成型。

注射吹塑过程中，影响吹塑制品质量的因素较多。首先是型坯壁厚的均匀性。如果壁厚不均匀，则在吹塑过程中型坯容易吹破或制品容易开裂。其次是型坯温度。如果型坯温度过高，塑料熔体勃度太小而容易变形，导致型坯在转移过程中容易出现厚薄不均；型坯温度太低，制品内部会产生内应力，使制品容易发生应力开裂现象。

注射吹塑适于各种热塑性塑料、热塑性弹性体及某些共混物，可成型圆形、方形、椭圆形或多拐角的容器，主要代替玻璃瓶，用于包装药品、化妆品、食品、日用品与化学品。

三、拉伸吹塑成型

拉伸吹塑又称双轴取向吹塑，是将热塑性塑料用挤出或注射工艺制成型坯，经调温处理，使型坯处于高聚物的高弹态下，先进行轴向机械拉伸，再用压缩空气进行径向拉伸，制成双轴取向容器的一种成型方法。

第四节　混炼设备

混炼机是用以将生胶和配合剂进行混炼的炼胶设备，还可塑炼天然橡胶。混炼机分为开放式炼胶机（简称开炼机）和密闭式炼胶机（简称密炼机）两种。当胶料在开炼机上进行流通时，配合剂是在炼胶辊隙中加入的。

混炼方法通常分为开炼机混炼和密炼机混炼两种。这两种方法都是间歇式混炼，这是目前应用最广泛的方法。

一、开炼机混炼

开炼机混炼时温度一般在80℃以下，属于低温机械混炼方法。密炼机和螺杆混炼机的排胶温度在120℃以上，甚至高达160~180℃，属于高温机械混炼。

开炼机（图7-14）的混合过程分为三个阶段，即包辊（加入生胶的软化阶段）、吃粉（加入粉剂的混合阶段）和翻炼（吃粉后使生胶和配合剂均达到均匀分散的阶段）。

图7-14　开炼机

开炼机混胶依胶料种类、用途、性能要求不同，工艺条件也不同。混炼中要注意加胶量、加料顺序、辊距、辊温、混炼时间、辊筒的转速和速比等各种因素，既不能混炼不足，又不能过炼。

二、密炼机混炼

密炼机混炼分为三个阶段，即湿润、分散和混炼。密炼机混炼是在高温加压下进行的。操作方法一般分为一段混炼法和两段混炼法。

一段混炼法是指经密炼机一次完成混炼，然后压片得混炼胶的方法。它适用于全天然橡胶或掺有合成橡胶不超过50%的胶料。

两段混炼法是指两次通过密炼机混炼压片制成混炼胶的方法。这种方法适用于合成橡胶含量超过50%的胶料，可以克服一段混炼法过程中混炼时间长、胶料温度高的缺点。

第五节 压延成型设备

一、压延成型

压延成型是热塑性塑料的主要成型方法，它是将已熔融塑化的热塑性塑料通过压延机（图 7-15）两个以上平行旋转辊的间隙，使熔体受到挤压延展及拉伸，从而成为一定规格尺寸和符合质量要求的连续膜片状制品的成型方法。它与挤出成型、注射成型一起称为热塑性塑料的三大成型方法。

图 7-15 压延机

压延成型是将加热塑化的热塑性塑料通过一系列加热的压辊，使其连续地成为薄膜或片材的一种成型方法，是使物料受到延展的工艺过程，是通过旋转的两个辊的压力实现的，包括压片、贴合、压型、贴胶和擦胶等作业。

压延成型广泛应用于橡胶和热塑性塑料的成型加工。橡胶的压延是橡胶制品生产的基本工艺过程之一，是制成胶片或与骨架材料制成胶布半成品的工艺过程。塑料的压延成型主要适用于热塑性塑料，其中以非晶性的聚氯乙烯及其共聚物最多，另外还有聚乙烯、ABS、聚乙烯醇、醋酸乙烯和丁二烯的共聚物等塑料。近年来也有压延聚丙烯、聚乙烯等结晶性塑料的，用压延法生产的塑料制品产量约占塑料制品总产量的 1/5。

压延还可以用来修饰表面，使片材表面具有所要求的光滑程度（光泽），或者故意使表面具有一定的粗糙程度或制出各种图案。

二、压延成型制品

压延成型产品除了薄膜和片材外，还可以生产人造革和室内装饰品、地板、录音唱片基材及热成型片材等。薄膜与片材之间的区分主要在于厚度，大约以 0.25mm 为分界线，薄者为薄膜，厚者为片材。聚氯乙烯薄膜与片材又有硬质、半硬质与软质之分，由所含增塑剂量而定，含增塑剂 0~5 份为硬制品，25 份以上者则为软制品。

塑料压延成型一般适用于生产厚度为 0.05~0.5mm 的软质 PVC 薄膜和厚度为 0.3~1mm 的硬质 PVC 片材。当制品厚度小于或大于这个范围时，一般不用压延成型，而采用吹塑或挤出等其他方法。压延软质塑料薄膜时，如果以布、纸或玻璃布作为增强材料，将其随同塑料通过压延机的最后一对辊子，把黏流态的塑料薄膜紧覆在增强材料之上，所得的制品即为人造革或涂层布（纸），这种方法统称为压延涂层法。根据同样的原理，压延法也可用于塑料与其他材料（如铝箔、涤纶或尼龙薄膜等）贴合制造复合薄膜。

聚氯乙烯压延成型会因所采用的工艺不同而得到不同的压延制品。即使同种制品其性能也会因配方的不同而有很大的差别，因此它们的应用就会有很大的不同。

作为压延成型主要产品的软质聚氯乙烯薄膜，广泛应用于工业、农业、国防、医疗卫生和日常用品等方面。例如，在工业方面，它主要用作防水覆盖物、汽车顶棚装饰，再加工做成气垫用于贵重仪器的防震包装，及大量用于地下输油管的防锈、防腐包扎；在农业方面，常用作育秧覆盖、蔬菜的保温大棚（需经过双向拉伸），及为防止肥料和水土流失的大田泥下铺垫和蓄水池衬垫；在国防方面，可用于火炮的防护覆盖、伪装，还用于防原子辐射、急救包扎等；在日常用品方面，大量用于制作雨衣、印花布、浴罩、书本封套、票夹、手提袋、胶黏带、食品吸塑包装、充气塑料玩具等。

第六节　塑料模具的组成与材料

一、塑料模具的组成

利用本身特定形状，使塑料成型为具有一定形状和尺寸的制品的工具称为塑料模具。塑料模具的作用在于：在塑料的成型加工过程中，赋予塑料以形状，给予强度和性能，完成成型设备所不能完成的工作，使塑料原材料成为有用的型材。

不同的成型方法配套不同的模具，其中有压制模具、压铸模具（传递成型模）、中空吹塑模具、真空或压力成型模具、挤出模具及注射模具。下面着重介绍注射模具。

注射模具主要由浇注系统、成型零件和结构零件三大部分组成，见图 7-16。浇注系统是指塑料熔体从喷嘴进入型腔前的流道部分，包括主流道、分流道、浇口等。成型零件是指构成制品形状的各种零件，包括动、定模型腔，型芯，排气孔等。结构零件是指构成模具结构的各种零件，包括执行导向、脱模、抽芯、分型等动作的各种零件。

图 7-16　典型注射模具

（一）主流道

主流道是指紧接喷嘴到分流之间的一段流道，与喷嘴处于同一轴心线上，可以直接开设在模具上，但常常加工成主流道衬套再紧配合于模板上。为便于取出流道赘物，主流道形状呈圆锥形，锥度为 2°~6°，其进口端直径应比喷嘴孔径大，便于对中和减小流动阻力，进口端与喷嘴头接触处形成球面；为使喷嘴头能紧密地与主流道配合，主流道进口球面的半径应略大于喷嘴头半径。主流道出口端设有冷料井，为捕集喷嘴端部两次注射间产生的冷料，防止堵塞分流道及浇口；冷料井的直径为 8~10mm，深约 6mm。为了顺利地脱模，其底部常设计有脱模杆，脱模杆的顶部呈曲折钩形或设下陷沟槽，以便脱模时能顺利地拖出主流道赘物。为减少赘物回头量，主流道长度应尽量短。

（二）分流道

分流道是主流道和浇口之间的过渡部分。为满足熔体以等速充满各型腔，分流道在模具上的排列应成对称和等距离分布；并要求其形状使熔体流动时压力损失最小，能快速充模，故常做成圆形、半圆形、梯形、矩形或椭圆形，但以半圆形和矩形、梯形较易加工。在保证制品质量和正常的工艺条件下，分流道的横截面积应尽量小，长度尽可能短。

（三）浇口

浇口是分流道和型腔的连接部分，塑料熔体经浇口流入型腔成型。其结构应有利于熔体尽快地进入和充满型腔，又能较快地冷却封闭，以防止熔体倒流。制品脱离浇口时残痕要小，不致影响外观。通常，浇口开设在制品较厚部位，其位置应对制品各部分的充模流程最短；另外，浇口横截面积要小。根据浇口形状、进料位置和进料方式，浇口可分为针点式浇口、边缘浇口、扇形浇口、平缝式浇口、轮辐式浇口、爪式浇口、中心浇口、潜伏式浇口和护耳式浇口等。各种浇口均有一定适应范围，应根据制品形状和加工设备的工作方式选用。

（四）型腔

型腔是构成塑料制品几何形状的部分。具体地说，形成制品外形部分的成型零件叫凹模（又称阴模），形成制品内部形状（如孔、槽等）的成型零件称为型芯或凸模（阳模）。总之，构成型腔的零件统称为成型零件。在设计型腔时，首先要根据塑料的性能、制品的几何形状、尺寸公差、使用要求等来确定型腔的总体结构；其次是选择分型面、确定排气孔的位置、脱模方式等；然后，按制品尺寸进行各种零件的设计及各个零件间的组合。另外，还应对成型零件进行正确的选择及强度、刚度的校核；同时，考虑加工设备的操作要求。

（五）排气孔（或槽）

当塑料熔体注入型腔时，在料流的尽头常积有气体（空气、蒸汽或其他气体等），如不及时排出，会使成型制品上出现气孔。排气孔一般设在型腔内料流的尽头，或设在模具的分型面上。亦可利用顶出杆与顶出孔的配合间隙、脱模板与型芯的配合间隙排气。通常，排气孔的槽深 0.025~0.1mm、宽 1.5~6mm。

（六）导向零件

模具上通常还设计有导向零件，以确保动、定模合模时准确对中。常见的导向零件由导向柱和导柱孔组成。

（七）脱模装置

开模过程中，为了将制品能迅速和顺利地从型腔中脱离出来，常在模具中设置脱模装置，主要有机械方式和液压方式顶出脱模两种形式。前者通过固定在机架上的顶出杆来完成，顶出杆的长度可调；开模时，当移动模板后，顶出杆穿过移动模板上的孔口，触及模具上的脱模板而顶出制品。后者借助于油缸产生的液压力实现顶出动作，顶出力和速度可调。两者各有优劣，可根据加工设备、制品尺寸来选用。

（八）抽芯机构

当制品的侧面带有孔或凹槽（伏陷物）时，除极少数制品（伏陷物深度浅，塑料较软）可进行强制脱模外，在模具中都要考虑设置侧向分型（瓣合模）或侧向抽芯机构（可动式侧型芯）。常用的抽芯机构有斜导柱分型抽芯、弹簧分型抽芯、弯销分型抽芯、齿轮条抽芯等。

(九) 加热或冷却装置

塑料熔体注射入型腔后，根据不同塑料和制品的要求，往往要求模具具有不同温度，因为模温对制品的冷却影响很大，从而对制品中的内应力、结晶与取向作用带来影响。因此，必须控制模温，以便控制冷却速度。一般采用自然冷却，也有使用冷却介质（通常为水）通入模具的专用管道中以冷却模具；只有对熔融温度高的塑料，为控制冷却速度才对模具加热，以使熔料缓慢冷却。加热模具可用热油或热水等，但常常直接用电热方法（电热圈、电热棒、电热板等）加热。

二、塑料模具的材料

用来制作塑料模具的材料包括钢、铜合金、铝合金及锌合金等。

(一) 塑料模具材料的类型及特点

1. 塑料模具用钢

根据化学成分的不同，钢可分成低碳素钢和合金钢两大类。钢有较高的强度、塑性和韧性，并可通过热处理改变这些性能；还有较好的切削加工性、冷成型性、热加工性、耐磨性、热稳定性及焊接性能等。因此，大多数塑料模具都用钢来制造。

2. 塑料模具用铜

纯铜的硬度和强度都较低，但导电性和导热性都非常优良。为了满足制造塑料模具的要求，在纯铜中加入合金元素可通过固溶强化、时效强化及过剩相强化等途径来提高其强度。铜合金按其化学成分可分成黄铜、青铜和白铜。黄铜是以锌为主要合金元素的铜合金，青铜是以锡、铝、铍、锆、钛等为主要合金元素的铜合金，白铜是以镍为主要合金元素的铜合金。多选择青铜并用铸造方法成型塑料模具。其中，铍青铜是制造塑料模具的优良材料。与钢相比，铜合金具有更优异的导热性，因此，尤其适合制造高速成型的注塑模具，因而劳动生产效率可大大提高。其不足之处是，热膨胀系数比钢稍大，而弹性模量比钢低，在服役温度较高和应力较大时，成型塑料件的尺寸会发生变化。

3. 塑料模具用铝

纯铝尽管热导率高，但由于强度很低，是不适用于制造塑料模具的。纯铝中加入镁、锌、铜、硅等合金元素后，可通过固溶强化、时效强化和过剩相强化等途径来提高其强度和改善其铸造性能。为了缩短塑料模具制造周期，降低制造费，近年来已大量选用铸造铝合金来制造塑料模具。

(二) 塑料模具材料的选择

1. 按加工方式选材

塑料模具的种类繁多，其成型加工方式各有不同，一般的塑料模具都可通过冷挤压成型、超塑性成型、铸造成型、切削加工成型及通过电加工进行成型等，但大多数塑料模具都须通过切削加工进行成型。

形状简单的塑料模具标准件是量大面广的消耗件，这类标准件多采用冷挤压成型。因此，冷挤压成型的塑料模具材料多选用低碳钢或低碳低合金钢。若要求模具标准件表面具有一定的耐磨性，在冷挤压成型后，可进行渗碳加淬火、回火处理。

对用铸造方法成型的塑料模具，可选用铝合金、锌合金、青铜或铸铁，这些金属材料具有良好的铸造性能。特别是铝硅合金和锌基合金，这两种金属材料不但熔点低，而且流动性好，甚至用石膏作为铸型也能获得尺寸精确的塑料模具。

对于用超塑性方法成型塑料模具来说，应尽量选用共晶合金或共析合金，这些合金由两相组成，当两相的体积分数接近且第二相细小时，该合金具有良好的超塑性。具有超塑性的合金，在一定的温度下，用比较低的应变速率进行挤压就可得到形状复杂的塑料模具。

对于用切削加工或电加工成型塑料模具而言，模具材料的选择似乎无特殊要求。但对前者而言，若材料的切削加工性良好，那么模具的加工费用就可降低，制造周期可大大缩短；对于后者而言，要求模具材料具有良好的导电性。

2. 按服役条件选材

在成型 ABS、聚氯乙烯或聚四氟乙烯等塑料时，在一定的成型温度下，这些塑料会分解产生具有腐蚀性的气体，而对塑料模具产生腐蚀。因此，与这类塑料直接接触的塑料模具应具有优良的耐腐蚀性。马氏体不锈钢、时效硬化不锈钢和马氏体时效钢等，都具有优良的耐腐蚀性。因此，成型这类塑料的模具，除了选择这些钢种，还可选用普通材料来制造塑料模具并镀铬或其他耐腐蚀的金属。

在成型添加有玻璃纤维或石英粉等硬质材料的塑料时，由于添加物的硬度高，会使塑料的流动性下降，对塑料模具产生严重的磨损。因此，成型这类塑料的模具材料多选用能淬成高硬度的模具钢。若选用碳含量不高的钢，则应进行渗碳淬火处理。

随着高速成型机械的出现，塑料制品的生产速度越来越高，一般情况下塑料的成型温度为 200~350℃，若是高速度成型，则塑料模具表面的温度在短时间内会超过 400℃。为了保证塑料模具的使用精度，并防止塑料制品在脱模后由于温度过高而产生变形，塑料模具材料应具有良好的导热性。为此，可选用铍青铜或高强度铝合金来制造塑料模具。

3. 按制品的质量要求选材

成型透明塑料时，要求塑料模具的材料有较高的镜面加工性。为此，要求塑料模具材料能淬成高硬度，材料中的非金属夹杂物和气孔要极少，而且其显微组织也要均匀。这时最好选用能淬成高硬度的超纯净钢。

许多塑料制品都要求其表面有美丽的装饰花纹，为此，要求塑料模具材料具有良好的装饰纹加工性。显微组织均匀且不含非金属夹杂物的模具钢就具有良好的装饰纹加工性。在成型塑料磁体时，为了在某一个方向得到优异的磁性能，需要选用奥氏体无磁模具钢制造塑料模具。

4. 按塑料制品批量选材

由于用户的爱好兴趣不同，现在塑料制品正在向小批量多品种方向发展。对于成型批量小的塑料制品的塑料模具，一般选用铝合金、锌合金或普通碳钢；对于成型批量大的塑料制品的塑料模具，应根据其服役条件和质量要求来选材，一般选用高级钢制造塑料模具。

5. 按塑料模具的失效方式选材

如前所述，塑料模具的失效方式有腐蚀、磨损、变形和开裂等。对于不同的失效方式，选择塑料模具材料的种类也各不相同。

因腐蚀而失效的塑料模具，应选择马氏体不锈钢、时效硬化不锈钢、马氏体时效钢或镍基超合金，若选择普通模具钢，则应镀铬或镀其他耐腐蚀的金属。

对于因磨损而失效的塑料模具，应选择能淬成高硬度的碳素工具钢、合金工具钢或者高速工具钢。为了进一步提高小型塑料模具的耐磨性，也有选择硬质合金来制造塑料模具的。

6. 按塑料模具的交货期选材

由于市场竞争，用户一般要求塑料模具的交货期越短越好。对于用切削加工成型的塑料模具而言，模具材料切削加工性的好坏成了左右塑料模具交货期的主要因素。采用铸造尤其是精铸方法制造塑料模具是缩短加工周期的好方法，铝合金和锌合金特别适用于精铸塑料模具。对于钢制塑料模具，若选择易切削预硬钢，制模周期可以大大缩短。

参考文献

[1] 张丽珍，周殿明．塑料工程师手册［M］．北京：中国石化出版社，2017.
[2] 卓昌明．塑料应用技术手册［M］．机械工业出版社，2013.
[3] 陈志民，翟震．塑料速查手册［M］．北京：机械工业出版社，2012.
[4] 翟震，毋彩虹．塑料成型工艺与模具设计［M］．北京：机械工业出版社，2011.
[5] 张玉龙，任滨．塑料制品配方与制备手册［M］．北京：机械工业出版社，2015.
[6] 吴培熙，王祖玉，张玉霞，等．塑料制品生产工艺手册［M］.3 版．北京：化学工业出版社，2004.
[7] 卓昌明．塑料应用技术手册［M］．北京：机械工业出版社，2013.
[8] 吴培熙，王祖玉，景志坤．塑料制品生产工艺手册［M］.2 版．北京：化学工业出版社，1998.
[9] 邹恩广，徐用军．塑料制品加工技术［M］．北京：中国纺织出版社，2008.
[10] 于丽霞．包装用塑料制品与加工［M］．北京：科技文献出版社，2003.
[11] 廖晓宁.502 胶熏显提取透明塑料布上手印［J］．刑事技术，2012（03）：50，51.
[12] 刘海霞，权养科．纤维物证检验技术的现状及发展［J］．刑事技术，2011（03）：39-42.
[13] 周殿明，张丽珍．塑料薄膜实用生产技术手册［M］．北京：中国石化出版社，2006.
[14] 良阳．与塑料制品面对面［J］．人人健康，2011（04）：28，29.
[15] 张宪英，周红，黄文芳．“限塑令”对塑料袋回收利用影响的分析［J］．中国环保产业，2009（03）：37-40.
[16] 徐继航．利用模具痕迹检验塑料自封袋 1 例［J］．刑事技术，2013（01）：67，68.
[17] 张晓霞．偏振光显微镜检验透明塑料初探［C］//中国化学会．公共安全中的化学问题研究进展（第三卷），2013：6.